MARIA MONTESSORI

UNA VITA PER I BAMBINI

Titolo originale:
Maria Montessori. Une vie au service de l'enfant

9, espace Méditerranée - 66000 Perpignan – 10, rue Mercoeur - 75011 Paris

Martine Gilsoul, Charlotte Poussin e le Éditions Desclée de Brouwer ringraziano in modo particolare gli Archivi della Association Montessori Internationale per aver gentilmente messo a disposizione le fotografie dell'inserto.

Traduzione: Monica Miniati
Editing e redazione: Prisca Destro

www.giunti.it

Via Bolognese 165 – 50139 Firenze – Italia
Via G.B. Pirelli 30 – 20124 Milano – Italia
Prima edizione: aprile 2022

FSC
www.fsc.org
MISTO
Carta da fonti gestite in maniera responsabile
FSC® C115118

Stampato presso Elcograf S.p.A., stabilimento di Cles

MARTINE GILSOUL

CHARLOTTE POUSSIN

MARIA MONTESSORI

UNA VITA PER I BAMBINI

GIUNTI

PREMESSA

Perché non si vede con gli occhi, si vede con l'intelligenza; se lo spirito è bloccato da idee false, non si vede niente, neanche i fatti più evidenti. [...] Per vedere occorre mantenere uno spirito fluido, sempre attivo, che non si lascia bloccare da niente. Non è facile.[1]

Maria Montessori

Lo «spirito fluido» di cui parla Maria Montessori è quello che non ha mai smesso di guidarla per tutta la vita. Quello che, senza dubbio, fu all'origine di tutte le sue scoperte... e che ho cercato di coltivare durante la stesura di questo volume. Uno spirito curioso e aperto che vi sarà senz'altro di aiuto per apprezzarne la lettura, perché il ritratto che emergerà sotto i vostri occhi pagina dopo pagina rischia di allontanarsi dall'immagine stereotipata che prevale quando si parla di Maria Montessori. Questa biografia svela un'"altra" donna, lontana dai *cliché*, una donna che credo e spero si avvicini di più alla "vera" Maria.

Maria Montessori è stata una donna affascinante e appassionata, del tutto dedita alla causa dei bambini e della pace. Di straordinaria intelligenza, Maria volse il proprio interesse verso diverse sfere del sapere. Questa storia ne rivela molti aspetti sconosciuti, che vanno ben oltre il celebre metodo che porta il suo nome.

Per chiarezza, ho voluto presentare i momenti più significativi della sua esistenza dando loro un ordine tematico e, per quanto possibile, anche cronologico; ma non ci è voluto molto tempo per capire che una figura del genere, dalla vita così piena, avrebbe meritato

1 Nel 1932, durante una vacanza in Savoia, Maria commentava con queste parole l'operato degli educatori che non correggevano i movimenti dei bambini, citata in T.J. Guéritte (1932), *Notes de vacances*, «La Nouvelle Éducation», 1932/11, 109, pp. 167-168.

che ogni capitolo fosse di per sé oggetto di un libro. Non ho perciò la pretesa di aver detto tutto, anzi.

Maria Montessori aveva un carattere «ricco e complesso».[2] Se talvolta sembrava austera e distante, dando l'impressione di essere una donna forte che niente poteva fermare, lo scambio epistolare con le poche persone con cui si confidava rivela invece le sue fragilità. Mentre leggevo le sue lettere, Maria Montessori a poco a poco è diventata semplicemente Maria: una donna vicina e talmente umana, soggetta alle difficoltà che tutti i precursori e i geni sono destinati a incontrare. In questo volume mi sono permessa di chiamarla con il suo nome per trasmettere questa intimità e la sua umanità.

Nella corrispondenza di Maria ho scoperto anche un modo tutto suo di usare la lingua italiana, utilizzando certe parole in maniera originale e non esitando a coniare nuove espressioni.

Per una sorprendente coincidenza, ho concluso la stesura di questo libro il 6 maggio 2020, a sessantotto anni esatti dalla morte di Maria Montessori, mentre la data della sua uscita coincide con il 150° anniversario della sua nascita. Ciò mi commuove perché ammiro il lavoro di questa donna la cui eredità ancora oggi continua a dare i suoi frutti. Ma in tutto ciò vedo soprattutto il segno della modernità e della forza di un pensiero originale, i cui numerosi aspetti meritano di essere approfonditi e messi in pratica. È come se, condividendo le battaglie che animarono la sua esistenza, Maria ci invitasse a seguirla passo dopo passo affinché si possa dare al «maestro d'amore», quale è il bambino, il posto che gli spetta e, insieme, contribuire ad affermare la pace.

Martine Gilsoul
Roma, 6 maggio 2020

---

2 Sono le parole che una delle sue pronipoti ha usato per descrivere la personalità di Maria Montessori. Si veda Maria Montessori, *In viaggio verso l'America*, a cura di C. Montessori, Roma, Fefè Editore, 2014, p. 16. L'edizione originale è stata pubblicata in inglese con il titolo *Maria Montessori Sails to America, A Private Diary*, 1913, Laren, Montessori-Pierson Publishing Company, 2013.

1

UNA PERSONALITÀ FUORI DAL COMUNE

«Mammolina [Maria Montessori] diceva che la realtà è piena di miracoli e che già una semplice e comune patata è colma di interesse.»[1]

Così raccontava Renilde, una delle nipoti di Maria. Descriveva la nonna come una donna appassionata, traboccante di curiosità fino alla fine dei suoi giorni. Maria aveva uno sguardo penetrante, forgiato dai lunghi anni di studio in vari campi del sapere. Non esitava mai a condividere le sue osservazioni con le persone a lei più vicine, e lo faceva anche per lettera:

«18° sotto zero! [...] Questo freddo intenso, che non avevo mai sentito così acutamente, è interessante: e i fatti che produce sono tutti nuovi per me. Per esempio, tenevo un cestino di piccole patate rotonde in una grotta, esposta al freddo, e mi vengono all'orecchio dei rumori di sassi gettati per terra. Erano i due Marii padre e figlio che gettavano in terra queste patate che erano diventate delle vere pietre. Poi mi portano una cipolla, che sembrava fresca, ma solo un coltello battuto da un martello poteva romperla. Che fatti strani! Lo sapevi che vengono queste pietrificazioni?».[2]

---

1 A. Scocchera, *Renilde Montessori. Una tradizione e un impegno*, «Vita dell'Infanzia», XLIV, 3, marzo 1995, p. 6.

2 Lettera a Maria Maraini dall'Olanda, 21 dicembre 1938, citata in G. Alatri, *Il mondo al femminile di Maria Montessori*, Roma, Fefè Editore, 2015, pp. 235-236.

Una nonna originale e affascinante

Assente nell'infanzia di suo figlio Mario, Maria Montessori si riscattò svolgendo con passione il ruolo di nonna con i quattro nipoti.

Suo figlio si era sposato a diciannove anni con Helen Christy,[3] un'americana che sognava una "normale" vita di famiglia. Pochi mesi dopo il matrimonio, Mario e la moglie raggiunsero Maria a Barcellona. Ebbero quattro figli che crebbero con Maria, la quale assistette addirittura al parto dei primi due poiché la levatrice non era giunta in tempo. Da qui il legame indefettibile con la piccola Marilena, nata il 16 giugno 1919, e con Mario Jr., nato il 22 aprile 1921, che la nonna amava in modo particolare e al quale si sentiva legata da «un cordone ombelicale emozionale e spirituale».[4] Fu il piccolo Mario a scegliere per la nonna il nomignolo di Mammolina, che fu poi adottato dalla sua cerchia più intima e con il quale Maria firmava le lettere agli studenti più cari. Mariuccino, come lei lo chiamava, la descriveva come una nonna molto affettuosa e allegra: «Ricordo il suo calore, la sua tenerezza».[5] È a questo nipotino che si deve la celebre espressione «Aiutami a fare da solo»,[6] divenuta l'emblematico motto montessoriano. Marilena e Mario Jr. sono i protagonisti dei numerosi esempi che animano i libri della nonna, in particolare *Il segreto dell'infanzia* e *Il bambino in famiglia*.

Mario conduceva una vita spensierata. Spesso portava a passeggio la figlia di pochi mesi nel suo side-car. Attraversava le colline a grande velocità per raggiungere le spiagge dove praticava la boxe con gli amici.

---

3 Helen Christy era nata nel 1897 nell'Ohio. La sua famiglia si era trasferita a San Diego, dove la giovane aveva seguito il corso Montessori. Lì incontrò Mario, che sposò negli Stati Uniti il 5 dicembre 1917, in presenza di Maria.

4 M. Henny-Montessori, *L'altra Maria* in *Le ricette di Maria Montessori cent'anni dopo. Alimentazione infantile a casa e a scuola*, a cura di L. De Sanctis, Roma, Fefè Editore, 2012, p. 50.

5 M. Jr. Montessori, *Maria Montessori, mia nonna*, «Il Quaderno Montessori», V, 19, autunno 1988, p. 52.

6 Espressione qualche volta tradotta con «Insegnami a fare da solo» oppure «Aiutami a fare da me».

Mentre i bambini di allora, prima dei sei mesi, vedevano soltanto di rado la luce del giorno ed erano tutti fasciati per impedire alle gambe di crescere storte, Marilena portava vestitini leggeri ed era carezzata dai raggi del sole sin dalle sue prime settimane di vita, il che provocava commenti e preghiere di protezione da parte delle vecchiette spagnole indignate alla vista di tale audacia. Maria Montessori aveva delle intuizioni riguardo ai bisogni dei neonati e le metteva in pratica con i nipoti. Sistemava per esempio Marilena in una grande e comoda cesta, colma di fiori, che poi posava sul tavolo del salotto dove riceveva medici, professori e altre personalità. Che sorpresa era per loro veder spuntare dalla cesta una mano o un piede!

Altro fatto eccezionale per quei tempi, i bambini della famiglia Montessori sin dalla più tenera età erano incoraggiati a partecipare alle conversazioni degli adulti. Le loro opinioni erano prese in considerazione e avevano il loro posto nella società. Sedevano spesso in prima fila quando la nonna teneva qualche conferenza.

Quando i nipoti facevano le tipiche domande da bambini, come «Perché gli animali non parlano?», Maria rispondeva sempre in maniera indiretta per stimolarli alla riflessione e a trovare da soli le risposte. Allo stesso modo li incoraggiava a formarsi una propria opinione: «Beh, io la penso così, Tatita[7] probabilmente allo stesso modo. Papà forse in quest'altro modo, ciò che pensa tua madre non saprei dirtelo; la maggior parte della gente non pensa niente».[8]

Maria raccontava tante storie ai nipoti, dalla mitologia alla vita dei santi, passando per le grandi scoperte degli esploratori e le opere di musicisti celebri. Parlava delle varie religioni, delle civiltà perdute e di altre culture. Marilena ricorda che i racconti della nonna erano così accattivanti e convincenti al punto che lei, in seguito, non fu

---

7 Si tratta di Miss Adelia Pyle, allieva di Maria Montessori nel corso di Roma del 1913. Adelia era la sua traduttrice e segretaria. Visse con loro, occupandosi anche dei bambini, fino al 1925, per poi raggiungere colui che divenne san Pio da Pietrelcina.

8 M. Henny-Montessori, *L'altra Maria*, cit., p. 49.

affatto sorpresa dalle conquiste dell'uomo. Era come se la nonna avesse già raccontato loro che l'uomo un giorno sarebbe andato sulla Luna e avrebbe costruito macchine da cui sarebbe diventato dipendente. Maria aveva anche molta cura nel trasmettere ai nipoti il patrimonio della cultura italiana. Mario Jr. fu segnato da un'esperienza artistica:

«Mia sorella, un amico spagnolo ed io declamavamo in italiano alcuni passi della Divina Commedia di Dante (davanti a un pubblico che non parlava la lingua ma era lo stesso interessato) alla fine di un inverno a Barcellona dove mia nonna ci aveva a lungo spiegato questo capolavoro. Avevamo lavorato durante le nostre ore di svago, ogni volta che ne avevamo voglia. La nonna aveva analizzato con noi la struttura di quest'opera geniale, considerata la base della lingua italiana moderna. Ci aveva spiegato nei dettagli la tecnica, la forma e le descrizioni, ricollocando il tutto nella cultura e nella storia dell'Italia, tanto che ci divertivamo a imparare a memoria interi canti, cercando di trovare la buona intonazione e di avere gesti espressivi.»[9]

Maria li accompagnava anche in «spedizioni immaginarie attraverso l'universo, le ere geologiche e le fasi dell'evoluzione», come ricordava Mario Jr.:

«Quando eravamo piccoli, la nonna ci raccontava anche delle favole! Se nei suoi scritti queste erano oggetto di dure critiche era perché a quei tempi le persone consideravano i bambini troppo piccoli, non ancora maturi o troppo stupidi per capire la realtà. Pensavano che i bambini vivessero in un mondo immaginario e che gli adulti dovessero ricorrere alle favole per comunicare con loro. Non era perciò solo questione di raccontare loro delle storie, reali o di fantasia, quanto di ingannarli facendo credere loro cose che non erano vere. È contro questo che combatteva. Un giorno (quando già lavoravo come psicologo) le ho chiesto: "Perché sei sempre così sprezzante e furente quan-

9 M. Jr. Montessori, *Comprendre Montessori. Une éducation pour le développement humain*, Paris, Desclée de Brouwer, 2018, p. 172.

do affronti questo argomento?" [...] Mi ha risposto così: "Non c'è niente di più difficile che sradicare un pregiudizio una volta che ha affondato le sue radici nella mente umana e tutta la società lo condivide. Se vuoi diffondere un'idea nuova devi martellarla altrimenti nessuno ti darà ascolto. Quando faccio così le persone mi criticano, certo, ma almeno fanno attenzione". Comunque sia le piacevano le belle storie quale che fosse il loro genere e noi bambini pendevamo dalle sue labbra. Ci diceva sempre se una storia era vera o inventata. A noi piacevano entrambe dal momento che era lei a raccontarcele».[10]

Tutta la famiglia seguiva gli spostamenti di Maria dovuti ai suoi impegni, visto che suo figlio Mario era diventato il suo più stretto collaboratore. I corsi di formazione per i maestri duravano molti mesi, durante i quali erano ospitati da famiglie amiche. Maria e Mario qualche volta partivano con i figli più grandi, lasciando i più piccoli con la mamma a Barcellona.[11] Per questo motivo i bambini erano tutti poliglotti e si adattavano ovunque con facilità. Barcellona rimase comunque la loro residenza principale fino al 1936, anno in cui si stabilirono in Olanda.

A Roma passeggiavano in carrozza e Maria raccontava ai nipoti la storia di ogni monumento, descrivendo chiese e fontane e raccontando le leggende ad esse legate. I bambini avevano l'impressione di passeggiare in compagnia di Cesare e di Michelangelo, di san Pietro e di san Filippo Neri. Le descrizioni della nonna erano così vivaci che al Colosseo «vedevano» i giochi dei gladiatori. Al cimitero del Verano, Maria raccontava ai nipoti la storia delle grandi famiglie romane. La pas-

---

10 Ivi, p. 171.

11 Dopo la nascita di Marilena e Mario Jr. la famiglia passò alcuni mesi a Napoli per trasferirsi poi a Roma, dove nel 1925 nacque Rolando. Vissero in seguito a Milano e poi un anno a Londra. Rientrarono a Barcellona dove, nel 1929, nacque Renilde. Helen non ebbe una vita facile a causa della forte personalità della suocera dalla quale tutta la famiglia dipendeva economicamente. Mario era spesso in viaggio con Maria e quando stavano a casa ricevevano molte visite, il che era motivo di lite tra Mario e Helen. I quattro bambini si ricordano dei momenti passati con la mamma come i più sereni e calmi della loro infanzia e adolescenza.

seggiata finiva sempre alla Casina delle Rose, nel parco di Villa Borghese, con un gelato o una coppa di fragoline di bosco.

Maria era il centro dell'universo per tutta la famiglia. I suoi allievi più cari la consideravano una donna lungimirante e geniale. Essendone consapevole, e piuttosto orgogliosa, Maria diceva spesso a Marilena: «Dolcetta mia, capisco che ti piacerebbe essere come le tue amichette, giocare, divertirti. Ma tu non sei come le altre: tu fai parte degli "eletti". Con i tuoi avi, i tuoi doni genetici, la tua intelligenza, hai un altro destino. Hai un dovere, degli obblighi: *noblesse oblige*!».[12]

A sedici anni, Marilena scrisse invece alla nonna che non voleva far parte degli eletti e che desiderava seguire la propria strada: «Sarò per sempre una Montessori ma mai una montessoriana», diceva. Una scelta che Maria accettò senza tuttavia condividerla, come le scrisse due anni dopo, quando Marilena era mamma di due bambini e casalinga:

«Marilenita dolce, io ti vedo felice, serena e matura. Ma soprattutto felice. Non capisco come tu possa esserlo! Come tu, con la tua intelligenza, come puoi essere soddisfatta fregando e facendo brillare la tua casa, facendo la bambinaia e la cuoca?».[13]

Maria era infatti convinta che ognuno avesse una grande missione da svolgere, anche se non sempre ne era consapevole. La sua perplessità era di certo alimentata dal suo femminismo fervente e militante a favore della "donna nuova".

Quanto a Mario Jr., si dedicò agli studi di agricoltura tropicale. In Olanda era difficile trovare un lavoro in questo ambito e perciò, dopo la guerra e l'impegno nella Resistenza, divenne psicologo e poi psicanalista. Quando la nonna lo seppe, dopo alcuni anni trascorsi in India, lo guardò con circospezione, come se lui l'avesse tradita, e gli disse: «Dovrò conoscerti di nuovo per sapere se posso volerti ancora bene».[14]

---

12 M. Henny Montessori, *L'altra Maria*, cit., p. 51.

13 Ivi, p. 52.

14 M. Jr. Montessori, *Maria Montessori, mia nonna*, cit., p. 55.

Mario Jr. si ricordò di aver dovuto insistere per convincerla che, indipendentemente dalla strada scelta, la forza morale che gli aveva trasmesso non sarebbe mai venuta meno. Si spiegò la reazione della nonna con la diffidenza che questa nutriva per la psicologia quando veniva applicata in maniera troppo accademica.

Maria si preoccupava molto per Rolando, nato nel 1926, piuttosto fragile e poco sereno, che forse aveva sofferto più dei suoi fratelli e sorelle dei tanti trasferimenti.

Come a suo tempo ha sottolineato Renilde,[15] la nipote più piccola di Maria, nata nel 1929, «eravamo noi che abitavamo con lei, non il contrario».[16] Una coabitazione, come si può immaginare, non sempre facile. Renilde ricorda una «nonna complicata e difficile [...] di "forte" carattere»,[17] che con i nipoti prendeva talvolta delle posizioni arbitrarie, persino ingiuste. Comunque sia, i nipoti concordano sul fatto che, anche quando era assente, Maria continuava a ispirare la loro condotta.

"Bonne vivante"

«C'è in prima classe una eccellente tavola. Offrono un menu, ma si può scegliere a la carta. [...] Prima di entrare in sala da pranzo, c'è una specie di bellissima esposizione di vivande che sembrano messe lì per civetteria dello stomaco. Sopra una grandissima tavola, c'è ogni ben di Dio: aragoste che hanno sul rosso guscio l'interno disposto a bianche fette; pezzi appetitosissimi di grasso salmone guarnito di tartufi; carciofi; asparagi; biscottini coperti di mille cose diverse come caviale, sardine, ecc.; salse, con insalate misteriose dei più vari colori; uova preparate in modi più civettuoli: intere e vestite di salse con cappellini

15 Renilde Montessori (1929-2012) ricoprì cariche importanti nell'Association Montessori Internationale (AMI). Renilde ne fu segretaria generale dal 1995 al 2000 e presidente dal 2000 al 2005. Fondò anche in seno all'AMI il movimento Educatori senza frontiere.

16 D. Novara, *"Educatori senza frontiere": un'intervista a Renilde Montessori*, in *Montessori: perché no? Una pedagogia per la crescita: che cosa ne è oggi della proposta pedagogica di Maria Montessori in Italia e nel mondo*, a cura di G. Honegger Fresco, Milano, Franco Angeli, 2000, p. 352.

17 A. Scocchera, *Renilde Montessori. Una tradizione e un impegno*, cit., p. 6.

sopra gialli o bruni – ovvero piatte col chiaro intorno al rosso – il tutto poggiato su piattelli di carne bruna; polli freddi tagliati e ricoperti di gelatine; pernici e tartufi; pasticci di fegato grasso tartufati tagliati in belle fette tutte in fila; pasticci di carne; galantine di pollo con pistacchi; ecc., ecc., ecc., Che cosa è tutta quell'abbondanza succulenta?... Sono gli *antipasti*! Il passeggero, entrando in sala da pranzo, adocchia ciò che crede più adatto ad aguzzargli l'appetito e lì c'è una decina di camerieri pronti a eseguire gli ordini.»[18]

La dettagliata descrizione di Maria Montessori del buffet del *Cincinnati*, il transatlantico sul quale fece la sua prima traversata oceanica, ci dice quanto le piacesse mangiare. Per lei la cucina era un'arte e «la prima e più importante forma di civilizzazione».[19] Maria era però attenta alle leggi della nutrizione e seguiva le mode alimentari degli anni Trenta, facendo alcune rinunce quando riteneva di aver ecceduto.

La cucina era per lei uno svago occasionale. Quando non c'era la cuoca, era Maria a mettersi ai fornelli, con menu tipicamente italiani: antipasti, primo e secondo, senza trascurare la scelta dei vini da abbinare. Uno dei suoi piatti preferiti erano gli gnocchi, la cui preparazione era piuttosto lunga e richiedeva la partecipazione di tutta la famiglia, bambini compresi. Marilena si ricorda che spesso, al momento di mettersi a tavola, erano tutti così irritati dall'interminabile preparazione che i nipoti, una volta adulti, cancellarono gli gnocchi dal menu dei pasti in famiglia. In quanto a Mario padre, spettava a lui il compito di cucinare la carne e di fare la spesa. Tornava a casa con una quantità eccessiva di vettovaglie che acquistava nel negozio di specialità italiane, quando vivevano all'estero.

Maria Montessori non si prendeva troppo sul serio, amava ridere e scherzare. È quanto emerge dalle lettere al padre, come prova l'aneddoto che segue. Ospite di un ambasciatore a Los Angeles, scoprì

18 M. Montessori, *In viaggio verso l'America. 1913, diario privato a bordo del Cincinnati*, cit., pp. 28-29.

19 M. Henny Montessori, *L'altra Maria*, cit., p. 52.

con stupore che la moglie di quest'ultimo si presentava come vera seguace di Tolstoj. La donna chiese a Maria se fosse contraria al fatto di condurre «una vita semplice». «No, niente affatto – racconta al suo *paparino* – anche a me piacerebbe essere una adepta di Tolstoj in questo modo: avere tre o quattro automobili e una casa magnifica», e continua con ironia: «La signora voleva essere carina con me. Quando siamo scese dall'automobile ha portato la mia borsa dicendomi: "Lei è la regina". Ho pensato allora che non mi disturberebbe affatto essere la moglie di un ambasciatore».[20]

Un giorno, scrivendo al padre su carta intestata *International Montessori Training Courses – Los Angeles, San Diego, San Francisco. In the Office of Dr. Maria Montessori*, iniziava la lettera così: «Non ci sono penne disponibili per il dottore summenzionato perché tutti scrivono. Sono utilizzati tutti i portapenne, le penne stilografiche e la macchina da scrivere cosicché per la povera Dr. Montessori resta solo un pezzo di matita».[21]

In un'altra lettera commenta una fotografia che la ritrae, definendosi una zitella prima di correggere con una «ragazza completamente realizzata».[22] Un altro episodio divertente dà conto del suo humour: Maria racconta al padre di aver fondato una scuola nella casa presa in affitto a Los Angeles grazie al cane dei vicini, che aveva fatto irruzione nel giardino. Quando i bambini erano venuti a riprendersi l'animale erano rimasti estasiati dal materiale posto sui tavoli del soggiorno e lo avevano usato. Ammaliati, tornavano ogni giorno con sempre più bambini e poi con le madri, che decisero di affittare la casa dopo la partenza di Maria per crearvi una scuola: «Ho piantato un piccolo seme. Amen! Tutto questo grazie a un cane!».[23]

---

20 Lettera del 12 maggio 1915, citata in C. Montessori, *Maria Montessori Writes to Her Father. Letters from California*, 1915, Amsterdam, Montessori-Pierson Publishing Company, 2015, p. 17.

21 Lettera del 19 giugno 1915, ivi, p. 39.

22 Lettera dell'11 agosto 1915, ivi, p. 73.

23 Esattamente a Virgil Avenue, 625. Lettera dell'ultima settimana di giugno 1915, ivi, pp. 46-47.

Per rilassarsi Maria leggeva soltanto romanzi polizieschi, gli unici libri che secondo lei valeva la pena di leggere, dopo le pubblicazioni scientifiche, perché aveva letto tutti i grandi classici. Le piacevano i giochi di società, in particolare le carte, ma non sapeva perdere, tanto che Mario e i suoi figli spesso si mettevano d'accordo per lasciarla vincere. Quando preparava una conferenza – erano un successo dopo l'altro – teneva il bocchino d'oro all'angolo della bocca.

Amava la lirica. Il figlio Mario intonava spesso dei ritornelli napoletani per farla ridere. Le piaceva molto il cinema anche se ci andava di rado. Ma quando lo faceva, assisteva a quattro film uno dopo l'altro. I nipoti non avevano un buon ricordo di queste uscite, poiché dovevano fungere da traduttori. Maria spesso si addormentava al cinema. Si svegliava nel bel mezzo della proiezione, tempestandoli di domande: «Chi è quell'uomo? Che cosa fa? Perché?»[24], e questo li metteva a disagio.

Pur con le sue inclinazioni di *bonne vivante*, Maria si concedeva pochi momenti di relax, poiché sentiva il peso e l'urgenza della sua missione.

Una donna con una missione

Maria affrontava la vita in modo molto particolare: «Non si nasce per divertirsi» era una delle sue frasi preferite. Lavorava sempre. Imparare e studiare le piaceva molto. Un giorno, una vecchia conoscenza incontrata in un hotel le domandò: «Come hai fatto a diventare celebre?» Maria non rispose e il suo interlocutore continuò nella rievocazione dei propri ricordi: «Quando frequentavi l'università vedevo ogni sera la luce nella tua camera fino a tarda ora della notte».[25]

Il lavoro è la sua vita e la sua vita è il suo lavoro. A differenza di quanto avrebbe fatto uno scienziato dopo una scoperta, Maria accettò

---

24 O. Germain Thomas, *For intérieur avec Renilde Montessori*, France Culture.

25 A.M. Maccheroni, *Come conobbi Maria Montessori*, Roma, Edizioni Opera Nazionale Montessori, 1956, p. 29.

con fatalismo il successo del metodo cui aveva dato il suo nome. Non si vantava, profondamente convinta com'era che tutti avessero una missione da compiere e che ognuno dovesse rispondere al richiamo del destino: «Sono stata in giro e mi sono indicibilmente stancata a Vienna dove non ho avuto un minuto di riposo! Vedendo le scuole bellissime, le istituzioni moderne per i piccolissimi bambini a Vienna – dove, dopo la guerra, sembra che tutto si faccia per i bambini – ammirai quel risveglio di coscienza!! Ma nel tempo stesso presi la convinzione che *nessuno* ha capito quello che l'opera nostra sola ha ricevuto quasi come una rivelazione. Un popolo intento al bene dei bambini... non può fare le cose comuni. A noi soli fu dato d'intendere *il nuovo*: i bisogni nascosti, quasi il segreto dell'anima!! E se facessimo l'istituto per i lattanti, sarebbe qualcosa che non esiste, e che non può esistere senza di noi.[26] Questa fu l'impressione che ebbi a Vienna. La mia ammirazione, la mia commozione nell'ammirare lasciavano però risplendere quel fatto sorprendente!! Io credevo che già fosse fatto quel che vorrei fare, e invece *non esiste* ancora».[27]

Convinta dell'importanza della sua missione, Maria era spesso considerata una persona altezzosa, in particolare nel movimento dell'Educazione Nuova.

Un carattere forte

Un'amica che nell'estate del 1932 era in vacanza in Savoia con Maria e la famiglia, la descrisse come «una persona che vede ciò che gli altri non vedono. Di una grande intelligenza e con un gran cuore, ella sprizza vivacità», il che la rende molto vicina ai bambini. Maria, per esempio, si commuoveva quando questi la credevano onnipotente, come quel giorno in cui un bambino di nove anni, che aveva scalato

26 A partire dal 1915, Maria Montessori ha cominciato a interessarsi ai neonati e passava molte ore a osservarli al reparto maternità di Barcellona.

27 Lettera da Londra a Maria Maraini, Pasqua 1925, citata in G. Alatri, *Il mondo al femminile di Maria Montessori*, cit., p. 217.

insieme al padre la montagna fino a un ghiacciaio, gli suggerì di «chiedere alla *Dottoressa* di fare dei ghiacciai per i bambini, con piccoli fori, perché è bello, ma questi ghiacciai sono grandi, per gli adulti».[28]

Era allegra, certo, ma i gravosi segreti della sua vita personale l'abituarono a controllare le proprie emozioni. Maria affermava che il suo era il «cuore [...] di una persona indurita negli studi scientifici»,[29] cosa che non le impediva di coniugare il suo sguardo razionale sulla vita con una grande umanità. Dotata di una profonda sensibilità, riusciva a leggere nel cuore degli altri. Una delle sue studentesse americane la descrisse così: «Di solito non era una persona di grandi effusioni. Entrava in una situazione come una nave da battaglia. Era molto appassionata, sempre all'erta, sempre molto sincera».[30]

Questo stato di allerta permanente trova la sua giustificazione in una sorta di diffidenza, che non l'abbandonò mai, dovuta al timore di essere copiata e travisata nei suoi intenti. Dall'apertura della prima Casa dei Bambini, molti furono quelli che ritenevano sufficiente utilizzare il suo materiale per ottenere la stessa trasformazione miracolosa dei bambini, come se bastasse applicare una ricetta e impiegare una tecnica. Allora, di fronte a tali adattamenti grossolani, Maria poteva diventare aggressiva. Ironia della sorte, furono proprio i suoi ammiratori a causarle la maggior parte dei problemi e a danneggiarla di più. Se dava prova di grande pazienza con i bambini, non si poteva dire la stessa cosa con gli adulti che non volevano capirla e verso i quali Maria si mostrava talvolta intransigente, come le fu rimproverato da Célestin Freinet. In occasione del Ventesimo Corso Internazionale, tenutosi a Nizza nel 1934, era stata organizzata per le partecipanti una visita alla scuola Freinet a Saint Paul de Vence: «Erano

---

28 T. J. Guéritte, *Notes de vacances*, cit., p. 168.

29 Conferenza tenuta il 4 aprile 1951 a Perugia, *Le miracle del'enfant*, in *Maria Montessori. Il metodo del bambino e la formazione dell'uomo. Scritti e documenti inediti e rari*, a cura di A. Scocchera, Roma, Edizione Opera Nazionale Montessori, 2002, p. 23.

30 Si tratta di Helen Parkhurst, citata in M. Schwegman, *Maria Montessori*, Bologna, Il Mulino, 1999, p. 94.

tutte convinte che la nostra tecnica [in particolare la tipografia scolastica] potesse essere una splendida componente del metodo Montessori che si sarebbe potuta adattare a quel metodo e vivacizzare il nostro insegnamento. Solo che il materiale e la tecnica non sono opera di Maria Montessori, perciò non c'è molto da sperare conoscendo l'intransigenza e l'autoritarismo della *Dottoressa*».[31]

Spesso Maria Montessori si sentiva incompresa e ciò la spingeva a moltiplicare gli sforzi per essere convincente. Fu così che divenne una combattente, per forza di cose. Ribadiva senza sosta le sue idee per lottare contro i pregiudizi troppo radicati, anche a rischio di non piacere, cosa di cui non le importava molto se il gioco valeva la candela. Nel 1915, poco prima del suo arrivo negli Stati Uniti, di fronte alle incognite che l'aspettavano, scrisse: «Non mi pare, no, di essere in un viaggio, ma in guerra. È il sentimento questo, credo io, del soldato che va a combattere. Non del soldato vile, ma di quello che sente il dovere e l'entusiasmo e va! E forse trova il campo di battaglia più duro di quanto aveva immaginato e deve dare più delle forze che aveva destinato di spendere. Tuttavia, se anche incontrasse la morte, non dice mai: "Ah! Non fossi venuto!" ma dice: "Era necessario"».[32]

Intelligente, determinata e civettuola!

Maria aveva sì una personalità fuori dal comune e una forza di carattere impressionante, ma sapeva anche essere civettuola, con inclinazioni piuttosto frivole pure nelle avversità. Le piacevano gli accessori: gioielli, profumi, pizzi. Possedeva molte paia di guanti e borsettine. Tutta l'importanza accordata al suo aspetto traspare in una lettera scritta a un'amica in cui esprime la propria delusione quando, di ritorno dall'India dopo la guerra, dovette accontentarsi delle sue cose fuori moda:

---

31 C. Freinet, *Le cours de Nice*, «L'éducateur prolétarien», 1934/11, 3, p. 52.

32 Note del lunedì 1° dicembre 1913 in M. Montessori, *In viaggio verso l'America*, cit., p. 51.

«Tempi difficili, in tutta l'Europa! Qui si vedono vetrine con scarsi cappellini ecc. ma poi non si possono comprare senza cupon. E noi ancora non siamo stati abbastanza tempo per averne! E io ho certi cappellini di paglia, lasciati in Amsterdam prima della guerra e che i miei avevano conservati. Roba di sette anni fa!!! Sono umiliata. In India non ebbi cappelli e i miei vestiti erano di veli e di oro, bianchi quasi tutti. Anche Mario ha vecchi vestiti, che sono ora un po' stretti! E in India anche lui aveva i suoi migliori vestiti di seta bianca o di cotone, e abiti indiani da musulmano. Che romanzo! Ciò che più mi incomoda è di provvedere a me stessa, mentre ero abituata in India ad avere molti servi e una cameriera personale, che non faceva che lavare e stirare e correre a ogni chiamata mia!».[33]

Le foto di quel periodo ritraggono una donna sempre elegante e col cappello, il che contribuì a veicolare l'immagine di una vita opulenta e spensierata, tra viaggi e ricevimenti con i "grandi" della Terra. «La favola della sua esistenza agiata si è purtroppo diffusa [ma non] la serie delle disgrazie subite. [...] Si persiste a crederla ricca e spreoccupata (*sic*). La verità è ben lontana, non la posso nemmeno rivelare e, se la sapesse, il mondo sarebbe ben sorpreso».[34]

Le si rimproverava anche di essere opportunista e intrigante. Ma era solo una donna non sposata che doveva guadagnarsi da vivere e provvedere ai bisogni di una famiglia. Dal 1910, quando rinunciò all'esercizio della medicina, viveva soltanto dei diritti d'autore dei suoi libri e del suo materiale pedagogico, cui si aggiungevano i corsi di formazione per maestri. Ciò che guadagnava le permetteva appena di organizzare i viaggi e i corsi. Aveva inoltre a suo carico gli anziani genitori, bisognosi di cure mediche. In seguito dovette anche mantenere la famiglia del figlio Mario.

---

33 Lettera da Londra a Maria Maraini, 18 agosto 1946, citata in G. Alatri, *Il mondo al femminile di Maria Montessori*, cit., p. 246.

34 Lettera di Albert Joosten a Sulea Firu, 11 febbraio 1940, citata in G. Honegger Fresco, *Maria Montessori, una storia attuale*, Napoli, Ancora del Mediterraneo, 2008, p. 154.

Sin da quando iniziò a essere famosa, alcune persone, talvolta animate dalle migliori intenzioni ma non necessariamente competenti, vollero approfittare dell'entusiasmo suscitato dal suo metodo, allestendo corsi che portavano il suo nome e traducendo libri senza la sua autorizzazione. Il figlio Mario afferma: «Quali orrori sono andati per il mondo col nome di Montessori!».[35]

Quando Maria protestava, affermando che il materiale non poteva essere costruito arbitrariamente o che le scuole che portavano il suo nome non seguivano affatto i suoi principi, le davano della "commerciante", rimproverandole di «pretendere i diritti di autore quando il suo materiale era usato pel bene dei bambini, ed i suoi libri per portar sollievo a tante anime! [...] Utopista! pretendere che quelle scuole non rappresentavano la sua idea, solo perché non ottenevano i risultati descritti nei suoi libri». L'accusavano anche di aver assunto nelle scuole maestre che «ipnotizzavano i bambini»! Fu persino tacciata di ingratitudine: «E che ingrata! Dopo tutto ciò che avevano fatto quelle persone per diffondere la sua idea nel paese, pretendere che le avevano fatto danno, e combatterle, voler togliere loro il merito! Come poteva trattare così i suoi amici? Ma era ridicolo, mostruoso».[36]

Mario aggiunse invece un particolare molto interessante: «La dottoressa ci insegnò a combattere. "Non difendetemi" diceva "ma lavorate!"».[37]

Spesso Maria non reagiva alle accuse, convinta che lavorare il meglio possibile fosse la risposta più efficace. Era consapevole dell'originalità del suo pensiero e dei tanti malintesi che poteva generare:

«Molti che non mi hanno compreso [...] credono che io sia una sentimentale romantica, che sogna solo di vedere bambini, di baciarli, di raccontar loro fiabe, e che deve visitare tutte le scuole per contem-

35 M. M. Montessori, *Filippiche* (1931), in *Introduzione a Mario M. Montessori*, a cura di A. Scocchera, Milano, Corriere della Sera, 2018, p. 32.

36 Ivi, pp. 32-33.

37 M. M. Montessori, *I "masnadieri" del metodo* (1969), in *Introduzione a Mario M. Montessori*, cit., p. 41.

plarli, vezzeggiarli e dar loro le caramelle. Generalmente mi annoiano! Io sono un rigoroso investigatore scientifico, non un letterato idealista come il Rousseau, e cerco di scoprire nel fanciullo l'uomo, di vedere in lui il vero spirito dell'uomo, il disegno del Creatore: la verità scientifica e religiosa. Per questo applico il mio metodo di studio che rispetta la natura umana».[38]

Maria rischiò l'esaurimento nervoso più di una volta. Una delle sue strette collaboratrici la sorprese mentre diceva a se stessa «Io mi vuoto, io mi vuoto, io mi vuoto».[39] Trovava riposo e serenità, secondo i tempi della sua vita, in luoghi amichevoli: case di suore e proprietà appartenenti a famiglie di amici fedeli. Aveva bisogno di sostegno per portare a termine il suo progetto. Non essendo inoltre particolarmente provvista di senso pratico, per tutte le questioni organizzative e di gestione amministrativa, prima di poter contare sul figlio Mario, si appoggiava alle persone più vicine, in particolare all'amica di lunga data Maria Maraini.

Quando sentiva la necessità di rilassarsi e di stare sola, ricorreva al lavoro manuale come sgranare piselli e pulire oggettini fragili. Quando era particolarmente stanca di vedere gente e di rispondere a domande, «lavava la sua bella terrazza prospiciente sul Pincio. Si faceva portare gli zoccoletti, la scopa col lungo manico, secchio, straccio... I marmi della terrazza riprendevano il più nitido colore».[40]

Mario Montessori era molto orgoglioso del cammino percorso dalla madre:

«Nella sua strana e meravigliosa vita è stata condotta da un paese all'altro, da un lavoro ben iniziato a un altro; se è venuta alla distruzione (*sic*) ha di nuovo ricominciato. Il suo coraggio, la sua fede hanno resistito senza mai abbattersi. Non importa quali fossero le circostan-

---

38 G. Alatri, *Maria Montessori e Maria Maraini Guerrieri Gonzaga. Un'amicizia solidale*, «Annali di storia dell'educazione e delle istituzioni scolastiche», 25, 2018, p. 125.

39 A.M. Maccheroni, *Come conobbi Maria Montessori*, cit., p. 78.

40 Ivi, p. 93.

ze; sempre ha continuato il suo lavoro per una umanità migliore, per far intendere la natura e la missione dell'infanzia».[41]

Ma da dove venivano tutte queste convinzioni?

Una famiglia moderna

Maria Tecla Artemisia Montessori nacque a Chiaravalle, in provincia di Ancona, in una famiglia della piccola borghesia. Suo padre Alessandro (1835-1915) ha sette anni più della moglie Renilde (1842-1912). Laureato in matematica, prima di essere trasferito a Roma al Ministero delle Finanze, fu per molti anni ispettore nell'industria del tabacco in varie città italiane tra cui, appunto, Chiaravalle. In gioventù aveva partecipato alla guerra di Indipendenza e aveva conservato uno stile di vita militaresco e abbastanza rigoroso. Il padre seguiva con attenzione lo sviluppo dell'unica figlia e ne annotava i progressi in un taccuino.[42] Alessandro e Renilde impartirono alla figlia un'educazione premurosa, impregnata di un certo rigore. Uno dei pochi ricordi di infanzia di Maria è un ritorno dalle vacanze in cui lei ripeteva senza sosta di avere fame mentre la madre le aveva chiesto di pazientare. Ricevette allora un pezzo di pane che stava nell'armadio della cucina da un mese.[43]

Madre e figlia nutrirono sempre una reciproca adorazione. Grande lettrice e donna assai colta, Renilde era autodidatta. Cattolica dalle idee liberali e consapevole dell'importanza di modernizzare l'Italia, aveva grandi aspettative per la figlia. La sua influenza, almeno in parte, ha avuto un peso sulla scelta degli studi della figlia, che la madre seguiva con molta attenzione, come ricorda un'allieva di Maria al Magistero: «Sedevamo una accanto all'altra dinanzi allo scrittoio dove

41 Lettera di Mario Montessori a A.M. Maccheroni, ivi, p. 186.

42 «Ottantotto centimetri a tre anni; un metro e nove centimetri a cinque, uno e cinquantotto a sedici. Intorno ai sette mesi dice "mamma" e "papà", a undici cammina da sola; tra i sedici e i diciannove sa spiegare ciò che vuole e conosce "una quantità di persone, animali e oggetti". A due anni ha già messo venti denti». Le annotazioni sono scritte a mano in un quadernetto datato 1896, citato in G. Honegger Fresco, *Maria Montessori, una storia attuale*, cit., p. 22.

43 A.M. Maccheroni, *Come conobbi Maria Montessori*, cit., p. 26.

carte e libri, grafici e schede si affastellavano: la porta dello studio doveva restare sempre aperta perché nell'attigua stanza da pranzo una monumentale matrona, sua madre, leggeva, fumava, o la contemplava».[44]

Mario del resto chiamava la nonna Renilde la «Madre del Metodo» perché fu la sola a incoraggiarla quando la figlia decise di abbandonare gli studi di medicina per dedicarsi all'educazione.

La leggenda familiare ricordava un legame di parentela con l'abate Antonio Stoppani (1824-1891). Quest'uomo di chiesa, celebre per i suoi numerosi scritti scientifici, aveva raggiunto una posizione prestigiosa nell'università dove insegnava paleontologia e geologia. È a tutt'oggi famoso per il suo volume di divulgazione scientifica *Il bel Paese. Conversazioni sulle bellezze naturali: la geologia e la geografia fisica d'Italia*. Alcuni storici, in particolare Fulvio De Giorgi,[45] affermano che non vi sia un legame di parentela tra i due. In ogni caso, il fatto che a quel tempo i genitori di Maria fossero fieri di questo lontano "parente" ha probabilmente influito sull'interesse di Maria per le materie scientifiche. Gli scritti del religioso, letti da Maria con molta attenzione, incisero sulla sua penna poiché, al pari dell'abate Stoppani, univa diversi stili di scrittura nella sua produzione sia scientifica che spirituale.

Dopo due anni a Firenze (dove Maria aveva frequentato la scuola materna, cosa non comune all'epoca), nel 1874 la famiglia si trasferì a Roma. Maria fu iscritta a una scuola pubblica, vicino a Campo de' Fiori, che frequentò soltanto un anno prima di proseguire gli studi vicino a piazza Barberini,[46] in un quartiere decisamente meno popolare. Andava volentieri a scuola ma non si dimostrò particolarmente brillante. Soffriva spesso di emicranie e una forte rosolia la costrinse a una lunga assenza.

---

44 P. Boni Fellini, *L'italiana più famosa*, Roma, Centro Editoriale dell'Osservatore, 1955, p. 26, citato in V.P. Babini e L. Lama, «*Una donna nuova*». *Il femminismo scientifico di Maria Montessori*, Milano, Franco Angeli, 2003, p. 34.

45 F. De Giorgi, *Maria Montessori tra modernisti, antimodernisti e gesuiti*, «Annali di storia dell'educazione e delle istituzioni scolastiche», 25, 2018, p. 28.

46 Per l'esattezza in via San Nicola da Tolentino.

Un'alunna amante del teatro

A scuola Maria non dimostrava interesse per nessuna materia in particolare e studiava poco. Anziché ascoltare i professori, organizzava giochi e scriveva commedie. Poco motivata a proseguire gli studi superiori, Maria confessò di averci messo tanto tempo a capire le operazioni di aritmetica: «Per molto tempo ho scritto i risultati mettendo cifre fantastiche, le prime che mi venivano in mente. Scrivevo bene ma "a orecchio" e sapevo leggere bene: leggevo con anima tale che facevo piangere gli altri e spesso la maestra riuniva più classi per sentirmi. Se c'era da recitare qualche cosa, bastava una prova ed ero pronta a meraviglia».[47]

In un diario scritto intorno al 1905, Maria ricordava la sua grande passione per l'arte drammatica: «Se mi accadeva di veder recitare, io imitavo con grande vivezza: mi investivo delle parti fino a impallidire o a singhiozzare e piangere recitando cose fantastiche. Inventavo piccole commedie, improvvisavo argomenti; raffazzonavo vestiari e scene».

Chiese al padre il permesso di frequentare un corso d'arte drammatica, e lui accettò «accompagnandocela ogni sera, anche i giorni di festa». Maria fu riconoscente al padre, sempre pronto a farla felice, anche quando faceva scelte inaspettate. Anni dopo, Maria colse l'occasione di un viaggio per ringraziarlo:

«Mio caro e dolce Papà, hai fatto così tanto per me dal tempo in cui mi rimboccavi le coperte cullandomi e cantandomi delle ninne nanne; e quando ero più grande mi hai sostenuta dandomi tutto ciò che avevi e sacrificandoti per permettermi di continuare a studiare, per sedici anni dopo la mia laurea in Medicina. Non chiedevi nient'altro che la mia felicità. Papà carissimo, con i tuoi capelli bianchi e il tuo cuore così generoso, onesto, leale, [...] spero di averti ricambiato, di averti dato soddisfazione e conforto. La tua bambina».[48]

---

47 Citato in G. Honegger Fresco, *Maria Montessori, una storia attuale*, cit., p. 24.

48 Lettera da San Francisco, 29 agosto 1915, in C. Montessori, *Maria Montessori Writes to Her Father*, cit., p. 88.

I suoi professori di teatro si complimentavano con lei per il suo talento:

«Cominciarono a sedurmi, facendomi vedere che avrei avuto un grandioso avvenire di gloria nel teatro. Ma io pure lo sentivo: ero nata per quello e quella era la mia passione. All'età di dodici anni avevo fatto tali progressi che ero pronta per il debutto in teatro in una prima parte. Intorno a me i maestri erano ansiosi, le compagne di scuola ammirate, ero al centro dei loro affetti [...] Questa complessa seduzione di esortazioni e di successi ebbe sull'anima mia un effetto strano: fu un momento solo e vidi che realmente andavo incontro a una gloria, a patto che mi fossi tolta alla seduzione del teatro».[49]

Contro ogni aspettativa, Maria abbandonò il teatro da un giorno all'altro, rinunciando alle sue amicizie e ai suoi sogni. Cominciò a «studiare seriamente», in particolare la matematica. Guardando indietro si chiese:

«[Che cosa è questa] capacità di abbandonare improvvisamente le cose alle quali sembravo più unita, per le quali avevo compiuto sacrifici anche eroici? [...], addii repentini, mutamenti istantanei, vere rotture complete, fatali distruzioni che nessuno e nulla poteva rimediare [...] era come sospesa ogni mia comunicazione con gli altri umani, fossero le persone più strette di famiglia, le più care [...] Ma perché io agisco così – così da farmi nemici, da farmi detestare – mentre tutti tendono a corrermi incontro, ad amarmi e io sento così profondo e sconfinato amore da poter abbracciare tutta l'umanità?».[50]

Questi conflitti interiori Maria li sperimentò tutta la vita nei rapporti personali. Per la necessità di essere ammirata, Maria nutriva per alcune delle sue studentesse un affetto particolare, ma quando queste iniziavano a prendere troppe iniziative, aveva difficoltà ad accettarlo e poteva troncare i rapporti anche dopo molti anni di collaborazione.

---

49 Citato in G. Honegger Fresco, *Maria Montessori, una storia attuale*, cit., pp. 24-25.

50 Ivi, p. 25.

L'anima di uno scienziato

Guardando indietro, Maria parla così di sé:

«La persona tra le cui mani questo metodo è nato non aveva nessuna intenzione di diventare un'educatrice e tanto meno di inventare un metodo di educazione. Io fui tra le prime donne in Italia, che, giovanetta verso i quattordici anni di età, andò in una scuola secondaria maschile – appunto perché per le donne non c'erano nel mio paese altre vie aperte che quelle dell'educazione, che non mi attraevano. – Così, arrampicandomi per vie incerte, iniziai i miei studi di matematica con l'intenzione primitiva di diventare un ingegnere, poi un naturalista e infine mi fissai negli studi di medicina».[51]

Nella Regia Scuola Tecnica Michelangelo Buonarroti Maria seguì un indirizzo tecnico con un programma essenzialmente scientifico: aritmetica, algebra, geometria, contabilità, alcune nozioni di scienza, insieme a francese, storia e geografia. Maria e una compagna erano le sole studentesse dell'istituto ed erano bersaglio di così tanti dispetti e prese in giro che, per proteggerle, fu deciso di chiuderle in una stanza durante la ricreazione.[52] Esasperata dai ragazzi che le spiavano dal buco della serratura, Maria chiese alla madre una forcina che le fu però negata. L'episodio fu raccontato da Renilde perché a suo avviso emblematico del carattere dispettoso della nonna.[53]

A sedici anni Maria volle approfondire lo studio della letteratura, ma il suo diploma non era riconosciuto dal Ministero della Pubblica Istruzione. Si iscrisse allora nella sezione fisico-matematica dell'Istituto tecnico Leonardo da Vinci, che frequentò dal 1886 al 1890. La scelta fu senza dubbio decisiva per il suo percorso e confermò che Maria Montessori era soprattutto una scienziata.

---

51 *Maria Montessori. Il peccato originale*, a cura di F. De Giorgi, Brescia, La Scuola, 2019, p. 33.

52 L'episodio è raccontato da M. Schwegman, *Maria Montessori*, cit., p. 25.

53 D. Novara, *Educatori senza frontiere: un'intervista a Renilde Montessori*, cit., p. 352.

2

LA «MEDICHESSA»

La donna in età matura e la nonna dai capelli bianchi spesso oscurano la giovane Maria Montessori, studentessa in medicina, con i suoi dubbi e i suoi momenti di scoraggiamento di fronte ai tanti ostacoli che è costretta a superare, come il disgusto davanti ai cadaveri e, soprattutto, il fatto di essere una delle poche donne che seguivano quegli studi universitari, ma anche con la sua tenacia, la curiosità e l'intelligenza fuori dal comune.

Maria è riconosciuta a livello mondiale come pedagogista geniale che ha rivoluzionato l'educazione. La sua visione del bambino non sarebbe però stata quella che fu senza la sua formazione scientifica. Maria mise subito al servizio dei più piccoli i nuovi orizzonti delineati in quel tempo dalle scoperte scientifiche. Alla scienza e alla medicina Maria attribuì una missione sociale che fu sempre il filo rosso del suo percorso universitario e del suo esercizio della medicina.

Una chiamata misteriosa

«Una sera in una via di Roma vide seduta sul marciapiede una povera donna con in grembo un piccolo bambino, che aveva in mano una strisciolina di carta rossa. Ricordava bene questo dettaglio, ne parlava descrivendo questa scena nella via e diceva come in quel momento le venne la decisione di studiare Medicina. Mentre raccontava questi strani fatti i suoi occhi avevano uno sguardo profondo come se volesse cercare, scavare tra cose che sono al di là delle parole. E lei stessa domandava: "Perché"? Con un lieve, espressivo movimento della mano faceva capire che strane cose accadono dentro di noi per guidarci a un fine che non conosciamo.»[1]

In un'epoca in cui era impensabile che una donna frequentasse l'università, cosa si poteva dire di una donna che voleva iscriversi alla Facoltà di Medicina?

Dal 1874 una legge regolava l'accesso delle donne alla carriera universitaria, che però restava un'eccezione. Delle 224 donne che si laurearono tra il 1877 e il 1902, soltanto undici avevano seguito il percorso universitario in ambito scientifico. La prima donna medico in Italia fu Ernestina Paper, laureatasi a Firenze nel 1877. Nel 1896, soltanto tre donne italiane, tra cui Maria, conseguirono il titolo di dottore in Medicina.

La mentalità del tempo è ancora condizionata da forti resistenze, come emerge dalla quantità di risposte negative al quesito posto da «L'Illustrazione popolare» nel marzo del 1896: «Le donne possono essere medichesse?». Una resistenza condivisa dal padre di Maria che non vede di buon occhio la figlia in un ambiente esclusivamente maschile.

Nonostante i tentativi di dissuasione, di fronte alla tenacia della figlia, il padre è costretto ad arrendersi all'evidenza. Spesso accompagna Maria all'università per evitare che cammini per strada da sola, cosa che a quei tempi era considerata disdicevole per una giovane donna.

Il diploma della sezione fisico-matematica dell'Istituto tecnico da cui proveniva le consente solo l'iscrizione alla Facoltà di Scienze matematiche, fisiche e naturali. Maria non si perde d'animo e chiede aiuto a Guido Baccelli per ottenere una deroga.[2] Il rifiuto di

1 A.M. Maccheroni, *Come conobbi Maria Montessori*, cit., p. 27.

2 Amico di Garibaldi, il padre dell'Italia moderna, Guido Baccelli (1830-1916) era stato professore di anatomia e in seguito ordinario di clinica medica e direttore della clinica universitaria di Roma. Baccelli fu uno dei pionieri della terapia farmacologica per via endovenosa. Dal 1881 al 1884 fu ministro della Pubblica Istruzione, carica che ricoprì anche dal 1893 al 1896 e nel biennio 1898-1900.

Baccelli non impedisce a Maria di mostrare, alla fine dell'incontro, tutta la sua determinazione. Dichiara con fermezza: «Eccellenza, studierò Medicina».[3]

Non avendo inoltre frequentato il liceo classico, Maria non aveva alcuna nozione di latino e greco, prerequisiti indispensabili per iscriversi a Medicina. È necessario colmare tale lacuna ma, dato che proprio in quell'anno il padre andava in pensione, la famiglia non ha i mezzi per pagarle lezioni private. Si trova una soluzione: un prete consente a Maria di assistere ai corsi di latino e di greco destinati ai seminaristi, a condizione che si nasconda dietro una paratia di legno per non turbare gli studenti. La morte improvvisa del religioso non impedisce a Maria di superare l'esame di latino e di greco, un ostacolo in meno sul cammino per accedere al terzo anno di Medicina dopo aver frequentato i primi due anni della Facoltà di Scienze naturali. Le due Facoltà avevano infatti molti corsi in comune.

Una studentessa sola che controlla le proprie paure

Maria è la terza donna iscritta alla Facoltà di Medicina di Roma.[4] La stampa sottolinea questo fatto eccezionale in due occasioni, che segnano in qualche modo l'inizio della vita pubblica di Maria.

La sua prima uscita pubblica è in occasione della sfilata della Festa dei fiori, evento organizzato dall'aristocrazia romana e dagli studenti dell'università nel maggio del 1892. Maria è scelta per consegnare alla regina uno stendardo di seta. I giornalisti notano e sottolineano la dolcezza e la calma della giovane.

Nel giugno del 1893, un articolo de «L'Illustrazione Italiana» dà conto della cerimonia di cremazione del celebre professor Mole-

3 A.M. Maccheroni, *Come conobbi Maria Montessori*, cit., p. 28.

4 Le prime laureate in Medicina all'Università di Roma furono, nel 1890, Edvige Benigni e, nel 1894, Marcellina Corio Viola.

schott.[5] L'articolo è accompagnato da un disegno, «La lente di osservazione», nel quale è ritratta la giovane Maria che segue da uno spioncino la cremazione del corpo del "suo" professore. Il giornalista sottolinea il coraggio di cui ha dato prova la giovane donna studiando medicina in mezzo a così tanti uomini.[6]

Un episodio significativo dimostra quanto il giornalista non abbia affatto torto: durante una lezione di anatomia, esasperato dagli scherni e dagli scherzi volgari rivolti alla sola studentessa presente al corso, il professor Guido Baccelli lancia il bisturi verso gli studenti.[7]

Quando nel 1895 Maria è invitata a prendere la parola davanti studenti e professori, confessa di essersi sentita come un domatore che entra nella gabbia dei leoni.[8] A poco a poco, con forza e tenacia, è però in grado di dimostrare la mancanza di ragioni plausibili per fare della professione medica un esclusivo appannaggio maschile, anche se ci sarebbero voluti anni perché si verificasse un autentico cambiamento di mentalità.

Scrive a un'amica:

«La mia fama dipende dal fatto che sembro delicata e piuttosto timida. Si sa che osservo cadaveri e che li tocco, io, unica ragazza in mezzo a tanti uomini! Si dice che niente mi turba, niente: neanche un esame pubblico; parlo ad alta voce di cose difficili, con molta indifferenza e molto sangue freddo... E sono famosa! Come vedi, mia cara, non è difficile. Non sono il talento e l'intelligenza che mi

---

5 Jacob Moleschott era nato in Olanda nel 1822. La fisiologia e l'antropologia erano il suo principale ambito di ricerca. Fu autore di numerosi studi. Insegnante in Germania, ebbe problemi a causa delle sue idee liberali e materialiste e trovò rifugio in Italia, prima a Torino, dove fu eletto senatore nel 1876, e tre anni dopo a Roma. Fu autore di numerose opere sul colera, il diabete e il sistema nervoso.

6 Si veda V.P. Babini e L. Lama, *Una «donna nuova». Il femminismo scientifico di Maria Montessori*, Milano, Franco Angeli, 2003, p. 40.

7 Si veda P. Trabalzini, *Maria Montessori da "Il Metodo" a "La scoperta del bambino"*, Roma, Aracne, 2003, p. 24.

8 M. Schwegman, *Maria Montessori*, cit., p. 39.

rendono celebre ma il coraggio e l'indifferenza nei confronti di tutto. Se si desidera veramente qualcosa la si può sempre ottenere a costo di un grande sforzo».[9]

Tra i principali ostacoli che Maria deve affrontare c'è quello della vista e, soprattutto, della dissezione dei cadaveri, dove entra in gioco il suo pudore in quanto unica donna tra uomini. Nel suo diario lo racconta in modo dettagliato. Ecco alcuni estratti.[10]

«Lunedì 4 maggio 1891. Settimana memorabile. Alla scuola d'Anatomia trovai un cadavere coperto. Si vedeva un corpicino assai piccolo, in confronto al senatore Todaro. Alla fine della lezione il Senatore avvisò che avrebbe cominciato a parlare delle arterie del bacino. Era un avviso per me che avevo chiesto al prof. Giuliani d'avvisarmi: per certe lezioni delicate non sarei andata e avrei ascoltato dietro l'uscio. [...] Dopo la lezione, il Dott. Mingazzini fece la spiegazione sul cadavere. Tirò giù il lenzuolo fino alla vita – vidi una mammella troppo sviluppata per esser d'un uomo. "È una giovinetta!" disse il Dottore. Di giovinette c'ero anch'io, lì dentro. Tutti mi guardarono – sotto quegli sguardi, dinanzi a quell'innocente infelice mezza nuda, sentii forte emozione. Credo di non aver arrossito esageratamente [...] [La ragazza] era piccola ma graziosa, graziosissimo il tronco. [...] Uno studente si mise a palpare quella mammella graziosa: nessuno difendeva quell'infelice bambina? Già il dottore stava sollevando con le pinze le vene d'un braccio tutto spaccato, con l'osso a nudo... Me ne andai, non potendo vedere toccare quella mammella. [...]

Il 5 maggio. Andai all'Anatomia mezz'ora più tardi, per ascoltare all'uscio. Non si sentiva nulla. Salii dal prof. Giuliani per chiedergli un libro illustrato. Cominciò a spiegarmi su quel libro e sul più bel-

9 R. Kramer, *Maria Montessori. A Biography*, Chicago, Da Capo Press, 1976, p. 58.

10 Il racconto è estratto da un quaderno senza copertina, che reca la scritta «Oggi, 21 anni!», e contiene appunti scritti a mano da Maria Montessori tra il 25 marzo 1891 e il 31 agosto dello stesso anno; citato in *Montessori: perché no? Una pedagogia per la crescita*, a cura di G. Honegger Fresco, cit., pp. 69-76.

lo disse: “Lei qui non può capire niente. Le figure servono quando si è già studiato sul cadavere”. Mi disse poi, non con la gentilezza dell'altra volta, che s'io ho soggezione di certe cose, se non mi faccio coraggio e non dimentico d'essere una donna, non farò nulla. “Che vada alle lezioni come gli altri, che stia alle spiegazioni sul cadavere.” [...] Uscì, tornò con un sigaro in mano dicendo che oggi, dopo la lezione, m'avrebbe fatto la spiegazione sul cadavere. [...] “S'accomodi. Aspettiamo che finisca la lezione. Oggi,” fece poi, “misureremo il suo coraggio, toccherà il cadavere”. Tacque, io dissi: “Se fosse quella giovinetta d'ieri, perché no? Mi è simpatica. Basta che non sia un vecchio”. “Perché?”. “Perché mi fa schifo”. “È tutta una cosa: un cadavere è un cadavere”. [...] “Andiamo!” Da questo *andiamo*, il professor Giuliani si trasformò.

Lui avanti col sigaro in bocca e io dietro, in punta di piedi, camminando come un'ombra. Avevo paura di far rumore. “Entrate!” disse sgarbatamente aprendo l'uscio della sala incisoria. [...] Vidi su un tavolo un corpo avvolto da un lenzuolo bianco. Più giù, in una stanzina, due servi vestiti di nero, trasportavano un cadavere da un tavolo all'altro. Io li avevo veduti sempre appoggiati i cadaveri; ma in quel trasporto, fatto senza riguardi, la testa e le braccia spenzolavano sfloscie (*sic*), deformi e negli sforzi di quei due servi, quella testa penzoloni si muoveva dondolando – e il tronco nudo si piegava. Nulla di più orribile che vedere quel corpo senza vita. Io rabbrividii: da quel momento, mi sentii cadere in un'involontaria immobilità. [...] Mi levai il cappello. Egli, stando dietro, mi allacciava il grembiule. [...]

Come se niente fosse, mi prese la mano, me la strinse e sempre tenendomi così, mi condusse dinanzi al cadavere coperto dal lenzuolo bianco. [...] Quel sentirmi prendere per mano senza il mio permesso, m'irritò. Ma quando il professore disse: “Di me non dovete avere soggezione, questa è la giovine che stava ieri nell'aula” con l'altra mano sollevò il lenzuolo... io sentii il mio pudore ribellarsi talmente che gridai “No, professore, no!” e tentai di svincolarmi per fuggire. Sentivo il mio pudore più forte di me, avrei perduto i sensi dinanzi a quella donna nuda. Ma la "bimba" era mutilata, aveva subito la prima mutilazione della signora di Lamballe.[11] "Vedete, disse il professore, le hanno tagliato tutto: di che temete?" Io fui così confortata che mi misi a ridere forte, d'un riso convulso funereo [...] Poi sollevai un lembo di carne tagliata sul braccio e scoprii l'osso, comprimendo con le mie dita il grasso del braccio. [...] Poi osservai il cadavere. La mia simpatia per quella fanciulla era finita. Una mammella staccata lasciava scoperta la carne annerita, con su delle uova di moscone, tutta sudicia, le gambe secche. Gran piedi, sudici, neri. Feci l'osservazione. Il professore disse al servo: "Lavate una gamba" quello prese una spugna e la lavò. Il nero non andava via. Io sempre tenendo le mie dita nel grasso e nella carne di quel braccio, guardai il professore. "Vedete che non è sporca" fece lui "sono i lividi per l'avanzata putrefazione, sta per disfarsi." "Ah!" feci io e non lasciai il braccio. Ero divenuta insensibile. Egli me lo levò dalle mani.

"Non voglio musi! [...] Venite qua". Lo seguii nella stanzina dell'altro cadavere. La porticina si richiuse e i due servi restarono vicino, in piedi, immobili. Qui il viso del cadavere si vedeva ed era nudo tutto il tronco. [...] Avvicinandomi sentii un puzzo indescrivibile di fradicio, così potente che detti indietro dicendo: "Ma che puzzo insopportabile!". "Sì, questo deve essere per lei una gran sofferenza, ma si deve abituare, venga qui, ora le spiegherò la lezione che ha lasciato oggi". [...] Allora il professore prese un preparato in secco che rappresentava il bacino, che era fornito di un'appendice. Mi spiegò che era un'appendice maschile. Tanto irriconoscibile che non riconobbi. "Questa è una parte del tutto, il tutto è qui" e scoprì il cadavere. Non provai né meraviglia né emozione. [...] Poco dopo,

11 Si tratta di Maria Teresa di Savoia Carignano, principessa di Lamballe, intima amica di Maria Antonietta. Dopo la caduta della monarchia, fu barbaramente uccisa dalla folla nel 1792. La testa recisa della principessa venne issata su una picca per essere mostrata a Maria Antonietta, rinchiusa nella prigione del Tempio.

ricoperto il cadavere, entrò il servo che ci offrì sapone ordinario e poi saponette profumate. Ci lavammo due volte. Nel condurmi alla fontana il professore mi passò un braccio intorno alla vita, quasi per sostenermi o farmi capire che non ero sola. Ma io, sospettosa, gentilmente mi divincolai senza offenderlo. [...]

Lavandomi chiesi al professore, del quale finalmente riconoscevo la paterna bontà, dopo quanto tempo ci si abitua a mangiare il giorno che si è toccato un cadavere di quel genere. "Subito", mi rispose. Io sorrisi, credendo che mi avesse detto una spiritosità. Ma la mia meraviglia fu al colmo quando chiamò un altro servo, ordinandogli di comperare delle paste. "È bene che mangi subito, se no oggi non mangia più e la debolezza di stomaco le impedirà di mangiare anche domani". [...] Venne la pasta, la presi con quella mano che poco prima aveva poggiato sul grasso putrefatto di quella fanciulla: dinanzi a lei, ma sulla soglia dell'uscio che metteva nel corridoio, cominciai a mangiare. Il primo boccone non andava giù. Il servo rideva. Il professore mi faceva coraggio. A un tratto sputai: "Non mi sono lavata la bocca, oh, porcheria!". "La bocca non era sporca" fece tranquillamente sorridendo il professore "le mani sì erano sporche – ma ce le siamo lavate bene. Nelle mani, nella bocca non ha più nulla – quello che crede d'avere è impressione e le impressioni si devono vincere". [...]

Mangiai, e i bocconi andavan giù sempre meglio. Il professore lo notò, lodandomi e mi strinse la mano dandomi un "a rivederci a domani". Uscii di lì contenta di me, rinforzata nei nervi. Non sentii nello stomaco il puzzo, come l'altre volte che avevo veduto e sentito il cadavere. Era una impressione. Il professore, buon medico dell'anima, me l'aveva levata.»

Con queste parole Maria raccontò il momento chiave dei suoi studi di Medicina. In seguito, benché avesse superato l'ostacolo della vista dei cadaveri, prese comunque l'abitudine di pagare un uomo che fumasse accanto a lei durante le lezioni di anatomia. Poi, quando non era possibile, si mise lei stessa a fumare.

Un curriculum brillante

Nel primo anno di università Maria sostenne tre esami – botanica, zoologia e fisica – ottenendo buoni risultati.[12] La parassitologia, la fisiologia vegetale, l'anatomia descrittiva e il tedesco erano esami opzionali. Le sue ampie conoscenze, dimostrate dall'opera poi messa in atto per sviluppare l'educazione cosmica dei bambini dai sei ai dodici anni, trova origine in questo preciso momento dei suoi studi.

Al secondo anno Maria supera altri tre esami (fisiologia, anatomia e chimica), riportando eccellenti votazioni.[13] Frequenta anche i corsi opzionali di anatomia descrittiva con esercitazioni pratiche, di anatomia umana, di fisiologia sperimentale, di embriologia e di istologia pratica.

L'anno accademico 1892-93 segna il passaggio di Maria alla Facoltà di Medicina. Alcuni biografi accennano a un intervento di papa Leone XIII. Affermando che la medicina era una nobile professione per una donna, il papa avrebbe sbloccato la situazione. L'ipotesi appare tuttavia poco plausibile tenendo conto del contesto dell'epoca, dominato quasi esclusivamente da politici anticlericali e massoni.[14] Come poteva un uomo di chiesa influire sulle loro decisioni? In ogni

12 L'esame di botanica, sostenuto il 17 giugno 1891, verteva sulla morfologia delle parti della pianta, la radice, l'amido e il compost. Maria ottenne 25/30. Il 22 giugno 1891 è la volta dell'esame di zoologia, con i miriapodi e i molluschi (24/30). Le domande di fisica sperimentale riguardavano la legge di Boyle-Mariotte, l'indice di rifrazione e la spettroscopia. Il voto ottenuto fu 27/30.

13 All'esame di istologia e fisiologia generale, sostenuto il 18 giugno 1892, otterrà 25/30, rispondendo a domande relative al protoplasma e alle sue proprietà. Il 28 giugno 1892, all'esame di anatomia comparata (29/30), parlerà del tessuto muscolare, del sistema nervoso e del sistema digestivo. Infine, il 3 luglio 1892, otterrà 29/30 in chimica generale e organica, ma non si conoscono le domande che le furono poste.

14 Dopo la breccia di Porta Pia, nel 1870, lo Stato Pontificio fu smantellato e il papa si dichiarò prigioniero dello Stato italiano. Nel 1874, Pio IX vietò ai cattolici di partecipare alla vita politica italiana, con la minaccia di scomunica. Per un impegno ufficiale dei cattolici in politica fu necessario aspettare la fondazione del Partito Popolare di Luigi Sturzo nel 1919. Il problema verrà definitivamente risolto con i Patti Lateranensi del 1929.

caso la sua domanda di ammissione al terzo anno è accolta il 12 febbraio 1893 e le vengono riconosciuti tutti gli esami di Scienze naturali. Al programma del terzo anno sono però aggiunte anatomia patologica e clinica medica.

Al primo anno di Medicina Maria supera onorevolmente tre esami. Quello di anatomia topografica verteva sulla zona anteriore dell'avambraccio e sulla struttura della lingua.[15] All'esame di patologia generale ottiene il massimo dei voti rispondendo a domande sulla natura e la morfologia dei batteri; anche all'esame di fisiologia sperimentale (corso del celebre professor Moleschott),[16] riporta identico successo per le risposte a domande sulla dottrina fisiologica e sulla chimica respiratoria. Supera anche un esame di materia medica,[17] rispondendo a una domanda sull'arsenico.

Nel primo anno di Medicina, Maria aveva scelto come corsi opzionali anatomia microscopica (con esercitazioni pratiche), chimica, fisica fisiologica, embriologia, anatomia del sistema nervoso centrale, chimica clinica e zoologia medica. Un ampio programma.

Maria può vantare un percorso accademico brillante. Al quarto anno, in occasione del concorso organizzato dalla Fondazione Rolli per una ricerca di patologia generale, arriva al primo posto e vince un premio di mille lire. Sembra che l'attribuzione del premio abbia suscitato un po' di gelosia tra gli altri studenti. Questo primo riconoscimento del suo lavoro scientifico le permette di non dipendere più esclusivamente dal sostegno economico del padre. Nel 1895, passando avanti a neolaureati e studenti del sesto anno, vince un altro concorso che le vale l'ambito posto di assistente all'Ospedale San Giovanni, che a sua volta le consente di diventare membro della Società Lancisiana, «riservata ai professori e dotto-

---

15 Maria ottenne il punteggio di 25/30.

16 Il professor Moleschott era morto nel maggio di quell'anno. Maria sostenne dunque l'esame con gli assistenti.

17 Si tratta di un corso in cui si studiano le proprietà terapeutiche delle sostanze utilizzate per curare le malattie.

ri degli ospedali di Roma».[18] Nel 1896 vince il concorso per un posto di assistente all'Ospedale Santo Spirito in Sassia, sede della clinica universitaria, frequentando al contempo la clinica psichiatrica universitaria Santa Maria della Pietà. Maria eccelleva.

Professori stimolanti

Maria ha una certezza: la medicina possiede una vocazione sociale che va messa al servizio del progresso combattendo la miseria. Una convinzione resa ancora più salda durante i corsi di alcuni suoi professori, che denunciavano anch'essi le ingiustizie sociali. Maria collabora con loro per fare della medicina una disciplina che non fosse studiata soltanto in istituti a se stanti, ma che fosse messa invece al servizio dell'umanità, e in particolare dei più deboli.

Sono dapprima le lezioni del professor Moleschott a esercitare un'influenza su Maria. Moleschtott è il pioniere della fisiologia sociale, disciplina che presta attenzione alle condizioni di vita delle popolazioni più povere. È anche un uomo politicamente impegnato, che nel 1888 non aveva esitato a sostenere e difendere la causa delle suffragiste, schierandosi contro le teorie che affermavano l'inferiorità della donna. I suoi corsi, che hanno la reputazione di essere appassionanti, suscitano in molti studenti il desiderio di approfondire la psichiatria. È il caso di Maria.

Grande è anche l'influenza del deputato Angelo Celli, specialista della profilassi contro la malaria, in particolare nelle zone paludose nei dintorni di Roma, e molto attivo nell'opera di miglioramento delle condizioni di vita delle popolazioni di quell'area. Celli è una voce autorevole nell'ambito dell'igiene, disciplina di ben più ampia entità rispetto al solo studio delle epidemie e delle malattie contagiose. Si tratta di un mezzo preventivo che scaturisce dallo studio degli effetti delle condizioni di vita e del contesto

18 G. Honegger Fresco, *Maria Montessori, una storia attuale*, cit., p. 35.

sociale sul miglioramento della salute. Con l'antropologia, l'igiene è la prima disciplina che promuove in modo concreto la protezione sanitaria dei bambini e dei giovani. Nel suo *Sconforti e speranze di igiene sociale* (1895), Celli spiegava che, se la tubercolosi e la malaria mietevano ancora tante vittime, lo si doveva alla mancanza di volontà politica. Celli non si limita a denunciare i problemi e, con l'aiuto della moglie, intraprende una battaglia energica sul campo. Nel 1891 Celli e la moglie aprono l'ambulatorio La Scarpetta per curare i bambini poveri del quartiere di Trastevere. Maria vi lavora come volontaria per molti anni. Celli ha anche come obiettivo quello di indicare ai genitori e ai bisognosi come fruire al meglio dell'assistenza sanitaria gratuita. E invita le donne a essere più attive in ambito sociale e sanitario.

Maria trae ispirazione anche dalle lezioni di psichiatria clinica del professor Clodomiro Bonfigli. Questi, che ha rinunciato all'insegnamento nel 1895 perché eletto deputato, sperando di ottenere maggiori risorse per migliorare la situazione sanitaria in Italia, esercita un'influenza su Maria, che lo ammirava per la sua capacità di lottare contro il determinismo. Anche Maria, come Bonfigli, pensa che non ci sia una fatalità intrinseca alle persone e che solo intervenendo sulle condizioni ambientali di ciascuno è possibile migliorare la società.

Durante la prima lezione cui Maria assiste, Bonfigli affronta il tema dell'educazione infantile e della follia, puntando il dito contro le carenze di un'educazione che non favoriva lo sviluppo del carattere né la formazione di un senso morale. Bonfigli parla anche del suo progetto di occuparsi dei bambini affetti da ritardo mentale. Maria ne rimane colpita e volge la sua attenzione verso i bambini cosiddetti "idioti". Si appassiona alla psichiatria e decide di scrivere la sua tesi in questa disciplina; al contempo, sceglie un corso opzionale dedicato alla clinica pediatrica, di cui sosterrà l'esame il giorno prima della discussione della tesi.

Una tesi

Un tempo, per una donna che entrava nella Facoltà di Medicina la scelta si limitava alla ginecologia e alla pediatria, discipline per le quali si riteneva avesse una naturale predisposizione. La scelta di una tesi in psichiatria era dunque insolita. Ma l'orribile spettacolo di bambini ricoverati in psichiatria, insieme agli adulti, non aveva lasciato indifferente Maria. Una sua collaboratrice avrebbe in seguito raccontato di quel giorno in cui «venne in contatto con bambini deficienti. Trovò quei bambini in una stanza, affidati alle cure di una donna che senz'altro li presentò alla Dottoressa come ghiotti e sudici. "In che modo?..." domandò la dottoressa e l'altra subito: "Appena finito di mangiare si gettano per terra, raccolgono le briciole di pane e le mangiano". La Dottoressa si guardò intorno. In quella stanza non c'era nulla che i bambini potessero prendere in mano. Quelle briciole di pane davano l'unica occasione di servirsi della mano, del pollice.»[19]

Dopo questa visita Maria capisce che ciò di cui i bambini hanno necessità è un intervento di ordine più pedagogico che clinico.

Osserva i pazienti della clinica psichiatrica e raccoglie i dati per la stesura della tesi intitolata *Contributo clinico allo studio delle allucinazioni a contenuto antagonistico*. Il relatore è il professor Ezio Sciamanna che ha sostituito il collega Bonfigli, eletto deputato nel 1896. L'argomento le è stato probabilmente suggerito dal professor Sante De Sanctis, che ha appena pubblicato una ricerca in questo ambito. Si trattava di un tema piuttosto nuovo in Italia, mentre in Francia era stato già studiato dai medici Valentin Magnan e Jules Séglas, sulla scia di Bénédict Morel. Le allucinazioni a contenuto antagonistico indicano il caso di una seconda allucinazione, la maggior parte delle volte visiva, che si aggiunge a un'allucinazione auditiva. Maria cerca di colmare le lacune relative ad alcuni casi di allucinazioni che non erano multisensoriali, le quali, data la loro frequenza, meritavano uno studio approfondito.

19 A.M. Maccheroni, *Come conobbi Maria Montessori*, cit., p. 31.

Basandosi sullo studio di nove casi, relativi sia a uomini sia a donne, Maria stende una tesi di quarantanove pagine manoscritte nella quale descrive in modo dettagliato numerose situazioni: allucinazioni di tipo uditivo, o di voci rassicuranti alle quali subentrano voci minacciose, e altre di tipo visivo, oppure immagini di santi che si alternano a immagini di demoni, provocando nel paziente deliri di persecuzione e stati di profonda confusione. Al pari di De Sanctis, Maria si domanda se lo sdoppiamento dell'io sia l'effetto, e non la causa, di tali allucinazioni e se non sia necessario cercarne l'origine nella vita psichica normale. Il lavoro è presentato da De Sanctis tre mesi dopo, in occasione del IX Congresso italiano di psichiatria, prima di essere pubblicato, nel 1897, sulla rivista «Policlinico», a nome di entrambi. Non è la prima pubblicazione di Maria: il suo articolo *Il significato dei cristalli del Leyden nell'asma bronchiale*[20] era uscito l'anno precedente.

Mentre prepara la tesi, Maria si appassiona alle lezioni di antropologia del professor Giuseppe Sergi, che propugnava la creazione di una pedagogia scientifica, fondata sull'osservazione oggettiva del bambino, senza preconcetti. In seguito, collaborerà con lui per diversi anni.

La laurea in Medicina

Maria si laurea in medicina il 10 luglio 1896 con un buon risultato: 104/110. Nonostante la media alta degli esami e l'ottima tesi, non ottiene il massimo dei voti come nel caso, invece, del collega Giuseppe Montesano. Laureatosi il 14 luglio 1891, Montesano aveva ottenuto la menzione di *dignità di stampa* anche se la media dei voti ricevuti agli esami era inferiore a quella di Maria. Ma ciò non incide sulla gioia e sulla soddisfazione di Maria. Era così raro che una donna si laureasse in Medicina che la stampa riporta il fatto in un articolo intitolato *Una signorina laureatasi in Medicina*: «Fra i nuovi dottori laureatisi il 10 corrente, ci piace fare particolare menzione della dottoressa signorina

20 *Il significato dei cristalli del Leyden nell'asma bronchiale*, «Bollettino della Società Lancisiana degli Ospedali romani», XVI, fasc. I, 1896, pp. 69-72.

Maria Montessori. [...] La nuova dottoressa unisce alla tenacia dei propositi di vivace e robusto ingegno. Oltre la brillante votazione, due anni or sono, vinceva il premio Rolli di L. 1000 e guadagnava pure, per esame, il posto di medico assistente all'Ospedale di San Giovanni, dove da un anno esercita l'arte sua, con senso di vera missione.

E, ieri, nella sua casa, in mezzo ai suoi genitori, fieri e felici di lei, fu fatta segno alle affettuose congratulazioni ed agli auguri dei professori universitari, di molte signore e signorine, di dottori, di pubblicisti, di parenti e d'amici, che offrirono fiori e doni alla signorina».[21]

Maria si distingue anche per la competenza che dimostra nel lavoro di laboratorio. Alcuni professori le consigliano di recarsi a Berlino per seguire un corso di perfezionamento con il professor Robert Koch, direttore dell'Istituto per le malattie infettive, il quale otterrà, nel 1905, il premio Nobel per le sue ricerche sulla tubercolosi. Per facilitare il soggiorno berlinese, Alessandro Montessori si rivolge all'avvocato di Carlo Montessori, un modenese che «aveva disposto nel suo testamento l'istituzione di un'opera di beneficenza "per l'educazione e istruzione dei figli di famiglie del suo stesso cognome, discendenti dal suo ramo"».[22] In quell'occasione Alessandro, la cui posizione nei confronti della scelta della figlia è ormai lontana dal dissenso iniziale, non si risparmia nel tessere le lodi del brillante percorso della figlia alla quale offrirà, per i suoi trent'anni, un album che raccoglie tutti gli articoli di giornali e riviste che le erano stati dedicati.[23]

21 «La Tribuna», 15 luglio 1896, citato in V.P. Babini, L. Lama, *Una «donna nuova»*, cit., p. 49.

22 G. Honegger Fresco, *Maria Montessori, una storia attuale*, cit., p. 37.

23 L'album inizia con questa dedica: «Cara figlia, un cumulo di giornali si era formato in questi ultimi anni in casa nostra pervenuti da alcune tue amiche e ammiratori. Quei giornali contenevano memorie care a me quanto a te perché dimostravano la esplicazione non comune del tuo ingegno e della tua attività, ma tenuti disordinatamente come erano, sarebbe stato quasi inutile conservarli. Tali memorie penso di riunirle in un volume ora ultimato, e nella ricorrenza del tuo trentesimo compleanno te lo presento, con la lusinga che ti riesca gradito. Tuo padre, Roma 31 agosto 1900». Si veda, V.P. Babini e L. Lama, *Una «donna nuova»*, cit., p. 105.

Ma non ci fu nessun viaggio a Berlino: Maria preferisce l'ambito della salute mentale a quello della ricerca batteriologica.

La scuola romana di psichiatria

Il 13 agosto 1897, l'allora ministro della Pubblica Istruzione accetta la proposta del professor Sciamanna di valersi «dell'opera del dott. Mario Montessori in qualità di assistente volontario gratuito»[24] in neuropatologia presso la clinica psichiatrica di Roma. Maria ci rimane fino al 1900 e, nella sua qualità di assistente, scrive tra le altre cose un testo sulla paranoia destinato agli studenti.[25]

Alla scuola romana di psichiatria, fondata dal "quadrumvirato" intellettuale composto da Bonfigli, De Sanctis, Montesano e Montessori, spetta il merito di aver stabilito una classificazione clinica delle varie patologie mentali. Fino a quel momento, tutti i pazienti erano rinchiusi in uno stesso reparto: i ritardati mentali sin dalla nascita con quelli che avevano perso la ragione in un qualsiasi momento della loro vita. Grazie a De Santis, persona coltissima, il gruppo è al corrente di quanto viene fatto negli altri paesi. Al suo fianco Maria perfeziona la capacità di osservare lo sviluppo del bambino, partecipando in questo modo, e in particolare attraverso la ricerca che conduce con Montesano, alla fondazione della psichiatria infantile in Italia.[26] Maria vede allora che, esercitando la medicina, come ricorda nel suo *L'autoeducazione nelle scuole elementari*,[27] il medico diventa «l'ambasciatore di un rinnovamento etico e che sul fondamento dello studio naturalistico dell'uomo assume spesso il ruolo del riformatore sociale».[28]

---

24 A. Matellicani, *La "Sapienza" di Maria Montessori. Dagli studi universitari alla docenza 1890-1919*, Roma, Aracne, 2007, p. 78.

25 *La paranoia: lezione raccolta dal dott. Mario Montessori*, Firenze, tip. Luigi Niccolai, 1898.

26 Si veda G. Montesano e M. Montessori, *Ricerche batteriologiche sul liquido cefalo rachidiano dei dementi paralitici*, Roma, F.lli Capaccini, 1897. Estratto dalla «Rivista quindicinale di Psicologia, Psichiatria, Neuropatologia», fasc. 15, 1 dicembre 1897, pp. 1-13.

27 Si tratta della seconda parte della *Pedagogia Scientifica*, pubblicata nel 1916.

28 P. Trabalzini, *Maria Montessori da "Il Metodo" a "La scoperta del bambino"*, cit., p. 42.

Maria avvia una campagna di sensibilizzazione per porre rimedio ai problemi dei bambini che soffrono di un ritardo mentale o fisico. Assieme al professor Bonfigli, la stampa la presenta come l'anima del movimento. Maria è descritta come «una seria, studiosa e coltissima giovinetta» che collabora con un «gruppo di intelligenti signore» e di «valorosi scienziati».[29] Le signore sono essenzialmente mogli di uomini politici, impegnate in opere di carattere sociale a beneficio dei bambini poveri. La nomina, in quel periodo, di Guido Baccelli al Ministero della Pubblica Istruzione lascia prevedere un suo sostegno per colmare il ritardo dell'Italia in questo ambito.

I centri medico-pedagogici francesi e inglesi sono considerati un modello in materia. Durante i suoi studi Maria ha avuto occasione di leggere *Théorie et pratique des enfants arrierés et idiots*, lo studio pubblicato da Édouard Séguin nel 1846. Colpita da tale lettura, Maria si reca a Parigi, all'Ospedale Bicêtre, di cui è direttore Désiré-Magloire Bourneville, dove «fu assidua frequentatrice del servizio per alcune settimane».[30] Resta però delusa da ciò che ha potuto osservare perché trova che la maggior parte degli insegnamenti sono impartiti meccanicamente. Maria capisce quanto sia difficile applicare in modo serio e completo il metodo di Séguin, che richiedeva tanta pazienza e un vero allenamento all'esercizio dell'osservazione.

Maria spera anche di trovare a Parigi il volume che Séguin ha pubblicato in inglese[31] vent'anni dopo il suo primo libro, ma Bourneville la informa che il libro non è mai arrivato in Europa. Grazie ad alcune conoscenze, Maria riesce a farselo spedire e con l'aiuto di un'amica lo traduce, copiandolo a mano per assimilarne meglio il contenuto. A Parigi scopre tuttavia il lavoro di colui che era stato

29 Citato in V.P. Babini e L. Lama, *Una «donna nuova»*, cit., pp. 60-61.

30 *Relazione del servizio di Bicêtre nel 1901*, citato in C. Philippi Van Reesema, *Les précurseurs de Mme Montessori*, «Pour l'ère nouvelle», 21, p. 83, nota 1.

31 Nel 1848 Édouard Séguin aveva lasciato la Francia per stabilirsi negli Stati Uniti.

maestro di Séguin, Jean-Marc Gaspard Itard, la cui opera *De l'éducation d'un homme* era ancora disponibile in libreria. Pubblicato nel 1801, il volume di Itard, all'epoca direttore dell'Istituto per Sordomuti, raccontava l'esperienza e gli sforzi del medico francese per tentare di educare il ragazzo selvaggio dell'Aveyron.

I due medici e pedagogisti, Itard e Séguin, sostenevano un metodo fisiologico basato sui sensi. Maria trova nel loro approccio molte risposte alle domande che si pone, insieme ai suoi colleghi, sulla procedura da seguire per educare i bambini handicappati e aumentare le loro capacità. Ottiene allora un mandato ministeriale per recarsi a Londra nell'inverno del 1899 per osservare l'applicazione pratica dei principi di Séguin in un centro che ospitava bambini.

Al suo ritorno, Maria pubblica nella rivista parlamentare «Roma» l'articolo *Miserie sociali e nuovi ritrovati della scienza*,[32] nel quale affronta la questione in modo pragmatico ed elabora proposte giovandosi delle osservazioni condotte in Francia.

Scopo principale delle sue ricerche è la creazione di un movimento per promuovere l'apertura, in tutto il territorio nazionale, di istituti medico-pedagogici e di classi per i bambini meno gravi. La Lega nazionale per la protezione dei fanciulli deficienti vede la luce nel 1899. Ne è presidente Bonfigli, coadiuvato da Giuseppe Montesano e Maria Montessori, che a loro volta ne sono segretari e consiglieri. Montesano, tuttavia, presenta sempre l'istituzione come risultato dell'iniziativa della Montessori, consapevole del fatto che ne era stata lei il motore.[33]

La medicina si introduce nel campo della pedagogia che, secondo Maria, fino ad allora non ha tenuto in debito conto i bambini handicappati. Si trattava di sondare il terreno e vedere se gli insegnanti avrebbero aderito a questa proposta. Maria è inviata al Con-

---

32 M. Montessori, *Miserie sociali e nuovi ritrovati della scienza*, «Roma. Rivista parlamentare», II, fasc. XXVI, 31 luglio 1898, pp. 605-608; fasc. XXVIII, 4 settembre 1898, pp. 652-655.

33 «L'Italia femminile. Corriere delle donne italiane», 14 luglio 1899, p. 211, citato in V.P. Babini e L. Lama, *Una «donna nuova»*, cit., p. 59.

gresso nazionale pedagogico di Torino per presentare la nuova istituzione. Ricorda così l'avvenimento: «Era il 1898: si era indetto a Torino il primo Congresso Pedagogico italiano, al quale erano intervenuti circa tremila educatori. Io – spinta da una passione nuova, come quella che mi faceva intuire la missione e la trasformazione di una eletta classe sociale, avviata verso una redenzione grandiosa: la classe degli educatori – partecipai al congresso. Vi ero allora un'intrusa, perché il felice connubio tra la medicina e la pedagogia rimaneva ancora, nel pensiero dei tempi, insospettato».[34]

Maria, in veste di medico, affronta la questione pedagogica dei bambini con ritardo mentale, messi in disparte dall'istituzione scolastica. Ironia della sorte, la cronaca si fa carico di denunciare in modo drammatico il potenziale pericolo per la società rappresentato dall'assenza di educazione. Infatti «proprio quella mattina, mentre si apriva la seduta, si divulgò fulmineamente la notizia spaventosa: avevano assassinata l'imperatrice Elisabetta d'Austria e a colpire era stato ancora un italiano! Il terzo regicidio dovuto in breve tempo in Europa a mano italiana!».[35] La stampa si scatena contro l'incapacità degli insegnanti, causando un forte disagio nei partecipanti al congresso. Maria decide allora di prendere la parola per sottolineare il dovere dell'istituzione scolastica di educare tutti i bambini, senza eccezione: la società civile non deve «trascurare alcun mezzo per redimere ed educare i bambini che, per speciali caratteri degenerativi, non possono trarre profitto dalla scuola comune».[36]

Maria sottolinea, inoltre, l'inutilità delle riforme educative che non prendevano in considerazione la condizione generale di questi bambini quando, loro malgrado, erano refrattari a una normale vita scolastica. Afferma: «Sono costoro che, abbandonati nella società a

---

34 M. Montessori, *Antropologia pedagogica,* Milano, Vallardi, 1910, pp. 12-13.

35 Ivi, p. 13.

36 *Atti del Primo Congresso pedagogico nazionale italiano,* Torino, 8-15 settembre 1898, a cura di G.C. Molineri e G.C Alesio, Torino, Stabilimenti Tipografici F. Camandona 1899, citato in P. Trabalzini, *Maria Montessori da "Il Metodo" a "La scoperta del bambino"*, cit., p. 34.

loro medesimi, non potendo vivere del proprio lavoro, cercano di mantenersi con il lavoro degli altri e diventano delinquenti; [...] fanciulli destinati a popolare i manicomi, i postriboli, le galere».[37]

L'intervento si rivela molto efficace: i partecipanti approvano all'unanimità la sua proposta di aprire classi speciali, adatte a quei bambini che per i loro problemi causano ritardo nell'insegnamento tradizionale. Approvano inoltre l'istituzione di nuove discipline per la formazione dei futuri maestri, come quella di imparare a formulare una diagnosi. Ciliegina sulla torta, al termine del congresso, il presidente propone che una sessione della prossima edizione venga interamente dedicata al tema dell'infanzia deficiente.

In seguito al congresso e grazie all'impegno di Maria, una nuova organizzazione clinica è messa al servizio dei bambini cosiddetti deficienti, la cui condizione era sempre meno considerata irrecuperabile. Maria propugna l'apertura di classi «aggiunte» per accogliere quei bambini nelle scuole «normali». Un progetto più facile da realizzare, anche nei piccoli centri, che consente ai bambini di vivere con le loro famiglie senza essere destinati in centri lontani da casa.

Come risultato delle reazioni positive, Guido Baccelli,[38] ministro della Pubblica Istruzione, chiede a Maria di organizzare alcuni cicli di conferenze nelle tre scuole per la formazione dei maestri di Roma, per presentare la pedagogia adatta. La prima conferenza, *Pei fanciulli infelici*, vede l'afflusso di una folla di insegnanti, di vecchi professori e anche di uomini politici. I giornalisti sottolineano la «competenza e la sicurezza della giovane "scienziata" che "mirabilmente sicura di sé"»[39] affronta temi molto importanti e ancora sconosciuti in Italia. Maria continua a tenere il corso di pedagogia speciale per diversi anni.

---

37 *L'educazione dei piccoli degenerati.* Riassunto dell'intervento di Maria Montessori al Primo Congresso pedagogico nazionale di Torino, V.P. Babini e L. Lama, *Una «donna nuova»*, cit., p. 63.

38 Il ministro inviò una circolare ai vari organismi e ai sindaci per chiedere di sostenere con le loro donazioni le iniziative della Lega.

39 M. Montessori, *Pei fanciulli infelici*, 29 gennaio 1899, citato in V.P. Babini e L. Lama, *Una «donna nuova»*, cit., p. 64-65.

Il 7 aprile del 1900 si inaugura la Scuola Magistrale Ortofrenica, voluta e diretta da Bonfigli sotto la responsabilità di Montessori e Montesano, in collaborazione con la Lega nazionale per la protezione dei fanciulli deficienti. Il centro di formazione mira alla preparazione dei maestri destinati a lavorare con i bambini ritardati, perché imparino a conoscere le diverse forme di deficienza psichica e i metodi educativi adatti ai vari casi.[40] Maria insegna psicologia, fisiologia e igiene, con un accento sulla profilassi della degenerazione e l'educazione all'igiene. Ritiene essenziale che i bambini siano preparati a ricevere l'educazione intellettuale. Si tratta di mantenere il loro benessere corporale, quando c'è, e di favorirlo in caso di assenza. L'educazione all'igiene ha scopo curativo per questi bambini, perché stimola e riattiva le funzioni alterate e la loro sensibilità assopita. Maria insiste anche sull'importanza di un'alimentazione corretta e sulla cura della persona, che si ritroveranno nelle attività di vita pratica proposte in seguito nelle Case dei Bambini.

Maria sorveglia la realizzazione del materiale indicato da Séguin e l'uso che ne viene fatto dalla cinquantina di bambini del manicomio di Santa Maria della Pietà. L'istituto era stato trasferito nell'aula di applicazione della Scuola Magistrale di Ortofrenia per consentire ai futuri insegnanti specializzati una migliore osservazione dei bambini mentre usavano il materiale e per esercitarsi a lavorare con loro.

---

40 La Scuola Ortofrenica (l'ortofrenia studia come sviluppare le facoltà intellettive) era in via dei Volsci 50. Il corso durava sette mesi ed era previsto anche un secondo livello per coloro che desideravano approfondire le materie studiate. Il programma prevedeva lezioni di biologia, in relazione all'eredità normale e patologica; di antropologia, con particolare riferimento ai sintomi della degenerazione; di anatomia e di fisiologia, in relazione con il sistema nervoso, gli organi sensoriali e il movimento; di nosografia delle diverse forme di deficienza psichica; di tecniche per l'esame dei disturbi del linguaggio e della sensibilità; di presentazione della registrazione dei dati per la carta biografica e dei progressi dei bambini; e, infine, di didattica speciale relativa all'educazione dei sensi, del movimento e dei disturbi del linguaggio, come pure all'educazione del carattere. Si veda P. Trabalzini, *Maria Montessori da "Il Metodo" a "La scoperta del bambino"*, cit., pp. 39-40.

Maria impara molto e ne parla in questi termini: «Rimasi così due anni a preparare, con l'aiuto dei colleghi, i maestri di Roma ai metodi speciali di osservazione e di educazione dei fanciulli frenastenici, non solo; ma ciò che più importa dopo essere stata a Londra e a Parigi a studiare praticamente l'educazione dei deficienti, mi misi a insegnare io stessa ai bambini e a dirigere l'opera delle educatrici dei frenastenici nel nostro istituto. Più che una maestra elementare, senza turni di sosta, io ero presente e insegnavo direttamente ai bambini dalle otto del mattino alle sette di sera senza interruzione: questi due anni di pratica sono il mio primo e vero titolo in fatto di pedagogia».[41]

Alla sera, Maria torna a essere ricercatrice: studia e classifica tutte le osservazioni fatte. I suoi sforzi sono coronati dal successo quando uno degli allievi ottiene buoni risultati all'esame di quinta elementare, superando persino quelli dei bambini normali. Arrivano presto altri successi. Sembra un miracolo. Lo stupore lascia il posto ai dubbi. Questi bambini erano forse semplicemente più lenti o avevano bisogno di un metodo che desse loro la possibilità di essere più attivi? Con il suo impegno, Maria ha dimostrato a tutti che questi bambini, da alcuni giudicati ormai persi, possono essere educati e anche eccellere.

La relazione con Montesano

In questi anni, un collega occupa un posto speciale nella vita di Maria. I suoi discendenti parlano della relazione con Giuseppe Ferruccio Montesano[42] come di una «relazione amorosa intensa».[43]

I due medici formano una coppia che suscita ammirazione, come si evince dalla descrizione che ne fa uno studente di Montesano: «Lei

41 M. Montessori, *La scoperta del bambino* (1950), Milano, Garzanti, 1999, pp. 23-24.

42 Giuseppe Ferruccio Montesano (1868-1961) era originario di Potenza. Consacrò tutta la sua vita ai bambini portatori di disagio mentale, focalizzando il suo interesse in particolare sugli aspetti sociali delle malattie mentali.

43 *Maria Montessori in viaggio verso l'America: 1913, diario privato a bordo del Cincinnati*, a cura di C. Montessori, cit., p. 6.

così straordinaria, determinata, creativa, irruenta; lui pacato, fine, con un potere di analisi molto acuto. Entrambi geniali, s'innamorano e lei trova nella dolcezza di Montesano la complementarità a quel suo essere forte!».[44]

Nato nel 1868, Montesano poteva vantare un brillante percorso universitario. Due concorsi superati con successo gli consentono di esercitare la medicina ancora prima di conseguire la laurea nel 1890. Prima di lavorare alla clinica psichiatrica, Montesano ha esercitato con Angelo Celli presso l'Istituto di igiene. Dal 1898 al 1923 è primario dell'Ospedale psichiatrico Santa Maria della Pietà. L'amicizia di Maria con Vincenzo Montesano, uno dei fratelli di Giuseppe, con il quale ha studiato, ha forse favorito il loro incontro. Una cosa è certa: nel 1897 erano tutti e due medici nel servizio di neuropatologia con Sante De Sanctis.

La loro relazione non viene mai regolarizzata; hanno tutti e due idee liberali e moderne. Sembra che sia stata soprattutto Maria a non volere il matrimonio, sostenuta in questa decisione dalla madre. Il matrimonio avrebbe infatti significato la fine della sua carriera perché una donna sposata non poteva lavorare. Maria è ambiziosa, convinta di avere una missione da compiere per i bambini cui si dedica. Sposarsi l'avrebbe costretta a rinunciare a un posto che si è conquistata con tanti sforzi. Maria e Montesano stringono perciò un patto, quello di non sposarsi mai, e di non sposarsi neanche con qualcun altro.

La nascita del figlio Mario, il 31 marzo 1898, non fa cambiare idea a Maria, che è riuscita a nascondere la sua gravidanza. Lei e Montesano decidono di comune accordo di essere genitori a distanza e affidano il piccolo Mario a una balia, Vittoria Pasquali, che abita a Vicovaro, presso Roma. Il neonato è registrato allo stato civile con il nome di Mario Pipilli, nato da genitori ignoti.

---

44 Le parole di Giovanni Bollea, allievo di Montesano, sono citate in G. Honegger Fresco, *Maria Montessori, una storia attuale,* cit., p. 43.

Mario cresce con i bambini della famiglia Pasquali e con Cornelia, la sorella di latte chiamata Velia, di qualche anno più grande di lui. In seguito, durante i suoi soggiorni in Italia, Mario non mancherà mai di andare a trovarli e continuerà a nutrire un grandissimo affetto per Velia, come testimonia la dedica di una foto che avrà occasione di inviarle:

«La dottoressa Maria Montessori nel giorno del suo 80° compleanno, il 31 agosto 1951, mentre ascolta canzoni che vengono cantate in suo onore. La fotografia fu presa a Igla, vicino ad Innsbruck, in Austria. Vicino ad essa ci sono io, Mario. E tutti e due veniamo a stare con te, nella tua camera, Velia, per mostrarti il nostro affetto. Felice Natale, cara sorella!».[45]

Mario cresce in campagna in buona compagnia e Maria va a trovarlo appena può. Più tardi il figlio dirà di ricordarsi molto bene di «quella bella signora», pur non sapendo che era sua madre. Una situazione che non può non stupire, soprattutto sapendo con quale fervore Maria Montessori ha sempre difeso il valore della maternità e l'importanza dei primi anni per lo sviluppo armonioso dei bambini.

Ad ogni modo, Montesano ha accettato questa soluzione, forse nella speranza che Maria cambi idea. Continuano a lavorare insieme fino a quando la situazione non precipita. Maria e Giuseppe rompono la loro relazione e lui convola a nozze con Maria Aprile nel settembre del 1901.

Una settimana prima del matrimonio, Giuseppe riconosce ufficialmente Mario. Perché questo riconoscimento tardivo? Alcuni ritengono che fosse volontà di Maria assicurare al figlio uno status ufficiale prima del matrimonio del padre e dell'eventuale nascita di altri figli. Montesano, da parte sua, vuole assicurare al figlio un buon livello di istruzione. Nel 1905 lo iscrive in un collegio di Castiglion

45 Citato in G. Alatri, *Il mondo al femminile di Maria Montessori*, cit., p. 47.

Fiorentino.[46] Per timore che trapeli il segreto della nascita di Mario, Maria decide di rompere ogni rapporto con Montesano. Per lei la separazione è devastante. Si dice che alla notizia del matrimonio rimase due giorni chiusa in camera, senza mangiare, e ne uscì vestita di nero, colore che abbandonerà solo molti anni dopo, durante il suo soggiorno in India. Quando parlava di Montesano il suo sguardo e le sue parole si facevano duri: «C'è un dolore più forte che perdere l'uomo amato [...] è doversi convincere che è tutt'altro che quello che credevamo. Doverlo disprezzare è atroce»;[47] poi cambiava discorso.

Maria rinuncia alla promettente carriera in psichiatria che le si stava aprendo e a tutte le attività che svolge con Montesano. Resa profondamente fragile dagli eventi, si avvia verso una nuova fase, molto incerta, della vita.

46 «Io sottoscritto Dr. Montesano Giuseppe, medico primario di S. Maria della Pietà in Roma, domiciliato in Roma, via della Lungara n. 121 A, quale padre del giovane Mario Montesano, domando di collocare in codesto convitto il suddetto giovane mio figlio, affinché vi frequenti le scuole elementari, e mi obbligo personalmente al pagamento puntuale della retta e di tutte le altre spese occorrenti nel modo stabilito dal regolamento dell'istituto di cui ho preso piena cognizione. A tale effetto dichiaro di eleggere il mio domicilio legale in Castiglion Fiorentino presso il Signor sindaco del Comune, dove potranno essermi notificati tutti gli atti necessari compresi quelli giudiziari. Roma, il 27 novembre 1905». Citato in G. Alatri, *Il mondo al femminile di Maria Montessori*, cit., pp. 30-31.

47 Le parole sono riportate da Paola Boni Fellini, allieva di Maria Montessori, e citate da P. Giovetti, *Maria Montessori. Una biografia*, Roma, Edizioni Mediterranee, 2009, p. 41.

3

GLI ANNI DEL FEMMINISMO

«Donne tutte: sorgete! Il vostro primo dovere in questo momento sociale è di chiedere il voto politico. [...] Muoviamo a un plebiscito non meno glorioso di quello che consacrò una l'Italia. Diamo questo esempio di civiltà alle altre nazioni affinché si dica "Grande è la libera Italia, che onorò nelle sue leggi la donna: Imitiamola! – Donne tutte: sorgete! Portate l'alto vessillo della vostra italianità alle urne – *chiedete il voto politico*: esso sarà un mezzo di gloria, di purificazione e di vita nazionale!"»

Maria Montessori
Per la società Pensiero e Azione[1]

La mattina del 26 febbraio del 1906, i cittadini di Roma trovano questa dichiarazione su manifesti affissi clandestinamente nella notte da gruppi di studentesse. Maria ha scritto anche un *Proclama alle donne italiane*, pubblicato nella rivista «La Vita», cui segue la creazione di comitati per il diritto di voto alle donne.[2] Come membro del Comitato Pro-Suffragio romano, fondato nel dicembre del 1905, Maria è la terza donna italiana a chiedere l'iscrizione nei registri

---

1 M. Montessori, *Proclama delle donne italiane*, «La Vita», II, n. 57, 26 febbraio 1906, ora in Id., *Per la causa delle donne*, Milano, Garzanti, 2019, pp. 43-45.

2 Il diritto di voto fu accordato alle italiane soltanto nel 1946.

elettorali.[3] Nello stesso anno diviene membro onorario di Pensiero e Azione, associazione che si rivolge a una élite femminile e il cui scopo è «l'affermazione della donna intellettuale e la battaglia contro le vecchie abitudini in nome di aspirazioni più moderne».

A differenza dell'amica giornalista Olga Lodi, Maria è convinta che le donne non debbano appoggiarsi agli uomini per ottenere maggiori diritti, ma contare soltanto sulle proprie forze. Maria riporta a Olga quanto è accaduto durante un ricevimento in casa di quest'ultima:

«Tu, preoccupata dei tuoi invitati, non potevi in quel momento seguire la nostra battaglia. Ma io ero disposta come una mitragliatrice in pieno Parlamento: seduta al banchetto tra l'onorevole Barzilai e l'onorevole Nitti, di prospetto o quasi all'onorevole Mazza, feci un fuoco di fila continuo sul *voto alla donna*. I deputati si schernirono. Quando allo sciampagna brindai alla *conversione* del Nitti, che s'era mostrato contrario al voto in modo più assoluto del Barzilai, egli protestò che la conversione non sarebbe avvenuta».[4]

Maria non esita a intervenire sui giornali per rivendicare la necessità del diritto di voto per le donne, parlando della paura degli uomini che «temono la gran forza sociale che si avanza: la donna! Sono fanciulli che tremano al pensiero di perdere la loro *bambola*».[5] Maria parla a nome di tutte le donne, soprattutto di quelle che non potevano far sentire la loro voce perché considerate «di seconda categoria». Alle obiezioni degli uomini che affermavano l'impossibilità di accordare il diritto di voto a tutte le donne, Maria risponde:

«Ma veramente le ballerine, le *chanteuses* e, più ancora, le altre donne non apertamente nominate, esistono perché gli uomini le vogliono! Esse sono il segno più doloroso della nostra schiavitù. Quel-

3 La prima fu Beatrice Sacchi a Mantova nel febbraio 1906, seguita da Teresa Labriola a Roma.

4 M. Montessori, *Pel voto alle donne*, «La Vita», II, n. 292, 21 ottobre 1906, ora in Id., *Per la causa delle donne*, cit., p. 50.

5 Ivi, p. 51.

le categorie di donne – tutto il proletariato dell'amore e del sesso – sono, diciamo così, il *vino* ma l'uomo è l'alcolista. È l'uomo che osa considerare oggetto di piacere un essere umano che dovrebbe apparire sacro come il tempio della procreazione della specie».[6]

Con queste parole Maria Montessori lascia intendere di non appartenere alle frange estreme del femminismo, poiché non separa mai la femminilità dalla maternità. Afferma, per esempio, che la donna «potrà fare quanto l'uomo fa ma portandoci la sua nota speciale di bontà materna»,[7] ritenendo che anche la donna non fisicamente madre possa essere spiritualmente tale.

Il rapporto tra il volume del cervello della donna e la sua intelligenza era al centro del dibattito all'epoca. La cosiddetta inferiorità mentale calcolata sul volume del cranio femminile era un assioma condiviso dalla maggioranza, e sul quale pesava l'autorità di scienziati quali i famosi antropologi Giuseppe Sergi e Cesare Lombroso. Lombroso sosteneva che «la madre del genio non è un genio», mentre Sergi dichiarava che «la donna era un uomo non ancora del tutto sviluppato», chiedendosi se fosse mai esistita una donna geniale. Ironia della sorte, Sergi avrebbe in seguito lavorato con Maria Montessori, ma non ci è dato sapere se cambiò opinione. Da parte sua, Maria ricorre alla leggerezza e all'ironia per delegittimare i pregiudizi:

«Pei diritti politici, la mente è men che nulla: ci vuole *il sesso*. Che l'uomo sia immorale, libertino, degenere, incosciente e irresponsabile della propria posterità e crei altri esseri simili a sé in incoscienza ed imbecillità, non importa. I suoi figli godranno tutti i diritti purché *abbiano quel sesso*. Non è la testa che vale innanzi alla legge; ed io non so perché gli uomini continuano in segno di rispetto a scoprirsi la testa come l'emblema di superiorità e della vera capacità umana che

6 M. Montessori, *Per il voto. La vittoria*, «La Vita», II, n. 340, 8 dicembre 1906, ora in Id., *Per la causa delle donne*, cit., p. 65.

7 M. Montessori, *La questione femminile e il congresso di Londra*, «L'Italia femminile. Corriere delle donne italiane», I, 38, 1 ottobre 1899, ora in Id., *Per la causa delle donne*, cit., p. 8.

risiede nel cervello, nell'intelligenza produttrice! Dovrebbero nasconderla sotto un cappuccio come i monaci poiché è un non valore!».[8]

Il desiderio di Maria di approfondire lo studio dell'antropologia è anche un modo per dimostrare agli uomini quanto siano in errore e per aiutare le donne a superare la loro mancanza di fiducia in se stesse. È la sola donna medico e antropologo che in Italia si pronuncia sulla questione con competenza e scientificità, nei suoi scritti come nelle sue lezioni, affermando che «la donna [è] antropologicamente superiore» e sviluppa tale argomento nella sua opera *Antropologia pedagogica*.[9] Nel secondo capitolo, *Craniologia*, quanto afferma è confortato da una diversa analisi delle misure antropometriche del cranio: «La donna invece ha solo 150 grammi di cervello in meno. Dunque il volume cerebrale della donna è superiore!» in proporzione.[10] Sulla copertina del libro, sotto il nome di Maria Montessori, si legge: «Insegnante all'Istituto superiore di Magistero femminile. Professore all'Università di Roma». Le cariche, che danno maggiore peso ai suoi interventi, sono il risultato di un vero e proprio percorso a ostacoli. Da una decina d'anni si batteva per le donne e per promuovere un loro ruolo più attivo nella società.

Il Congresso delle donne a Berlino

È ancora una studentessa quando diventa membro dell'Associazione per la donna, il cui obiettivo è «infondere nelle donne lo spirito della solidarietà e della fratellanza». Nella sua veste di vicesegretaria, Maria vi incontra donne da cui riceverà appoggio per molti anni. L'associazione organizza corsi di fonografia[11] e letture per le operaie, alle quali mette a disposizione una cospicua quantità di giornali e riviste. Maria si occupa in particolare dell'insegnamento dell'igiene.

---

8 M. Montessori, *Per il voto. La vittoria*, cit., ora in Id., *Per la causa delle donne*, cit., p. 68.

9 M. Montessori, *Antropologia pedagogica*, cit.

10 Ivi, p. 219.

11 È una tecnica per la registrazione e la riproduzione dei suoni.

Per le sue grandi capacità e, in particolare, per il suo talento di oratrice, l'associazione sceglie Maria, appena laureata, per rappresentare l'Italia al Congresso internazionale delle Donne che si tiene a Berlino dal 20 al 26 settembre 1896. È il primo congresso femminista organizzato in Europa e conta cinquecento partecipanti. Molte donne italiane, di ogni estrazione sociale, inviano un contributo per coprire le spese del viaggio.

Nonostante Maria affronti aspetti cruciali della condizione delle donne, i giornalisti focalizzano la loro attenzione soprattutto sul concentrato di «grazia femminile italiana». I capelli, lo sguardo, i guanti e l'eleganza facevano di lei una «bella femminista», fuori dal comune.[12] Maria è molto irritata, prova ne sia quanto scrive ai suoi genitori: «Ho visto che molti giornali parlavano di me. [...] La mia faccia non andrà più per i giornali, e nessuno oserà più lodare la mia supposta bellezza. Io lavorerò seriamente!».[13]

I due interventi di Maria sono degni di nota. Nel primo parla dell'istruzione femminile, dei problemi cui le donne italiane hanno dovuto fare fronte durante la guerra d'Africa, nonché degli sforzi delle femministe per combattere l'analfabetismo. Nel secondo intervento denuncia le condizioni di lavoro delle donne, in particolare gli orari cui sono sottoposte, e sostiene con fermezza la parità salariale. Consapevole della maggiore forza dei dati concreti rispetto a quella di un discorso di propaganda, Maria si serve di cifre reali e di statistiche che danno conto di un'Italia in cui il numero di operaie è il più alto in Europa. Presenta inoltre uno studio del ginecologo fran-

12 Così scrive il corrispondente da Berlino del «Corriere della Sera»: «La sera dell'inaugurazione del Congresso nell'Englischen Haus, [...] la comparsa della signorina dottoressa Montessori fece sparire il sarcasmo dalle labbra dei signori in frac e spuntare un sorriso di compiacenza, di vittoria in quello delle signore [...] L'Eterno Femminino s'incarnava splendidamente nella leggiadra romana. [...] Anche quelli che non capivano ciò ch'essa diceva erano ammaliati da quella voce, da quell'idioma, che paiono e sono musica». *Il Congresso delle donne*, «Corriere della Sera», XXI, n. 264, 25-26 settembre 1896.

13 Si veda R. Kramer, *Maria Montessori. A Biography*, cit., p. 56.

cese Charles Pajot in cui si dimostra che gli aborti spontanei causati dalle condizioni di lavoro superano di gran lunga quelli dovuti alla sifilide, considerata di solito la loro causa patologica. In proposito Maria ricorda: «Queste due note di femminismo, che dimostravano come il gran contributo di ricchezza dato dalla donna in Italia portava negli equilibri sociali da esso generati un grave pericolo per la specie, fece molta impressione anche sugli antifemministi».[14]

La candidatura di Maria non riscuote un consenso unanime. Molte femministe non si sentono rappresentate perché la considerano troppo borghese e lontana dalla loro visione politica. Il congresso, tuttavia, è interclassista e Maria, che non appartiene a nessun partito politico, parla esplicitamente a nome di tutte le donne. Quando un corteo di donne socialiste fa irruzione per protestare contro l'orientamento cosiddetto capitalista del congresso e per chiedere, a nome di tremila firmatarie di una petizione, l'abolizione del proletariato e la fondazione di una società socialista, Maria decide di incontrarle. Abile diplomatica, dichiara che «le classi non esistevano per le donne italiane»[15] e poi trasmette loro il saluto delle donne socialiste italiane, che viene accolto con un fragoroso applauso. Maria racconta l'accaduto ai genitori: «Così *l'enfant gâté* del congresso è diventata *l'enfant terrible*.[16] [...] Ieri ho portato il saluto del proletariato italiano alla Società socialista, oggi parlo delle donne capitaliste, perché quello che m'importa è l'ingiustizia contro le donne, e non la loro veste politica».[17]

Sembra che Maria abbia parlato con tale veemenza da spingere la polizia tedesca a sorvegliarla durante tutto il congresso perché pensavano che fosse un'anarchica.

---

14 M. Montessori, *Femminismo*, «La Vita», III, n. 124, 5 maggio 1907, ora in Id., *Per la causa delle donne*, cit., p. 83.

15 R. Kramer, *Maria Montessori. A Biography*, cit., p. 54.

16 In francese nel testo.

17 R. Kramer, *Maria Montessori. A Biography*, cit., p. 54. La traduzione italiana è tratta dal volume di V.P. Babini e L. Lama, *Una «donna nuova»*, cit., p. 51.

Il Congresso internazionale femminile di Londra

Il secondo Congresso internazionale delle Donne si svolge a Londra dal 26 giugno al 4 luglio 1899. Maria era in viaggio di studio in Inghilterra per osservare il lavoro realizzato per i bambini ritardati. Il ministro Guido Baccelli la nomina all'ultimo minuto delegata ufficiale del governo. È Montesano a scriverglielo da Roma, precisando che il ministro ha telegrafato l'informazione all'ambasciatore perché la renda pubblica. Questa scelta «dall'alto» viene subito criticata nella stampa da vari comitati italiani, che ritengono rispecchi la volontà del Ministero e non quella delle italiane. Si fa riferimento al congresso di Berlino, sostenendo che Maria vi ha rappresentato solo un piccolo gruppo di romane. Non mancano tuttavia i consensi nei confronti della sua nomina, tanto più dopo gli echi dei suoi interventi a Berlino e in Italia. Si può infatti leggere:

«Fu la ben nota signora Lina Morgenstern [organizzatrice del congresso di Berlino] che mi parlò dell'impressione di schietta ammirazione lasciata dalla "delegata Italiana" al Congresso di Berlino. Che se anche sui giornali di Torino e Milano si stamparono cose erronee nei *dettagli* riguardo a questi incarichi di rappresentanza, che importa se essa fu mandata piuttosto da un gruppo o l'altro a Berlino o senza incarico di un Ministro a Milano? Ciò non toglie nulla alla sua azione efficace e pronta che onorò ovunque l'operosità femminile».[18]

E ancora «Ammiriamo sempre la donna che sa innalzarsi alla aristocrazia dell'Ateneo. [...] Chi supera le angustie della sala anatomica e di certe corsie di ospedale per divenire utile nella società [...] merita il nostro plauso e la nostra simpatia».[19]

Il congresso londinese riunisce tremila donne di ventotto nazionalità. Maria scrive che non si tratta di donne del genere «così poco

---

18 A. Ravizza, *Movimento femminile*, «L'Italia femminile. Corriere delle donne italiane», I, 29, 30 luglio 1899, p. 226.

19 A. De Vito Tommasi, *Il medico dei bambini e delle signore*, «Rivista per le Signorine», II, 14, 15 luglio 1895, pp. 546-547.

simpatico che gli uomini, ignoranti del tutto i principii del femminismo, classificarono col nome di *terzo sesso*: donne cioè piangenti sulla loro sorte; critiche spietate e malevole dell'uomo; nemiche della famiglia e della patria; zitelle brutte e schizzanti dal cuore sterile il veleno dell'astinenza forzata».[20] Maria le presenta come «donne nuove» che lavorano per il progresso sociale e il benessere di tutti, come indica la parola d'ordine del congresso: «Fate agli altri e per gli altri [...] ciò che vorreste fatto a voi stesse», e tutto questo collaborando con gli uomini.

Il programma del congresso prevede varie serate e un incontro con la regina Vittoria e il vescovo di Londra che ricevono le partecipanti. Maria è rapita da ciò che vede: «Vorrei avere la penna di Victor Hugo che incanta nell'*Homme qui rit*, quando parla dei palazzi principeschi di Londra, e della favolosa ricchezza ch'essi rivelano, per descrivere la *soirée* di lady Battersea [...] e il brillantissimo *garden party* di lady Leopold Rothschild, che oltre ad offrire con una cortesia perfetta le meraviglie di un parco principesco e del signorile castello, ove giocolieri e cavallerizze celebri dettero spettacolo fino a notte, aveva messo a disposizione delle congressiste treni speciali e vetture dalle magnifiche pariglie per seicento persone!».[21]

Maria interviene a tre riprese nel corso di un vero e proprio «Niagara di parole», che prevede duecentocinquanta relazioni e cinquecento discorsi.[22] Tiene prima una breve allocuzione, *Il saluto delle donne italiane*, in cui si rammarica dello scarso coinvolgimento delle donne nell'opera di miglioramento della vita sociale, un immobilismo che attribuisce a un'educazione carente. Nel secondo intervento si concentra sull'urgenza di migliorare le condizioni di lavoro delle insegnanti: «Il numero delle maestre in Italia è quasi il doppio di quel-

---

20 M. Montessori, *La questione femminile e il congresso di Londra*, «L'Italia femminile. Corriere delle donne italiane», I, 38, 1 ottobre 1899, p. 299, ora in Id., *Per la causa delle donne*, cit., pp. 7-8.

21 M. Montessori, *La questione femminile e il congresso di Londra*, «L'Italia femminile. Corriere delle donne italiane», I, 39, 8 ottobre 1899, p. 306, ora in Id., *Per la causa delle donne*, cit., p. 22.

22 *Il congresso delle donne a Londra*, «Corriere della Sera», XXIV, n. 195, 18-19 luglio 1899, pp. 1-2.

lo degli insegnanti [...] ma sebbene le autorità scolastiche riconoscano le donne più adatte all'educazione dei bambini e in possesso di qualità superiori di quelle dell'uomo, i salari delle maestre sono inferiori a quelli dei maestri».[23]

In quell'occasione Maria presenta la nuova associazione L'Unione materna per sostenere il lavoro delle insegnanti nelle zone rurali. Nel suo terzo intervento Maria accenna a un progetto di legge per vietare il lavoro nelle miniere ai minori di 14 anni in Italia.

Conferenze in Italia

Nel 1899 Maria tiene un ciclo di conferenze sulla condizione femminile e sui minori in difficoltà. Si reca a Bologna, Milano, Padova, Venezia e Genova, raccogliendo denaro a beneficio dei malati poveri e della Lega nazionale per la protezione dei bambini deficienti. La socialista Anna Kuliscioff[24] scrive di lei: «Oggi fui a una conferenza tenuta dalla dott. Montessori e ti assicuro che ne rimasi contenta. Non è che abbia detto cose straordinarie o nuove, non è neppure di quelle intelligenze che si impongono, ma parlò con una voce splendida».[25]

La stampa invece, meno abituata a vedere una donna così capace di farsi valere e di dominare gli argomenti che tratta, non risparmia

23 M. Montessori, *Il lavoro manuale nelle scuole elementari*, in *Women in Education*, trascrizione degli atti della sezione educativa del Congresso delle donne di Londra, luglio 1899, Londra, Fischer Unwin, 1900, II, p. 51.

24 Anna Kuliscioff (1857-1925), femminista russa, dapprima attratta dalle idee di Bakunin e poi militante marxista, fu espulsa dalla Russia per le sue idee rivoluzionarie. Studiò Medicina in Svizzera, si specializzò in ginecologia e aprì in seguito un ambulatorio a Milano, dove fu soprannominata «la dottora dei poveri». Compagna di Andrea Costa, anarchico e poi socialista, fu incarcerata a Firenze per le sue idee. Anna Kuliscioff si legò in seguito a Filippo Turati, con il quale diresse la rivista «Critica sociale», fondata da Turati nel 1888. Kuliscioff presentò al Parlamento un progetto di legge per la tutela del lavoro delle donne e dei fanciulli e fu attiva sostenitrice del voto femminile.

25 La citazione è tratta da V.P. Babini e L. Lama, *Una «donna nuova»*, cit., p. 72.

elogi, sottolineando la scorrevolezza, la chiarezza e la solidità dei suoi discorsi. È evidente che Maria è un'oratrice sicura di sé e che padroneggia alla perfezione l'argomento di cui parla.[26]

Maria decide di diffondere i testi dei suoi interventi sulla stampa per raggiungere un maggior numero di persone e concede volentieri interviste per arrivare a un pubblico più ampio.

Forte della sua esperienza berlinese, Maria è consapevole di quanto il suo aspetto e il suo modo di fare incidano sul pubblico. Si presenta come esempio di donna impegnata, determinata, colta, con una visione moderna del mondo, attratta dal progresso scientifico. Il titolo della sua conferenza, «La donna nuova», è rimasto a lungo il suo cavallo di battaglia. Maria cerca di convincere le donne a unire le forze per migliorare la società. Parlando della Donna "con la D maiuscola", dice:

«Io affermo che essa sarà soprattutto una donna cosciente, soprattutto una madre che dalla maternità trarrà la forza della sua emancipazione; perché è appunto, oggi, la maternità la cosa più depressa. Quando saranno note tutte le modalità di una generazione sana, quando saranno noti tutti i doveri dell'igiene infantile, allora essa parlerà in nome dei figli, e l'uomo dovrà obbedirle: essa rappresenterà l'avvenire sociale ed avrà quindi possibilità di affermare intero il suo diritto».[27]

L'insegnamento dell'igiene, con la nutrizione e l'educazione, sono gli strumenti più efficaci dell'amore e della carità. Degna discepola di Comte, Maria ritiene la scienza il solo mezzo di conoscenza obiettiva della realtà materiale e sociale, che può aiutare le donne a gestire il loro quotidiano e a prendere le decisioni migliori. Consapevole delle conseguenze del progresso tecnico sulla vita delle donne, Maria le esorta a impegnarsi per migliorare la società.

«Il progresso porta all'invenzione di macchine che suppliscono il lavoro della donna: macchine da cucire, macchine da far bucato, ecc. Quindi la donna deve applicare altrimenti le proprie energie. Come

---

26 Ivi, p. 76.

27 Citato in G. Alatri, *Il mondo al femminile di Maria Montessori*, cit., p. 23.

le applicherà? Studiando. Essa invece di parlare con il cuore, parlerà col cervello; si metterà nelle discussioni, [...] perché il mondo è ora nel positivismo, e il positivismo non s'intende che col cervello.»[28]

Un femminismo pratico e scientifico

Maria aderisce alla corrente del femminismo pratico, che attribuisce una valenza politica al lavoro sociale delle donne. Con la loro attività caritativa le donne non solo dimostrano la loro competenza, ma indicano anche quali sono le carenze istituzionali di numerosi settori e, in particolare, di quello sanitario. Spesso, però, queste donne non si sentono ancora pronte per rivendicare il diritto di voto. Un problema che Maria attribuisce alla mancanza di fiducia in se stesse e di istruzione. È perciò necessario che le donne acquisiscano consapevolezza delle loro capacità. Le femministe militano per una società più giusta e liberale, convinte che soltanto l'accesso delle donne al cuore delle istituzioni possa renderla tale. Questa è la ragione per la quale Maria ribadisce l'assoluta necessità di aiutare le donne a prendere coscienza della propria forza. Promuove un «femminismo scientifico» che sollecita le donne a perfezionare la loro identità intellettuale e a raggiungere l'autonomia economica. In una conferenza a Padova, Maria affronta la questione presentandola come un'alleanza tra scienza e politica il cui scopo è lottare contro il monopolio scientifico degli uomini. Vuole rendere popolare la scienza: «Io vorrei innamorare le donne della scienza positiva» che «non soffoca la voce del cuore ma la estende e la conforta».[29]

Maria incoraggia le donne a studiare e scegliere una professione che arricchisca le scoperte scientifiche con uno sguardo femminile. Sa, per esperienza, che in questo ambito la donna deve spesso accontentarsi di un ruolo subalterno e denuncia questo stato di fatto. Non

---

28 M. Montessori, *La donna nuova. Conferenza della Dottoressa Maria Montessori*, «L'Italia femminile. Corriere delle donne italiane», I, 6, 19 febbraio 1899, p. 2.

29 Citato in V.P. Babini e L. Lama, *Una «donna nuova»*, cit., p. 73.

esita, d'altronde, a lanciare pubbliche accuse contro la misoginia di uomini come Lombroso, dichiarando che a essere contro la donna non è la scienza, sono certi scienziati. Nel corso della conferenza annuncia anche la creazione della Società per la donna, un «circolo di donne per lo studio delle scienze positive», a Roma e poi a Milano.

Quando si tratta di denunciare problemi legati ai diritti delle donne, Maria è su tutti i fronti. Deplora, per esempio, la mancanza di alloggi per le ragazze che si recano a Roma per studiare negli istituti magistrali. Se nel 1880 le cinquanta borse di studio disponibili non erano state assegnate per mancanza di candidate, nel 1907 la situazione è del tutto diversa. Quasi duecento ragazze si sono iscritte in ognuno dei tre Istituti romani. Le spese di iscrizione sono più elevate di quelle dell'università e mancano gli alloggi. Maria scrive: «Gli istituti di magistero sono scuole *femminili*, cioè *trascurate*, per non dire disprezzate». Queste giovani che, tra le più intelligenti d'Italia, studiano per formarsi «una coscienza femminile libera. [...] pur essendo in luoghi eccentrici, in paeselli smarriti e giacenti nelle più cupe tenebre del pregiudizio, circondate da popolazioni analfabete, sentono in sé la forza di proseguire gli studi e l'aspirazione di raggiungere un posto sociale intellettualmente elevato. [...] Rispettare e aiutare queste forze sarebbe obbligo [...] primo d'uno stato. Invece non pensiamo nemmeno ad ospitarle! Noi no, non ci pensiamo. Ma ci pensano i conventi. Il Vaticano aiuta con sussidi parecchie case religiose affinché queste possano fare pensioni tenui e raccogliere quindi la quasi totalità delle giovanette, che sarebbero qui sole, senza parenti né amici. [...] Il governo non ha sentito come il Vaticano l'obbligo di aiutare l'ospitalità in Roma di tante fanciulle, incoraggiando una qualsiasi pensione laica. [...] Cadono nel convento. Cioè in un luogo ove s'inculca uno "spirito" antiquato, ristretto, stridente col movimento sociale odierno che chiede coscienze libere e forti».[30]

30 M. Montessori, *Femminismo*, «La Vita», III, n. 124, 5 maggio 1907, ora in Id., *Per la causa delle donne*, cit., pp. 85-89.

Un'altra questione importante è la qualità dell'insegnamento impartito in questi istituti: al rientro nelle loro regioni d'origine, le giovani possono essere o meno per l'Italia un veicolo di innovazione. Maria perora la causa della loro riorganizzazione e del loro miglioramento:

«Abbiamo molti diplomi di lettere *senza latino*; molti insegnamenti di scienza senza diplomi scientifici. I professori hanno stipendi arbitrari. [...] Ma chi ascoltò? Sono scuole femminili! Disegnare un fiore, recitare un sonetto del Petrarca, commentare i *Fioretti* di san Francesco non basta alle donne?».[31]

Maria sa bene di che cosa parla, dato che insegna igiene dal 1899. Il posto le è stato assegnato grazie all'intervento del professor Bonfigli presso il ministro Baccelli, poiché era «completamente a carico del padre, il quale ha una tenue pensione ed è anche molto vecchio».[32] Il suo corso è molto articolato. Prevede numerose visite a uffici di igiene sperimentali ma anche a centri di disinfezione, a scuole, a caseifici e anche a mattatoi, e in ogni luogo visitato Maria offre spiegazioni dettagliate. Tali visite superano spesso il monte ore assegnato al corso, il che alla fine le vale un aumento di stipendio.

Anni particolarmente difficili

I momenti di gloria non devono mettere in secondo piano il fatto che Maria sta vivendo anni di grande difficoltà. Il matrimonio di Montesano e l'assenza del figlio Mario la rendono emotivamente fragile. Mentre alcuni colleghi sono già professori, lei, dopo essere stata medico per sette anni, ritorna studentessa. Vive nella precarietà materiale e chiede l'intervento di alcune conoscenze per migliorare la situazione. L'amica Giacinta Martini scrive infatti al ministro Guido Baccelli per chiedere che la cattedra di «pedagogia per i deficienti» sia assegnata a Maria: «Io la prego adunque caldamente non

31 *Ibid.*

32 G. Honegger Fresco, *Maria Montessori, una storia attuale*, cit., p. 63.

solo di accordarle al più presto questa cattedra, ma di far sì che il lavoro della sig.na Montessori venga retribuito in modo da poterle dare un aiuto efficace. La sig.na è in condizioni finanziarie tutt'altro che buone».[33]

Dopo aver conosciuto il successo e la celebrità, dopo aver fondato la Lega per la protezione dei bambini deficienti e la Scuola Magistrale di Ortofrenia, Maria brancola nel buio, sola. Delusa, confida a un'amica:

«Ho sentito parlare all'università della inaugurazione dei nuovi locali della Scuola Magistrale Ortofrenica – le ragazze parlavano di rinfreschi, di versi, di festa. Infatti ho comperato un giornale e vi ho trovato la notizia che Le unisco. Anche Lei vi leggerà il trionfo dei miei nemici.[34] A loro tutto sorride: la gioventù inneggiante e le autorità beneficenti che concedono nuovi locali, somme di denaro e protezione. Di me, chi più si ricorda?... in quella scuola è proibito pronunciare il mio nome, nome di un nemico; in quella scuola hanno distrutto tutto quanto poteva ricordarmi, perfino fatto a pezzi o bruciato gli strumenti che io avevo fatto fabbricare per l'educazione dei bambini, con tanto entusiasmo d'amore, affinché non si dica che qualcosa di mio possa esservi utile. E pure io misi anima e sangue, pel trionfo di quella istituzione: l'ho amata! Le ho dedicato cinque degli anni migliori della mia vita. Mi si erige dinanzi all'anima la lunga storia delle ingiustizie che mi hanno straziata, come un fantasma crudele che mi spezza il cuore! O come è amara e fredda questa mia solitudine! Mia diletta signora! Lei ha visto com'è il mio pianto quando un'anima dolce e generosa m'invita alle confidenze. Per lo più io giro solitaria tra gente indifferente o crudele; cerco solo in me e da me la forza di ricominciare il lavoro e vincere la disperazione. [...] Da professore mi sono fatta allieva, da dottore studente, ma che

33 Citato in A. Matellicani, *La «Sapienza» di Maria Montessori*, cit., pp. 82-83.

34 Giuseppe Montesano ha ricevuto la nomina di direttore della Scuola Magistrale di Ortofrenia.

cosa triste lo studente che non ha più le brillanti speranze della gioventù, ma l'amarezza delle delusioni. Come un morto – freddo e solo – che si sforzi di ricominciare la vita e rientri in una culla.»[35]

In questo periodo Maria è spesso cupa. Racconta uno dei suoi sogni a un'amica che ne dà conto così:

«Si era sognata che andava morendo: era morta: poi aveva ripreso conoscenza in una cassa funebre mezza scoperchiata, ricolma, straboccante di libri, libri che la opprimevano e soffocavano; ma si era aggrappata disperatamente a quei libri, era riuscita a sollevarsi, si era sentita rivivere: la donna amante e amata era morta; risorgeva nello studio per la scienza».[36]

Il sogno testimonia quanto Maria trovi sostegno nello studio. Concepisce il lavoro come una legge vitale che permette all'individuo di esprimere la propria creatività e di sviluppare appieno le sue potenzialità. Maria si butta a capofitto nel lavoro con tutta la sua forza intellettuale. Diventa una «ricercatrice instancabile»[37] e insaziabile di conoscenza, indirizzandosi verso tutte le discipline che possono aiutarla a capire meglio l'Uomo. È diventata una donna di scienza creativa che si evolve, libera e aperta, alla ricerca del sapere senza percorrere rigorosamente il cammino che i suoi predecessori le hanno indicato.

Gli studi di filosofia

Maria si indirizza verso la filosofia con il desiderio di dare inizio a un nuovo corso di studi. Non senza difficoltà, come racconta a un'amica:

---

35 *Lettera a Donna Cristina: un documento del 1903 sulla Scuola Magistrale Ortofrenica*, in *Montessori: perché no? Una pedagogia per la crescita*, a cura di G. Honegger Fresco, cit., pp. 76-77. Si tratta di una brutta copia di cinque fogli di colore nocciola di una lettera scritta a mano da Maria Montessori che porta il titolo «Lettera a Donna Cristina».

36 P. Bona Fellini, *I segreti della fama*, cit., pp. 26-27.

37 A. Scocchera, *Maria Montessori. Una storia per il nostro tempo*, Roma, Edizioni Opera Nazionale Montessori, 2005, p. 9.

«Non so se ancora potrò iscrivermi come studente in III Corso di filosofia. Il Ministero – cosa veramente inconcepibile! – rinnega per me le leggi fatte da lui stesso: ha appena approvato un regolamento che ammette gli studenti di Scienze naturali e Medicina alla facoltà di Filosofia – ed io che per prima mi presento in queste condizioni, sono respinta. Perché?... tredici anni fa i miei esami non furono sufficienti al liceo – io feci gli studi di matematica invece che quelli logici: tredici anni fa... al liceo!!! Una profana che è da sette anni dottore e da quattro anni professore in una scuola superiore al liceo!! Sembra una favola ma pure è la verità. E poi sia pure questo, ma nelle Scienze naturali si può andare coi soli studi di matematiche e il regolamento ammette il passaggio delle Scienze alla Filosofia. Dunque in ogni modo io sono più che in regola. Il Ministero non ha dato il consenso ch'io sia studente di III Corso di Filosofia all'Università... e ha rinviato la mia domanda al Consiglio Superiore dell'Istruzione. Il Ministero! Quello che mi dette incarichi – che mi fece fondare una scuola: e ci sono i documenti. Io sono in credito col Ministero – ho insegnato tre anni – [gratuitamente alla Scuola di Ortofrenia] – ho contribuito all'istruzione pubblica – ho educato i deficienti; ho preparato i maestri; ho portato dall'estero un metodo nuovo».[38]

Nel luglio del 1903, dopo tante difficoltà, Maria riesce finalmente a iscriversi al terzo anno di Filosofia. L'iscrizione ha di certo lo scopo di approfondire le sue conoscenze e la sua cultura, ma Maria spera anche di poter ottenere, con una laurea supplementare, una promozione e un aumento di stipendio. Segue corsi di filosofia teoretica, di storia della filosofia, di filosofia morale e di letteratura italiana, senza tuttavia sostenere gli esami. A questi si aggiungono corsi di storia di Roma nel Medioevo, di antropometria per perfezionare le sue conoscenze di antropologia pedagogica e di psicologia con il professor De Sanctis. Maria è però affascinata soprattutto dal corso di pedagogia del professor Labriola, del quale conserva un bellissimo ricordo, perché

38 *Lettera a Donna Cristina*, cit., p. 78.

combinava alcuni elementi di psicologia sperimentale con la pedagogia. Le sue lezioni, dice, erano «disordinate ma geniali». Labriola incitava gli studenti a esprimere la propria opinione, condividendo con loro la sua visione democratica dell'istituzione scolastica. I suoi corsi erano diventati il luogo di incontro degli studenti progressisti.

Gli studi di antropologia

L'antropologia è una materia che Maria ritiene così importante da farne una disciplina al servizio dell'educazione. La considera uno strumento per conoscere meglio l'essere umano, per sostenerne lo sviluppo, tenendo conto della sua anamnesi e delle sue condizioni di vita. Come Moleschott, che era stato il suo professore, Maria è convinta che il progresso della scienza possa cambiare radicalmente la società solo se riesce a capire appieno la quotidianità della popolazione che vuole aiutare.

Per le sue conoscenze specifiche sullo sviluppo del bambino dal punto di vista fisico e psichico, Maria diventa una delle pioniere dell'antropologia pedagogica, unendosi a quel movimento di idee che comprendeva medici e insegnanti, propugnatori di un approccio sociale e scientifico dell'educazione.

Sulla spinta del professor Giuseppe Sergi, da lei considerato suo maestro,[39] Maria partecipa a uno studio medico-antropologico di ampio respiro. La ricerca si propone di individuare le persone che hanno bisogno di essere curate. Per raccogliere i dati sarebbe necessario aprire vari centri di antropologia, Maria si lancia invece alla ricerca nelle scuole elementari di Roma. Prende le misure di centodieci bambini, selezionati dagli insegnanti sulla base della loro capacità intellettiva. Si tratta poi di incrociare le misure prese con informazioni sul contesto sociale e la loro intelligenza (stando a quanto ne dicono gli insegnanti). L'obiettivo della ricerca è verificare la pos-

39 M. Montessori, *Antropologia pedagogica*, cit., p. 11.

sibilità di stabilire un nesso tra la misura e la forma del cranio e il grado di intelligenza del bambino. Lo studio suscita in Maria numerosi quesiti sulla nozione di intelligenza e sui criteri con cui definirla. Maria si pone inoltre il quesito dell'interpretazione di tali misurazioni. Tutti interrogativi che la tormenteranno per molti anni, fino a quando deciderà di abbandonarli. Nei primi corsi internazionali che Maria organizza per formare maestri, molte lezioni sono dedicate al modo in cui prendere le misure di ogni bambino per elaborarne la carta biografica. Maria si rende però conto molto presto che le misure, per quanto talvolta possano aiutare a individuare alcuni casi di crescita problematica, non sono sufficienti.

«L'educazione scientifica è quindi quella che, pur basata sulla scienza, può modificare e migliorare l'individuo. L'educazione scientifica, dipendente dalla ricerca oggettiva sulle basi della pedagogia, diverrebbe capace di trasformare i bambini normali. Come? Certamente innalzandoli oltre il livello normale e facendoli uomini migliori, perché una scienza dell'educazione non ha soltanto il compito di "osservare" ma anche di "trasformare" i bambini.»[40]

Uno studio sulle donne del Lazio

Nel 1902 Maria avvia lunghe pratiche per ottenere l'abilitazione all'insegnamento dell'antropologia all'università, che le avrebbe consentito di guadagnare uno stipendio commisurato al numero degli iscritti. Per raggiungere l'obiettivo deve però elaborare uno studio di antropologia sperimentale. Occorre intanto che la commissione di professori accetti la sua candidatura prima di assegnarle un argomento di ricerca. Ma non è affatto facile, come Maria confida a una cara amica.

«Ho veduto le persone sollevarsi intorno a me per respingermi. Non sentivano che io seguivo un potente dovere: il dovere di vivere e di lavorare, anche quando sembra di non poter più vivere e di non poter più

40 M. Montessori, *La scoperta del bambino*, cit., p. 33.

lavorare. Non capivano che il mio corpo fatto grave da un'oppressione compiva un dovere trascinandosi tra quei banchi di scuola. Tutti in coro ripetevano: "Cosa viene a fare questa rimestatrice? Non le basta quello che sa e quello che ha?" Voglio studiare antropologia – e mi fanno perdere otto mesi di tempo con false promesse. Quante piccole miserie tra quei professori che si mettevano su l'uno con l'altro per non accettare di far parte d'una commissione esaminatrice! Oggi dava le dimissioni uno – domani un altro; oggi uno diceva che non mi credeva colta abbastanza per ammettermi all'esame, domani un altro metteva scuse che come donna ne sapevo già troppo e mi contentassi. Finalmente, dopo otto mesi di incertezze, intercalati da promesse, concludono, come se niente fosse, che rifiutano assolutamente di costituire la commissione.»[41]

La commissione viene finalmente costituita e come argomento di ricerca assegna a Maria «I caratteri fisici delle giovani donne del Lazio, desunti dalla osservazione di almeno cento soggetti viventi».

È una vera e propria sfida. Alcuni professori sperano forse che si scoraggi e rinunci ad andare avanti. Ma non la conoscono. Maria avvia la ricerca all'Ospedale San Giovanni dove trova la metà dei soggetti da esaminare, che devono avere tra i venti e i trent'anni. Trovate le persone, la sfida continua perché le donne si spaventano alla vista degli strumenti di misurazione. Maria descrive così le sue estenuanti giornate:

«Mi accadeva talvolta di rimanere per sette od otto ore continue – prosegue Montessori –, aggirandomi tra i letti dell'ospedale, a persuadere e a pregare le convalescenti, inventando scuse e mezzi sempre nuovi, per riuscire a domare e misurare due soggetti!! Il mio lavoro che fu di abnegazione non scevra da noie e da pericoli, e deprimente quanto lo sono l'insulto e la minaccia continuate, durò così di giorno in giorno quattro mesi».[42]

41 *Lettera a Donna Cristina*, cit., p. 78.

42 M. Montessori, *Caratteri fisici delle giovani donne del Lazio (desunti dall'osservazione di 200 soggetti)*, in *Atti della Società Romana di Antropologia*, vol. 12, fasc. I, Roma, presso la sede della Società, 1906, pp. 37-120, citato in G. Alatri, *Il mondo al femminile di Maria Montessori*, cit., p. 58.

Maria conduce la sua ricerca anche sul campo, in alcuni paesi nei dintorni di Roma:

«Che la popolazione del Lazio si trovi in uno stato di notevole inferiorità civile, mi si rese manifesto nella lotta che dovetti sostenere per istudiare dal lato antropologico le sue giovani donne... Ho avuto l'impressione di trovarmi tra una popolazione fiera e selvaggia, posta in un livello di civiltà infinitamente inferiore al nostro industriale... Innanzi a questa gente io non ero più né una signora, né un medico... Fattucchiera, strega, incettatrice di giovani per postriboli, spia delle carceri, fabbricatrice di cartoline illustrate. Ecco ciò che a volte divenivo innanzi ai loro occhi annebbiati dal pregiudizio dell'ignoranza. E come tale, nemica e sfruttatrice, mi trattavano nella loro spesso brutale ostilità... Quante volte ho dovuto lasciare a mezzo le misure di una donna perché mi compariva dinanzi un uomo torvo ad interrogarmi in modo minaccioso: e non riuscendo a giustificare abbastanza il mio operato ero mandata via tra le contumelie».[43]

Riesce finalmente a presentare duecento casi grazie all'aiuto di alcune donne incontrate nei dispensari romani, delle allieve del Magistero e delle Suore di Maria Ausiliatrice che dirigono il ricreatorio femminile di Trastevere. Tutte prestano volentieri il loro contributo per fare in modo che Maria possa presentare il suo lavoro. Sulla base dei risultati ottenuti, Maria stabilisce due tipologie femminili: la «dolicocefala», bruna, piccola di statura, elegante, e la «brachicefala», bionda, alta e dal viso largo.

L'8 giugno 1904 la commissione si riunisce per l'esame finale. I professori riconoscono le molte difficoltà della ricerca, peraltro ben superate da Maria, di cui si sottolinea la padronanza dell'argomento e degli strumenti adottati. Osservano, tuttavia, che la parte analitica dei risultati avrebbe potuto essere più sviluppata. L'esame continua il giorno dopo con una lezione di cinquanta minuti che la candidata deve preparare dopo aver sorteggiato l'argomento. Maria svolge una lezio-

43 Ivi, p. 57.

ne su *Craniologia e craniometria comparata dell'uomo e dei primati, con dimostrazioni* e ottiene 40 punti su 50. Nei mesi successivi un decreto ministeriale la dichiara idonea al ruolo di docente di antropologia.[44]

Professoressa di antropologia pedagogica

Maria comincia a insegnare antropologia pedagogica alla Facoltà di Scienze fisiche, matematiche e naturali nel gennaio del 1906. Le lezioni si svolgono il mercoledì e la domenica dalle 9.00 alle 10.00. Un incarico che mantiene fino al 1910.

Alla sua prima lezione è dedicato un articolo di una rivista specializzata:

«Domenica alle ore 10 la dott. Maria Montessori tenne, nell'aula 2 della Università di Roma (troppo piccola per il numeroso uditorio), la sua prolusione al corso di Antropologia. Con forma elevata e pensieri moderni, ella ha dimostrato l'importanza della antropologia sulle scienze affini, giuridiche e pedagogiche, ispirate da un profondo sentimento di pietà e di giustizia, per i deboli, gli inetti, i deficienti, ella ha additato all'umanità la via da seguire per la redenzione di quei vinti. Scienziati, legali, studiosi, maestri e numerose signore ascoltarono con vivo interesse la parola della filantropica scienziata, che dalla cattedra diffonde col sapere la moderna concezione del dovere umanitario. La prolusione fu chiusa da lunghi calorosi applausi, ed uno stupendo mazzo di fiori bianchi fu offerto alla libera docente della Società Femminile *Pensiero e Azione*».[45]

Maria ritiene che la pedagogia debba contribuire ad alzare il livello della formazione culturale e scientifica dei maestri. L'antropologia pedagogica è «un metodo che [organizza] lo studio positivo dello scolaro a scopo pedagogico»[46] per favorirne lo sviluppo armo-

---

44 Il 29 dicembre 1904.

45 *La prolusione della dott. Montessori*, «I diritti della Scuola», 28 gennaio 1906, citato in G. Alatri, *Il mondo al femminile di Maria Montessori*, cit., p. 56.

46 M. Montessori, *Antropologia pedagogica*, cit., p. VI.

nioso. Si tratta di combinare gli elementi biologici e filosofici senza trascurare l'apporto imprescindibile dell'etnografia. Le sue ricerche sul campo le hanno fatto prendere coscienza che alcuni elementi sono specifici di un determinato gruppo di individui, come le malformazioni causate talvolta dalle condizioni di vita, ma anche le usanze e il linguaggio. Riconoscere tali peculiarità consente una migliore individualizzazione dell'insegnamento. Le lezioni di antropologia pedagogica si concentrano sull'igiene, sulla biologia, sulle statistiche, ma la parte principale del corso è incentrata sul corpo umano (la pelle, la statura, il torace, il bacino, le quattro membra e, in particolare, la mano), sul loro normale sviluppo e sulle eventuali malformazioni. Maria presenta i vari modelli di carta biografica per preparare i futuri maestri all'osservazione diretta dei bambini.

Anna Maria Maccheroni, che più tardi diverrà una delle fedeli collaboratrici di Maria, frequenta il corso. Come racconterà qualche anno dopo, l'incontro con lei la segna profondamente:

«Fu nel novembre 1906 che vidi per la prima volta la Dottoressa. [...] La Dottoressa stava in piedi e guardava [gli studenti] attentamente. Il suo sguardo penetrante non dava molestia su chi si posava. Come notai poi, poteva "sentire" ognuno individualmente in una specie di contatto spirituale. Naturalmente vidi subito che era di una bellezza non comune, e notai anche che non seguiva l'uso delle donne colte di allora. Erano poche e si vestivano con giacchette maschili e cravatta. Lei no! Per quanto semplice, il suo vestito aveva grazia e buongusto femminile. E... non si dava aria da superdonna».

Anna Maria Maccheroni descrive anche i corsi tenuti da Maria, con queste parole:

«Parlò non di Antropologia ma di scuola. Disse come deve essere la scuola. [...] Illustrò due punti: "Il dovere del maestro, della scuola è *aiutare* non giudicare. Il lavoro mentale non esaurisce anzi nutre; è cibo allo spirito. [...] La Dottoressa usava un linguaggio semplice e chiaro. La sua voce era armoniosa e il suo modo di esprimersi, animato, vivo così che anche gli studenti meno attivi potevano seguirla. Tutto quello che diceva aveva calore di vita. Ricordo che alcune allieve dicevano: "queste lezioni ci fanno sentire il desiderio di essere buone". Sulla cattedra teneva uno scheletrino bene montato e sostenuto da un appoggio di metallo. Forse era lo scheletro di un bimbo nato da poco. [...] Ci parlava del primo periodo di riposo ma, diceva, in realtà, un periodo di grandissima attività. [...] Quando ci mostrava qualche pezzo anatomico, per esempio, un cervello preparato, portava la cappa bianca usata dai medici. In queste conferenze seguiva una linea assolutamente originale. Ci guidava a vedere qualcosa che, io pensavo, nessuno le aveva insegnato».[47]

Il Congresso delle donne italiane

Per diffondere le sue intuizioni e i risultati delle sue osservazioni, Maria coglie qualsiasi occasione per ampliare il suo pubblico al di là degli studenti dei suoi corsi. Il primo Congresso nazionale delle Donne italiane, che si tiene nel Palazzo di Giustizia di Roma dal 23 al 29 aprile 1908, è un'occasione d'oro. Il giorno dell'inaugurazione, il salone del Municipio si rivela troppo piccolo per accogliere più di millecento delegati. Tra questi si contano circa cento uomini, ai quali è consentito di prendere la parola soltanto su invito della presidente della sessione. Sono presenti numerose associazioni, laiche, cattoliche, operaie e di beneficenza, e anche tre delegazioni straniere.

Sui giornali è subito polemica: se «la scienza, l'eleganza e la beltà [erano ben rappresentate, mancavano] le forti donne delle fabbriche, delle miniere, dei campi».[48] Questa polemica è presto messa in secondo piano dallo spessore delle conferenze e delle discussioni. Il Congresso si articola in sei sezioni di lavoro su temi vari: educazione e istruzione, assistenza e previdenza, condizione morale e giuridica della donna, igiene, emigrazione; ma anche argomenti più convenzionali, per soddisfare tutti i gusti, quali la letteratura, l'arte, il ricamo e le trine.

---

47 A.M. Maccheroni, *Come conobbi Maria Montessori*, cit., pp. 10-14.

48 Citato in V.P. Babini e L. Lama, *Una «donna nuova»*, cit., p. 216.

Maria è relatrice generale della prima seduta della sezione sull'igiene ma interviene anche su altri argomenti. Nella quinta seduta della sezione giuridico-morale tiene una relazione su *La morale sessuale nell'educazione*. Il tema alimenta il dibattito sull'urgenza di riconoscere i bambini illegittimi, al quale era stata dedicata la prima seduta. Il numero dei bambini non riconosciuti è in aumento costante e la loro condizione sociale pietosa. L'Italia è in ritardo in questo ambito, poiché la legge non autorizza la ricerca della paternità e non riconosce il concubinaggio. Contrariamente a quanto è solita fare, Maria presenta la sua relazione ma non interviene nei dibattiti. Il tema la riguarda molto da vicino e le causa un grande dolore.

Data la sua fama, le viene chiesto di tenere di nuovo la conferenza per un pubblico più ampio. Il testo del suo intervento è distribuito sotto forma di opuscolo. C'è grande attesa perché è l'unico intervento del congresso che affronta l'argomento "inedito" della sessualità. Il filo rosso della riflessione è l'uguaglianza dei sessi. Maria denuncia «una specie di tacita proibizione per la donna, sia pur madre, d'impacciarsi in qualsiasi maniera della questione sessuale. È questa falsa purità che forma la schiavitù morale».[49] Relegandola al solo ruolo di tutrice del bambino, la società tratta la donna come una bambina «ignara della vita e delle sue lotte, infantile, rimpicciolita, nel pensiero e nella coscienza».[50]

Per Maria è indispensabile che le madri insegnino ai figli i fondamenti naturali del ciclo della vita e parlino loro della sessualità e della maternità, perché imparino il rispetto dell'altro. Afferma che il ruolo delle madri assume un'importanza cruciale quando i figli crescono. La madre educatrice attiva insegna al figlio la sincerità, la lealtà, la rettitudine ma tradisce il proprio ruolo quando il figlio

49 M. Montessori, *La morale sessuale nell'educazione, Atti del I Congresso Nazionale delle Donne Italiane, Roma, 24-30 aprile 1912*, Roma, Stabilimento Tipografico della Società Editrice Laziale, 1912, p. 275.
50 Ivi, p. 274.

entra nell'adolescenza. Da ispiratrice, diventa il testimone muto di abitudini sessuali aberranti che educano invece il giovane alla seduzione, all'adulterio, alla fornicazione. «Questa madre che così profondamente si contraddice, è una schiava.»[51]

Chiedere alla donna di farsi da parte quando il figlio cresce, costringerla implicitamente a sopportare, senza opporvisi, l'immoralità dei costumi dominanti, per Maria non significa altro che opprimerla. Auspica un radicale cambiamento delle abitudini sessuali e incoraggia le donne a non essere più sottomesse all'uomo ma a divenirne le collaboratrici. Sottolinea la responsabilità delle donne e le invita a un impegno per migliorare la società e le future generazioni, evitando cattive frequentazioni e pratiche sessuali rischiose. Da qui la raccomandazione alle giovani di non dare ascolto solo ai sentimenti al momento della scelta del futuro sposo, e di rinunciare all'uomo «indegno di procreare, affinché [non diventino] mai la madre inconscia dell'individuo degenerato, dell'epilettico, dell'idiota, del pazzo morale».[52] Per l'educazione delle giovani che si preparano «alla missione di madre cosciente», Maria suggerisce la lettura di romanzi e poesie con esempi di figure femminili suscettibili di esercitare un'influenza positiva.[53]

Una riflessione del genere è ovviamente fonte di polemica. Da anni Maria era accusata di voler attentare alla stabilità della famiglia. Si può infatti leggere al riguardo: «Val più l'empirismo di una madre premurosa e il buon senso di una brava moglie, che la dottrina di una scienziata e la sapienza di una saccente».[54] Le si rimprovera la mancanza di pudore. Alcune donne sono scandalizzate dal suo linguaggio, come la principessa Maria Cristina Giustiniani Bandini, che afferma:

---

51 *Ibid.*

52 Ivi, p. 280. Cfr. inoltre V.P. Babini e L. Lama, *Una «donna nuova»*, cit., pp. 244-245 e p. 252.

53 Maria citava l'esempio di Mila ne *La figlia di Iorio* (1903) di Gabriele D'Annunzio e la madre del superuomo di *Così parlò Zarathustra* di Nietzsche (1884).

54 Fox, *Corriere della settimana*, «Corriere illustrato della domenica», 5 marzo 1899, citato in V.P. Babini e L. Lama, *Una «donna nuova»*, cit., pag. 77.

«Le vestali del femminismo frequentano gli ambienti modernisti. [...] Ma fra tutte queste signore, la più pericolosa è Maria Montessori. [...] La trovo una donna presuntuosa ed esibizionista, dalle idee assolutamente eversive [...] Ha sostenuto che il miglior modo per aiutare la famiglia in Italia è l'educazione dell'infanzia e per spiegarlo ha usato un linguaggio crudo e inaccettabile».[55]

Maria propugna l'istituzione di corsi di educazione sessuale nelle scuole, insistendo sul nesso tra sessualità e procreazione perché ognuno sia consapevole dell'importanza della prevenzione dell'anormalità, una visione non avulsa da un certo eugenismo.

Da più di un anno Maria ha preso coscienza dell'influenza delle patologie mentali e del contesto sociale sui bambini e si reca regolarmente nel quartiere di San Lorenzo, dall'altra parte del viale che fiancheggia l'università, per mettere al servizio dei bambini «miserabili» il frutto delle sue ricerche.

55 Citato in R. De Mattei, *Trilogia Romana*, Chieti, Solfanelli, 2018, p. 67.

4

LA CASA DEI BAMBINI

«Mi piace ora parlarvi di un mio pensiero costante. Per quanto abbia studiato ed anche lottato e viaggiato attraverso continenti diversi, nel mio animo c'è sempre una "luce", un "ricordo unico". C'è alla base del mio lavoro un solo punto che sempre ritorna alla mia memoria. Senza tale ricordo non mi sarebbe possibile spiegare l'essenza della mia stessa opera. Questo punto fermo che non si potrà mai cancellare, voglio evocarlo davanti a voi, perché rimanga a far parte della Storia.»[1]

Maria rievoca così il ricordo fondativo della sua pedagogia, il «gruppo di bambini miserabili» del quartiere romano di San Lorenzo grazie ai quali aveva dato inizio a quella che chiamava «l'avventura della [sua] vita».[2] Per anni avrebbe continuato a raccontare i primi tempi a San Lorenzo, per essere sicura che la dimensione scientifica della sua iniziativa fosse capita appieno. Questo aspetto è sempre stato fondamentale per lei.

«È questo un altro punto che vorrei chiarire, come è chiaro e fermo nella mia mente e nel mio cuore, anche se il mio è di una persona indurita negli studi scientifici.»[3]

---

1 M. Montessori, *Il miracolo del bambino* (4 maggio 1951), in M. Montessori, *Il metodo del bambino e la formazione dell'uomo. Scritti e documenti inediti e rari*, a cura di A. Scocchera, Roma, Edizioni Opera Nazionale Montessori, 2005, p. 21.

2 A. Scocchera, *Introduzione*, cit., p. 9.

3 M. Montessori, *Il miracolo del bambino*, cit. p. 23.

La Casa dei Bambini a San Lorenzo si inserisce in un'esperienza sociale di ampio respiro, in cui Maria interviene dapprima come medico igienista nonché esperta di psicologia, perché «non ero e non sono una pedagogista».[4] Confessa di non essere mai stata «minimamente attratta da tali sudi»,[5] nonostante l'intensa frequentazione di questo ambiente nei dodici anni di insegnamento al Magistero. In quel periodo aveva assistito a centinaia di esami e alla discussione di più di cinquecento tesi che presentavano «tutti i possibili autori [...] e tutte le opere di pedagogia più conosciute e più dimenticate».[6]

Quando nel 1906 inizia a lavorare a San Lorenzo, Maria non ha come obiettivo l'elaborazione di un nuovo metodo. È in veste di ricercatrice, senza preconcetti, che vuole osservare le reazioni di bambini definiti «normali» per verificare in che cosa sono diverse da quelle dei bambini «deficienti». Si tratta di un esperimento che viene realizzato in un laboratorio di tipo nuovo. Non un laboratorio asettico in cui si isolano alcuni parametri per osservare le risposte a uno stimolo, ma un luogo di vita reale, allestito per i bambini, perché possano muoversi liberamente, avendo a disposizione oggetti specifici, alcuni creati seguendo in modo rigoroso i principi scientifici di Itard, Séguin e altri pedagogisti, altri ideati dopo l'osservazione degli esperimenti realizzati con i bambini. La formazione di Maria, l'osservazione attenta, la capacità di analizzare i sintomi e la pazienza influiscono sulla conduzione di un esperimento che le consente di scoprire fenomeni di cui nessuno fino a quel momento ha sospettato l'esistenza. Scopre, per esempio, che i bambini possono sviluppare una eccellente e durevole capacità di concentrazione, contro ogni aspettativa, quando in generale si pensava che l'attenzione dei bambini fosse instabile, addirittura inesistente.

4 Ivi, p. 22.

5 M. Montessori, *Il peccato originale*, a cura di F. De Giorgi, cit., p. 33.

6 *Ibid.*

Il quartiere di San Lorenzo

Il quartiere aveva preso il nome dalla basilica di San Lorenzo fuori le Mura, che si ergeva all'ingresso del Verano, il principale cimitero di Roma. Stretto tra quest'ultimo, la ferrovia e le mura romane, il quartiere non attirava nessuno, vuoi per il ribrezzo dovuto alla mancanza di igiene, vuoi per superstizione. I terreni erano rimasti a lungo in stato di abbandono, fino a quando l'afflusso di una manodopera a buon mercato proveniente dalle campagne, a seguito dell'imponente urbanizzazione, aveva determinato una mancanza di alloggi.

Nel 1884 erano così stati costruiti cinque grandi edifici di cinque e sei piani, senza il minimo rispetto di criteri sociali e sanitari. Lo scopo era realizzare in tempi brevi un qualsiasi complesso abitativo per usufruire delle sovvenzioni delle banche. Ma la crisi immobiliare, scoppiata tra il 1888 e il 1890, aveva causato il fallimento dell'impresa edile. Gli edifici, o meglio i loro scheletri, erano stati abbandonati, senza rifiniture, senza impianti idraulici, con squarci in luogo di porte e finestre. Questi alloggi di fortuna, seppure in condizioni sanitarie deplorevoli, erano stati comunque occupati da famiglie che, disponendo di un reddito esiguo e incerto, finivano per subaffittare parte del loro alloggio a chi era ancora più povero di loro. La promiscuità era impietosa e favoriva la diffusione di malattie, come il colera che infuriò nel 1886.

Conosciuto come il «quartiere dei poveri», spesso sulle pagine di cronaca dei quotidiani, a quel tempo si diceva che le persone «perbene» passassero da lì solo da morte. Quando Maria ricordava le condizioni di vita a San Lorenzo all'inizio del suo esperimento, usava parole dure, ma realistiche: era «la discarica umana della città»[7] e la vergogna del paese. Lo si definiva come il regno del crimine e della prostituzione. Chi doveva nascondersi o era uscito di prigione riparava lì, non avendo altro posto in cui poter andare. Maria raccontava:

«Quando sono venuta la prima volta per le vie di questo quartiere [...] ho avuto l'impressione di trovarmi in una città dove fosse avve-

---

7 Ivi, p. 39.

nuto un gran disastro. [...] Mi sembrò che un lutto recente gravasse sulla popolazione che si aggirava per le strade muta, con aspetto stupito e quasi spaventato. Osservando le vie coi loro avvallamenti, e i sassi sporgenti dal sottosuolo, si poteva supporre che quel disastro fosse stato una grande inondazione che avesse trasportato via tutta la terra; ma osservando le case tutte smantellate negli androni, coi muri scoperti o mancanti qua e là di mattoni, veniva fatto di pensare se fosse stato un terremoto il disastro che aveva afflitto quel quartiere».[8]

Famiglie di lavoratori a giornata vivevano tra i delinquenti, in estrema povertà, senza fogne e acqua corrente. Le strade erano teatro di risse e di «spettacoli immondi e quasi inconcepibili a noi».[9] I bambini erano i testimoni innocenti di tanta dissolutezza. Sapendo che tali condizioni di vita erano difficilmente immaginabili per chi l'ascoltava, Maria ricorreva a un linguaggio figurato. Affermava che l'espressione italiana «venire alla luce», di solito usata per la nascita di un bambino, non era adatta ai bambini di San Lorenzo che «non vengono alla luce, vengono alle tenebre, e crescono tra le tenebre e tra i veleni dell'agglomerato urbano».[10]

Il risanamento del quartiere e la prima scuola

San Lorenzo può rinascere grazie al genio di un visionario, Edoardo Talamo.[11] Talamo dirige l'Istituto Romano dei Beni Stabili[12]

---

8 M. Montessori, *Il Metodo della Pedagogia Scientifica applicato all'educazione infantile nelle Case dei Bambini*, Città di Castello, Tipografia della Casa Editrice S. Lapi, 1909, p. 41, ora in M. Montessori, *Il Metodo della Pedagogia Scientifica applicato all'educazione infantile nelle Case dei Bambini*, Roma, Edizioni Opera Nazionale Montessori, 2000, p. 143.

9 *Ibid.*

10 M. Montessori, *Il Metodo della Pedagogia Scientifica applicato all'educazione infantile nelle Case dei Bambini*, cit., p. 39, citato in G. Alatri, *Il mondo al femminile di Maria Montessori*, cit., p. 79-80.

11 L'ingegner Edoardo Talamo (1858-1916) aveva diretto a Napoli i lavori di ristrutturazione delle case popolari. Talamo era molto impegnato sul fronte della modernizzazione dell'Italia e nel 1913 sarà nominato senatore tra le file della sinistra liberale.

12 L'Istituto era stato fondato nel 1904.

(IRBS), che raggruppa decine di migliaia di piccoli azionisti che hanno fatto investimenti nel settore immobiliare. La ristrutturazione degli immobili di San Lorenzo ha come principale obiettivo di adattarli alle necessità delle famiglie dei ceti popolari e, riducendo la grandezza degli alloggi, limitare la pratica illegale del subaffitto in nero, lamentata dagli azionisti. Talamo dirige una grande campagna di modernizzazione per la salubrità degli edifici. Ogni cucina è dotata di acqua potabile e di un piano di lavoro in muratura per la cottura a legna. È previsto anche un uso collettivo di quei servizi di cui le famiglie non potevano usufruire nel proprio appartamento: una stanza da bagno con acqua calda per ogni pianerottolo; una stireria, un ambulatorio e una sala di lettura in ogni edificio; giardini in mezzo ai cortili. Le parole d'ordine del risanamento sono: luce, aria e pulizia.

«Ampi e ben disposti cortili [...] allietati dal sole, dal verde dei giardini, circondati da pareti con finestre ornate da fiori, dovevano essere il polmone dell'edificio [...], che col suo ordine, con la sua pulizia, con la sua gaiezza imprima decoro al casamento ed eserciti una prima benefica influenza sui singoli abitatori.»[13]

Famiglie di operai sono scelte per abitare gli edifici rinnovati che ospitano fino a mille persone. Si pone subito la necessità di riunire i bambini in un luogo dedicato mentre i genitori lavorano. Lasciati soli, i bambini rischiavano di deteriorare in poco tempo gli edifici. Per gestire la parte pedagogica del progetto Talamo si rivolge a Maria, conosciuta attraverso gli articoli pubblicati da «La Vita», in cui aveva espresso le sue idee riguardo ai mezzi di prevenzione della delinquenza giovanile. La proposta in qualche modo risponde a un'aspirazione di Maria:

«Il mio desiderio sarebbe stato di sperimentare i metodi per i deficienti in una prima classe elementare; non avevo mai pensato

---

13 E. Talamo, *La casa moderna nell'opera dell'Istituto Romano di Beni Stabili*, Roma, Bodoni, 1910, p. 9, cit., in P. Trabalzini, *Il quartiere di San Lorenzo e le Case dei Bambini*, in *Le ricette di Maria Montessori cent'anni dopo*, cit., p. 41.

agli asili d'infanzia. Fu il puro caso che mi fece balenare alla mente questa nuova luce. Era la fine dell'anno 1906: io tornavo da Milano ove ero stata eletta a far parte del giurì per l'assegnamento dei premi all'Esposizione Internazionale, nel reparto della Pedagogia scientifica e Psicologia sperimentale, quando fui invitata dall'Ing. Edoardo Talamo, direttore generale dell'Istituto Romano dei Beni Stabili in Roma, a voler assumere l'organizzazione di *scuole infantili entro la casa*».[14]

Maria coglie dunque questa opportunità per continuare le sue ricerche. Allestisce una grande stanza con mobili su misura per i bambini, fornendola anche di parte del materiale sensoriale da lei utilizzato in psicologia sperimentale, nonché di altri oggetti per gli esercizi di vita pratica al fine di osservare i bambini mentre li manipolano e studiare le loro reazioni. Sollecita il contributo di signore dell'alta società per l'acquisto di materiale supplementare e di oggetti di arredo: piante, cornici per fotografie e stampe di opere d'arte, poste ad altezza dei bambini, nonché piccoli animali da compagnia. Visitando la stanza appena allestita, Olga Lodi esclama, ammirata: «Ma è una casa di bambini!». Il nome viene così trovato e l'opera di Raffaello, *La Madonna della Seggiola*, che troneggia su una parete, ne diventa il simbolo. In seguito, in tutte le nuove Case dei Bambini sarà affissa una riproduzione del quadro.

Arriva il momento di scegliere una maestra, una direttrice, come la definisce Maria. La scelta cade su Candida Nuccitelli, la figlia del portiere dell'immobile. Per la buona riuscita del progetto, è fondamentale che la persona viva sul posto per essere un modello per i genitori e per i bambini. La scelta è dettata anche dal fatto che la Nuccitelli non insegna, non ha quindi un'impostazione che rischia di interferire con la libertà di azione dei bambini voluta da

---

14 M. Montessori, *Il Metodo della Pedagogia Scientifica applicato all'educazione infantile nelle Case dei Bambini*, cit., pp. 35-36, citato in G. Alatri, *Il mondo al femminile di Maria Montessori*, cit., p. 78.

Maria. Alla giovane Candida è affidato il solo compito di osservare i bambini e di riportarne con precisione i movimenti a contatto con l'ambiente creato appositamente per loro. Maria continua infatti a lavorare all'università, ma si reca a San Lorenzo almeno una volta alla settimana.

All'ingresso dell'immobile Talamo fa affiggere le parole d'ordine in vigore, quali: «Chi cura la casa cura se stesso», oppure «L'igiene dell'abitazione è la salute dei figli», e ancora «Chi sporca i muri e le scale non rispetta il dovere più elementare della buona educazione». I bambini sporchi e poco curati, indisciplinati, ritardatari e, ancora, i cui genitori mancano di rispetto alla maestra, corrono il rischio di essere espulsi. È previsto un incontro settimanale di Maria con i genitori per fare il punto sui progressi dei bambini. Le famiglie che dimostrano di avere cura del loro appartamento e di seguire l'educazione dei figli, sostenendo il lavoro della maestra, sono premiate in occasione della festa del quartiere di San Lorenzo, istituita da Talamo, e ricevono come ricompensa lo sconto di un mese di affitto. Creando delle scuole nelle stesse abitazioni, Talamo mira a educare gli adulti attraverso i bambini. Dopo qualche settimana di sperimentazione, la prima Casa dei Bambini viene inaugurata il 6 gennaio 1907, giorno dell'Epifania. Per i bambini è un giorno importante perché la Befana porta doni a quelli buoni e carbone a quelli che lo sono un po' meno. Il discorso inaugurale di Maria lascia tutt'altro che indifferenti. Nel ricordare quella giornata, scriverà:

«Sentii per una indefinibile impressione che un'opera grandiosa sarebbe nata. Le parole della Liturgia che si leggevano in chiesa proprio quel giorno dell'Epifania, sembravano un augurio e una profezia: "La terra era tutta ricoperta di squallore, quando apparve la stella dell'Oriente, lo splendore della quale guidava la moltitudine».[15]

15 M. Montessori, *Il segreto dell'infanzia*, Milano, Garzanti, 2017, p. 151.

Tutte le persone presenti all'inaugurazione sono stupite e si domandano: «Ma perché la Montessori esagera tanto l'importanza di un asilo per i poveri?».[16]

Ma i fatti danno presto ragione a Maria, che confesserà: «I primi risultati mi gettarono nella più gran meraviglia e spesso nella incredulità».[17] L'assenteismo è abbastanza raro. I bambini si trasformano, il loro aspetto migliora e migliora anche la loro salute. Maria confesserà che all'inizio, vedendo il loro aspetto malaticcio, aveva pensato di dare loro delle vitamine. Ma, anche senza di queste, i bambini beneficiano di una cura dagli effetti profondi e duraturi. A poco a poco il loro viso si fa più colorito, lo sguardo più vivo, i bambini sono più calmi e disciplinati. Come medico, Maria si rende subito conto di quanto la qualità della vita psichica influisca sulla dimensione fisiologica della loro salute, nonché della funzione curativa che quel tipo di scuola è in grado di svolgere.

L'obiettivo di Maria è «disciplinare *all'attività*, *al lavoro*, *al bene;* non *all'immobilità*, *alla passività*», perché ritiene che «una sala ove tutti i bambini si muovessero utilmente, intelligentemente e volontariamente senza fare alcuno sgarbo [le] sembrerebbe molto ben disciplinata».[18] A tal fine, e a differenza di quanto avviene nella scuola tradizionale, i bambini si muovono liberamente e scelgono le attività da svolgere. Molti principi vengono scoperti per caso. All'inizio, la maestra distribuisce a ogni bambino il materiale che desidera. Un giorno arriva in ritardo, ma un bambino riesce a passare da una finestra, facendo entrare i suoi compagni. Tutti scelgono l'attività e si mettono al lavoro. La maestra finalmente arriva e vede i bambini che lavorano concentrati e calmi. La maestra «arrabbiata parla di furto e di punizione»,[19] Maria intuisce invece

---

16 *Ibid.*

17 Ivi, p. 152.

18 M. Montessori, *La scoperta del bambino*, cit., p. 59.

19 E.M. Standing, *Maria Montessori. Sa vie, son oeuvre*, Paris, Desclée de Brouwer, 1995, pp. 30-31.

il beneficio di tale libera scelta che considera un esercizio di volontà, propizio all'educazione alla libertà.

A Roma si comincia a parlare di questa scuola così diversa. L'ambasciatore argentino è incuriosito e vuole vederla con i propri occhi. Temendo che i bambini venissero preparati alla visita se questa fosse stata annunciata, si reca in via dei Marsi senza preavviso. Al suo arrivo la Casa è chiusa, ma i bambini lo vedono nel cortile e vanno a chiedere la chiave al portiere. Entrano e si mettono a lavorare spontaneamente, senza che un adulto glielo abbia chiesto. L'ambasciatore è sbalordito da ciò che vede. I risultati stupiscono anche i genitori:

«Le madri dei bambini, rozze operaie in gran parte analfabete, venivano a dirci che i loro figli erano diventati i loro maestri: insegnavano a lavarsi bene le mani col sapone, a non bere il vino, e sembravano dei sapienti. [...] Essi erano contenti di mostrare che potevano fare le cose difficili che si chiedevano loro. Bastava dire la parola "silenzio" e come per forza magica tutto si arrestava. Un silenzio profondo e impressionante che toccava il cuore era disceso su quei cinquanta piccolini: eppure essi erano liberi di muoversi. Quante volte uscendo io dalla scuola, essi nell'entusiasmo del loro animo, dopo avermi quasi acclamata, mi venivano tutti dietro, ed ecco che mi trovavo per la strada con un seguito di cinquanta piccolini: ma bastava che dicessi: "Addio, ora entrate a scuola senza far rumore" e tutta la piccola turba immediatamente si volgeva indietro e correndo sulla punta dei piedi spariva dentro il portone».[20]

Un miracolo riconosciuto

Col passare dei giorni i bambini sono sempre più disciplinati, ma le loro madri vogliono che facciano ancora di più. Dicono a Maria:

«Noi troviamo che questi fanciulli fanno un grande progresso e diventano differenti da quelli che erano prima. Sono attenti a tante

20 M. Montessori, *Il peccato originale*, cit., p. 41.

cose, osservano tutto quello che fa ogni persona della famiglia, sembrano più intelligenti, più svegli. Non potreste anche insegnare loro a scrivere? Ci sembra che lo farebbero senza fatica. Noi non possiamo aiutarli, provate voi».[21]

Maria presenta diversi tipi di lettere che i bambini possono toccare. Imparano a leggere e scrivere in modo originale, quasi spontaneo, con una rapidità che sembra «miracolosa». La conquista dell'alfabeto li riempie di entusiasmo: fanno allegri girotondi, saltando e giocando con le lettere. Quando acquistano familiarità con alcune lettere vogliono impararne di nuove. Di fronte alla facilità con la quale i figli imparano a leggere e scrivere nonostante la tenera età, comincia «una processione di padri e madri per chiedere [di poter utilizzare] le lettere e i mezzi che [hanno] permesso ai piccoli di imparare. E dopo qualche mese essi non [sono] più analfabeti».[22]

L'apprendimento facile, quasi naturale, attira l'interesse di molti e i visitatori non tardano ad arrivare per osservare il «miracolo». Sono così numerosi che è necessario stabilire una disciplina. Nei locali vengono perciò affissi dei cartelli: «Non parlino ai bambini».[23] Talvolta arrivano da molto lontano alcuni professori di pedagogia, per cercare di capire il fenomeno della scrittura precoce, ponendo una moltitudine di domande. Maria più avanti racconterà:

«Mi trovai molto imbarazzata di fronte a tale richiesta e [...] risposi: "Ma non [capite] che non avrei mai potuto ottenere questi risultati anche se fossi la titolare di tutte le cattedre di pedagogia del mondo. Non [comprendete] che non può essere un "metodo" a operare tali miracoli? Io non ho fatto altro che dar loro le lettere dell'alfabeto, e nemmeno tutte, perché essi già ne conoscevano alcune».[24]

---

21 *Cenni sull'origine delle «Case dei Bambini», Lezioni di Maria Montessori*, «Vita dell'infanzia», 5-6/7-8, 2015, p. 9.

22 *Ibid.*

23 A.M. Maccheroni, *Come conobbi Maria Montessori*, cit., p. 70.

24 M. Montessori, *Il miracolo del bambino*, cit. p. 24

Sembra che i bambini imparino da soli perché si trovano in un ambiente adeguato ai loro bisogni, un contesto in cui sono liberi di lavorare senza essere continuamente ostacolati o interrotti.

Di fronte a un tale successo, il 7 aprile dello stesso anno, sempre a San Lorenzo, vede la luce una seconda Casa dei Bambini. Il successo è altrettanto immediato e duraturo, per i bambini e per i loro genitori. A posteriori, nel 1911, Talamo scriverà:

«La Casa dei Bambini, forse appunto perché semplice nella sua concezione, semplice nella sua attuazione, diede frutti immediati e veramente eccezionali, superiori anche alle mie aspettazioni. Certo si è che gli inquilini videro subito e molto facilmente i grandi vantaggi che la nuova istituzione loro offriva. Essi compresero che la scuola nella propria casa, riservata esclusivamente ai loro figliuoli, vuol dire sostituire alla deleteria influenza fisica e morale della strada, ove questi, per consuetudine rimangano abbandonati, un ambiente sano che prepara i piccoli esseri ad una educazione elevata della mente e del costume; vuol dire permettere anche alle donne di casa di allontanarsi senza preoccupazione di sorta dalla propria abitazione per provvedere col lavoro giornaliero ad aumentare le scarse risorse familiari; vuol dire migliorare quasi inconsapevolmente se stessi per l'esempio costante di ordine ed educazione, di gentilezza, che portano tutte le sere nell'ambiente domestico i piccini bene educati; vuol dire infine indurre poco per volta gli adulti ad abbandonare l'osteria per creare attorno ai propri figli, ogni giorno più ingentiliti, quella intimità familiare che è la salvaguardia più efficace e duratura di ogni consorzio civile».[25]

Incomprensioni

Il progetto iniziale dell'IRBS è di costruire a San Lorenzo sedici Case dei Bambini, ma ne vengono realizzate solo quattro. Un'altra

25 Citato in G. Alatri, *Maria Montessori e l'educazione come rimedio ai mali sociali dell'infanzia*, in *L'infanzia svantaggiata e Maria Montessori, esperienze pedagogiche, educative e sociali dal '900 ad oggi*, a cura di L. De Sanctis, Roma, Fefè Editore. 2013, p. 36.

scuola è aperta nel quartiere Prati nel novembre del 1908, però non riscuote il successo previsto e il tasso di assenteismo è molto elevato. Nel 1908, nonostante il successo di San Lorenzo, tra Talamo e Montessori si creano delle tensioni. La loro divergenza di vedute è tale che la collaborazione si conclude nel 1909, in un clima avvelenato. Il portiere della prima scuola di via dei Marsi riceve addirittura l'ordine di non fare entrare Maria. Impregnato di valori umanisti a favore «della civilizzazione del popolo»,[26] Talamo è guidato soprattutto dalla volontà di far rispettare i principi di igiene, cosa che del resto desideravano gli azionisti. Non capisce l'assenza di ricompense e di punizioni caldeggiata da Maria, né il fatto che non ci siano norme severe come quelle contemplate dal regolamento dell'IRBS. Talamo spiega all'amica Olga Lodi la controversia tra lui e Maria: «Io le dico insegna pure, ma alla parte disciplinare della scuola penso io e Lei risponde che non può dividersi la parte disciplinare dall'insegnamento».[27]

Alla divergenza di vedute sulla disciplina, che Talamo vuole imporre e Maria vuole invece che scaturisca spontaneamente, si aggiunge anche l'amor proprio di due forti personalità. Talamo rivendica come sua l'idea di scuola in casa, come scriverà nel 1913 su «La Tribuna»:

«Altro è il metodo Montessori, altro la Casa dei Bambini. Il metodo Montessori, genialissima trovata cui giustamente va attribuito grande onore, riflette puramente la pedagogia infantile; La Casa dei Bambini, ossia la scuola in casa, nel nome e nella sostanza, fu invece ideata dall'Istituto Romano di Beni Stabili, il quale volle attuarla nelle sue case popolari».[28]

---

26 R. Foschi, *L'esperimento delle prime Case dei Bambini. Maria Montessori incontra i "Beni stabili"*, in *L'infanzia svantaggiata*, cit., p. 68.

27 Lettera di Edoardo Talamo a Olga Lodi, 29 dicembre 1908 in F. Cordova, *"Caro Olgogigi". Lettere ad Olga e Luigi Lodi dalla Roma Bizantina all'Italia fascista*, Milano, Franco Angeli, 1999, pp. 430-431, anche in *L'infanzia svantaggiata*, cit., p. 68.

28 E. Talamo, *Circa il nuovo asilo Montessori*, «La Tribuna», XXXI, 90, 31 marzo 1913, citato ivi, p. 68.

A Maria non piace che le sue scuole siano considerate una semplice appendice del lavoro dell'IRBS. Il fatto che, nel 1908, la Società Umanitaria si sia ispirata a questo modello è senza dubbio causa di irritazione da parte dell'IRBS, che considera questo successo come un'azione concorrenziale. Ma Maria va avanti. I dissidi non frenano il suo slancio.

La missione continua a Milano

Il 18 ottobre è inaugurata la prima Casa dei Bambini di Milano, nel quartiere modello costruito dalla Società Umanitaria in via Solari.[29] Organizzazione laica, improntata a un socialismo riformista, la Società Umanitaria ha creato il quartiere per gli operai che lavorano nei dintorni per migliorare la loro vita familiare da un punto di vista sociale, sanitario e intellettuale. I promotori, all'avanguardia, vogliono che sia un luogo di emancipazione e di educazione per tutti i membri della famiglia, e ciò grazie ai numerosi servizi forniti: una farmacia, un ristorante, una lavanderia, una biblioteca, un locale per l'allattamento, un luogo di accoglienza per i neonati, una scuola di disegno, una succursale dell'università popolare, una palestra e una sala ricreativa per i giovani del quartiere. Il vasto complesso è gestito dai suoi abitanti, riuniti in cooperativa. La Società Umanitaria ha come scopo «mettere i diseredati, senza distinzione, in condizione di risollevarsi da sé medesimi, procurando loro appoggio, lavoro e istruzione».[30] Propositi che rispecchiano il principio «aiutami a fare da solo», caro a Maria Montessori.

È in occasione dell'Esposizione universale di Milano, nel 1906, che Maria ha un primo contatto con questa istituzione. Nel loro padiglione è esposto il modellino del futuro quartiere Solari. L'aspetto estetico del progetto architettonico salta agli occhi di tutti i visi-

---

29 La Società Umanitaria fu fondata a Milano nel 1893, grazie a un lascito di Prospero Moisè Loria.

30 Si veda l'art. 2 dello *Statuto della Società Umanitaria*, Milano, Tip. Operai, 1893, p. 6.

tatori, suscitandone l'ammirazione. Ogni appartamento dispone di acqua corrente, gas e servizi igienici. Un balconcino consente alle famiglie di lavare vestiti e tappeti all'aria aperta. Al centro del quartiere, la scuola si compone di tre aule, in grado di ospitare fino a cinquanta bambini ciascuna. Le aule sono disposte intorno a una sala centrale dalla forma ottagonale che serve da palestra e da teatro. Alla fine solo la metà del quartiere vedrà la luce e la scuola sarà allestita in un appartamento che può ospitare una cinquantina di bambini.

Nel maggio del 1908 si tiene per quattro giorni il Congresso nazionale di attività pratica femminile, organizzato dall'Unione Femminile di Milano. Maria presenta il lavoro realizzato a San Lorenzo e il materiale utilizzato dai bambini. I membri della Società Umanitaria che l'ascoltano ne sono affascinati, come molti del resto. Sei settimane dopo la direzione dell'istituzione decide che la scuola materna del loro nuovo quartiere seguirà i principi montessoriani. Da quel momento Maria trascorre varie settimane a Milano per preparare l'apertura della nuova scuola. A settembre si svolge, davanti a un ampio pubblico, un ciclo di tre conferenze su «I nuovi metodi scientifici per l'educazione dell'infanzia». Molti si commuovono ascoltandola, ma altri non nascondono la propria perplessità, immaginando «bambini liberi con tavolini e seggioline leggere»![31]

Arriva il mese di ottobre e quarantasei bambini dai tre ai cinque anni frequentano la famosa scuola materna diretta da Anna Maria Maccheroni,[32] coadiuvata da una delle portinaie. La scuola è per così dire gratuita: soltanto le famiglie più abbienti devono pagare la modica cifra mensile di due lire ma, alla fine, nessuna famiglia del quartiere paga alcunché.

---

31 La citazione è tratta da C.A. Colombo e M. Beretta Dragoni, *Maria Montessori e il sodalizio con l'Umanitaria. Dalla casa dei Bambini di Via Solari ai corsi per insegnanti*, Milano, Raccolto edizioni, 2008, p. 30.

32 Anna Maria Maccheroni (1876-1965), fedele allieva di Maria, dette un importante contributo alla diffusione dell'opera montessoriana in Europa, occupandosi nella fattispecie di approfondire la musica e la matematica.

I giornali definiscono poetico il discorso di Maria all'inaugurazione della scuola. Aveva ricordato l'unione ideale tra la casa e la scuola, e il fatto che i bambini non sarebbero stati costretti a lasciare la mamma per andare a scuola. Maria aveva anche invocato il lavoro congiunto delle maestre, delle madri e dei medici. Nella nuova struttura, infatti, un medico sorvegliava la buona alimentazione e la salute dei bambini. Ogni bambino beneficiava due volte al mese di una visita di controllo, di un bagno caldo e di un trattamento disinfettante della cute per debellare eventuali parassiti.

Il successo di questa Casa di Bambini è tale che l'anno seguente, il 21 novembre del 1909, si apre una seconda struttura nel nuovo quartiere di viale Lombardia, previsto per milleduecento persone.[33] Maria si trasferisce per un mese a Milano per essere certa che la struttura, destinata a ospitare centoventi bambini, sia pronta per tempo. Come scrive a un'amica, controlla personalmente ogni minimo dettaglio:

«Lavoro per questi bambini sconosciuti e lavoro in queste istituzioni che nascono per i bambini che non sono ancora nati! [...] Sto benissimo in salute; ora esco presto la mattina. Vado a fare spese per i fanciulli camminando sotto la pioggia. Compero belle stampe per rallegrare e abituare al bello i loro occhi, compero giocattoli, piccoli mobili, biancherie, scelgo i figurini dei grembiulini e dispongo i lavori. Corro da un estremo all'altro di Milano, poiché i quartieri operai stanno proprio agli estremi opposti; aggiusto il piccolo appartamento della mia figliuola Fedeli,[34] cerco di conquistare alla generosità degli impiegati dell'Umanitaria i mobili necessari pezzo per pezzo. La prima sera ottenni solo un letto completo con due coperte di lana, poi ho avuto un tavolo e due sedie; oggi ho strappato la promessa di un armadio. Così la casa della mia figlia, benché poverissima, avrà lo

33 La scuola apre in via delle Rottole.

34 Anna Fedeli (1855-1920) è stata una delle più strette collaboratrici di Maria Montessori. Come si vedrà nel Capitolo 5, Maria Montessori considerava figlie le collaboratrici a lei più vicine.

stretto necessario. Ancora il fornello a gas non c'è, e ho procurato alla mia figlia della legna che si accende all'antica nel camino».[35]

La collaborazione tra Maria e la Società Umanitaria si rivela proficua e vengono aperte altre scuole. Tutto ciò è reso possibile dal contributo di Augusto Osimo, segretario generale della Società Umanitaria. Osimo e Montessori condividono gli stessi valori, e ciò alimenta la stima reciproca e la trasforma in amicizia. Maria un giorno gli scriverà: «Non dimenticherò mai la sua fede, Caro Signor Osimo, la sua costanza e la sua forza nel desiderio di trionfo di quest'opera [...]. E sarò sempre ancora nel desiderio che il nostro sogno si avveri».[36]

Entrambi sono mossi dallo stesso desiderio di rinnovare l'educazione, sviluppando l'autonomia dei bambini. La loro fertile collaborazione si interrompe solo alla morte di Osimo, nel 1923.

Non è difficile capire la gratitudine di Maria per questo grand'uomo, la cui tenacia consente alle idee montessoriane di affermarsi nel Nord Italia. Maria scriverà più avanti: «Milano mi ha fatto una impressione straordinaria di grandezza, di nobiltà: è lì, non a Roma, il centro che io tanto desidero».[37] Ricordava il progetto di aprire una scuola per formare maestri al metodo Montessori. Il periodico «La coltura popolare», curato da Osimo, diventa il principale veicolo di diffusione delle sue idee e degli esperimenti da lei condotti con le sue allieve in Italia e nel mondo, prima che il Movimento Montessori abbia un proprio organo di diffusione. L'istituto di formazione della Società Umanitaria provvede anche alla preparazione di decine di maestre, destinate a lavorare nelle Case dei Bambini. Il materiale Montessori, indispensabile per aprire una Casa dei Bambini, a quel tempo

---

35 Lettera a Maria Maraini, 16 novembre 1909, citata in G. Alatri, *Il mondo al femminile di Maria Montessori*, cit., 120-121.

36 Lettera di Maria Montessori ad Augusto Osimo (18 giugno 1917), citata in I. Pozzi, *La Società Umanitaria e la diffusione del Metodo Montessori (1908-1923)*, «Ricerche di Pedagogia e Didattica – Journal of Theories and Research in Education», vol. 10, 2, 2015, p. 110.

37 Citato in C.A. Colombo e M. Beretta Dragoni, *Maria Montessori e il sodalizio con l'Umanitaria*, cit., p. 69.

è introvabile. La Casa di Lavoro della Società Umanitaria, il cui scopo è dare lavoro agli artigiani, da quel momento ne realizza una gran parte. I laboratori di falegnameria, di cartotecnica e di fabbricazione di giocattoli realizzano seggioline e tavolini a misura dei bambini nonché «giocattoli artistici, cartoncini colorati e mattoncini lavorati appositamente per la percezione tattile».[38] In seguito, i laboratori venderanno materiale ad altre regioni d'Italia e in Europa. Maria segue in ogni dettaglio il processo di fabbricazione e non esita a protestare quando gli oggetti non rispondono alle sue precise esigenze. Le succede di perdere la pazienza ed esprimere il suo malcontento: «Ella comprende bene l'importanza di questo fatto. So che non c'è malafede, perché è spedito a me il materiale; ma in certi casi l'incompetenza o altre simili cose valgono nella realtà quanto la malafede».[39]

Il progetto faro di via Giusti

A qualche isolato dal quartiere di San Lorenzo Maria assiste per la prima volta a ciò che chiamerà la «conversione» dei bambini, durante un'esperienza dalle «circostanze ancora più eccezionali».[40] Si tratta della Casa dei Bambini aperta nell'imponente convento di francescane Missionarie di Maria (FMM), al numero 12 di via Giusti.[41] La specificità della scuola è l'accoglienza offerta a una sessantina di bambini

38 Ivi, pp. 32-33.

39 Ivi, p. 33.

40 M. Montessori, *Il segreto dell'infanzia*, cit., pp. 192-193.

41 C'è un po' di confusione sulla data di apertura di questa Casa dei Bambini. Viene di solito indicato l'11 aprile 1910, ma la scuola fu aperta nel 1909 come dà testimonianza una lettera di Suor Maria Antonia a Madre Maria della Redenzione. Suor Maria Antonia parla della visita della «marchesa Villarmina (dama di compagnia della regina Margherita) con una delle sue nipoti [...] [le quali] hanno visitato l'Asilo, poi i lavori realizzati. Hanno trovato tutto molto bello. Al termine della visita, la marchesa mi ha detto che la regina contava di recarsi in visita da noi tra qualche giorno e che sarebbe stata sicuramente contenta di constatare il cambiamento dei nostri bambini. Ha chiesto l'orario del corso di Maria Montessori per venire il giorno in cui si svolge».

sopravvissuti al terribile terremoto del 27 dicembre 1908 che ha distrutto Messina e danneggiato gravemente Reggio Calabria, con una violenza inaudita, provocando la morte di centoventimila persone.[42] Una dozzina di suore segue un corso di formazione, dopo di che quella che fino ad allora è stata una piccola scuola di quartiere si trasforma nella Casa dei Bambini. La regina Margherita di Savoia contribuisce materialmente e si reca anche in visita da quelli che chiama volentieri i «suoi» piccoli protetti. Non si sa niente di questi bambini, ritrovati soli mentre si aggiravano tra le macerie. Non se conosce il nome e neanche la famiglia di origine. Il loro stato è pietoso. La notte si sentono i loro pianti e le loro grida. È evidente la necessità di ricorrere a mezzi diversi da quelli adottati nella Casa dei Bambini di San Lorenzo.

Maria coinvolge le sue amiche[43] e segue personalmente l'arredo dei locali. Bellezza, raffinatezza e cura dei dettagli sono più che mai le parole chiave di un allestimento il cui scopo è creare un clima di serenità per i bambini. Anche le suore sono molto sensibili a questo aspetto e dispongono con gusto vasi di fiori, quadri nonché oggetti decorativi scelti con cura. Stoviglie, piatti e posate, tovaglie e tovaglioli, sapone e asciugamani, tutto è a misura di bambino. Il giardino del convento è bellissimo, ci sono colombe e fontane con i pesci rossi. Le suore francescane coltivano fiori e agrumi. Tutti questi spazi sono messi a disposizione dei bambini. In questo ambiente preparato con amore, i bambini ritrovano presto il piacere di stare a tavola e anche l'appetito. Alcune suore, discendenti dall'aristocrazia, insegnano ai piccoli le buone maniere. Maria è commossa da ciò che vede: «Sembrava che i bambini fossero insaziabili di tali raffinatezze.

42 La città di Messina fu completamente distrutta. Migliaia di orfanelli vennero ospitati in case religiose in tutta la penisola. Un altro gruppo di bambini trovò ospitalità presso le suore di Grottaferrata.

43 Invia, per esempio, trecento lire per l'acquisto di mobilio a misura di bambino a nome della baronessa Franchetti, come si evince da un biglietto da visita, s.d., contenuto nell'archivio generale della Fondazione Maria Montessori. Fascicolo Montessori, Archivio Generale della Fondazione Maria Montessori di Roma.

Essi avevano imparato a tenersi a tavola come principi e anche avevano imparato a servire a tavola come camerieri di alto rango».[44]

La trasformazione dei bambini è incredibile. Dormono sereni. Saltellano di gioia spostando nel chiostro i piccoli mobili, senza romperli, l'espressione del viso vivace e allegra. La malinconia sembra lontana:

«Con le Suore [...] ricorremmo alle attrattive del magnifico giardino dove le Suore avevano operato una coltivazione speciale di fiori, e a una ricostruzione di famiglia, mettendo esercizi di vita pratica. Questi ebbero un tale successo nella maturazione delle piccole anime oppresse nello smarrimento della desolazione, che portò serenità e allegria e interesse alla vita. E così potemmo in seguito coltivare anche l'intelligenza coi mezzi usati prima nelle Case dei Bambini di San Lorenzo».[45]

La scuola è frequentata anche dai bambini del quartiere, ma tutti devono indossare una divisa perché non si devono notare le differenze sociali. Anna Maria Maccheroni, rientrata da Milano per occuparsene, qualche anno più tardi ricorderà così la peculiarità di quell'ambiente:

«L'amore del bello naturale e artistico, fiori, architettura, decorazioni, rispecchiava la semplicità mistica francescana. [...] La sala era così grande che i cinquanta bimbi seduti ai tavolini non ne occupavano la metà. Una grande porta a cristalli metteva al chiostro e al giardino. Vicino a questa porta c'era abbondante spazio per il pianoforte e per l'ellisse dipinto sul pavimento.[46] [...] Vennero una volta cento visitatrici tutte insieme».[47]

---

44 M. Montessori, *Il segreto dell'infanzia*, cit., p. 193.

45 Citato in G. Honegger Fresco, *Maria Montessori, una storia attuale*, cit., p. 103.

46 Maria Montessori riteneva che l'equilibrio nella deambulazione fosse una delle conquiste specifiche dell'uomo. Aveva osservato che a tutti i bambini piace camminare sul bordo del marciapiede e delle rotaie. Capì che si trattava della necessità che il bambino ha di perfezionarsi. Per aiutarlo, fece disegnare sul pavimento una ellisse sulla quale i bambini dovevano camminare, appoggiando bene i piedi. Ai bambini piace molto camminare portando uno o due oggetti, cosa che complica notevolmente l'esercizio e contribuisce al perfezionamento dei loro gesti. I bambini imparano così a controllare i propri movimenti.

47 A.M. Maccheroni, *Come conobbi Maria Montessori*, cit., pp. 66-67.

Dopo la rottura con Talamo, quella di via Giusti è la sola scuola riconosciuta da Maria per accogliere i visitatori che continuano ad affluire dal mondo intero. Alcune suore subentrano alle allieve fedeli di Maria, Elisabetta Ballerini, Anna Maria Maccheroni e Anna Fedeli. Maria ha proposto alle religiose di adottare il suo metodo nelle loro scuole. Le suore, entusiaste della trasformazione dei bambini, accettano ma a condizione che venga introdotto l'insegnamento della religione. Maria include allora nell'orario alcuni momenti di preghiera, prima dei pasti e a fine giornata. Anche se sostiene che ciò sia per i bambini un'occasione per migliorare la loro coscienza, l'insegnamento della religione è tuttavia impartito in modo tradizionale. Questa bella esperienza terminerà nel 1914, quando i locali saranno requisiti dall'esercito e le suore si disperderanno in vari conventi.

Polemiche

Le Case dei Bambini assorbono la maggior parte del tempo e delle energie di Maria. Diventando «una semplice maestra di asilo»[48], come un giorno le aveva detto uno dei suoi professori, perde presto la stima faticosamente acquisita nell'ambiente medico, che le volge le spalle. I risultati straordinari di cui hanno dato prova le sue scuole provocano accesi dibattiti e gelosie. Maria si rende sempre più conto che i visitatori delle sue scuole, avidi di informazioni, vogliono troppo spesso appropriarsi delle tecniche per riprodurre in tempi brevi i risultati constatati, senza darsi il tempo di capire i grandi principi che li ispirano. Maria vede già i rischi di incomprensione e di cattivo uso del suo progetto. Delusa e preoccupata, scrive:

«Non so cosa fare. C'è talmente tanto da fare e nessuno collabora con me. O accettano quello che dico ed esigono maggiori spiegazioni, oppure sprecano il loro tempo in critiche. Ciò che voglio ora è un

48 Citato in S. Radice, *The new Children. Talks with Dr. Maria Montessori*, New York, Frederik A. Stokes Company, 1920, p. 141.

gruppo di colleghi, di ricercatori, che valutino quello che ho già fatto, non con spirito oppositivo e prevenuto, ma con una mentalità di ricerca sperimentale. Allora potranno aiutarmi *a posteriori* con critiche costruttive, e non prima di aver osservato i fatti. Non ho mai lavorato fianco a fianco con qualcuno, nel quadro di una indipendenza scientifica. [...] In questo momento sto vivendo in una specie di isolamento ed è l'ultima cosa che desidero. Questo lavoro è troppo ampio per essere condotto da una sola persona, sono troppo sola al mondo».[49]

Maria non tarderà a trovare sostegno.

49 Ivi, pp. 141-142.

5

NASCE UNA RETE

«E con una veemenza che non era possibile né frenare né dirigere, questo metodo si diffuse in molti paesi: ma la maggior parte delle persone se ne appropriarono senza conoscerlo – chi per esaltarlo e chi per combatterlo. Molto pochi lo hanno amato e studiato, e forse nessuno lo ha considerato nel suo stato di opera nascente, incompiuta – profonda – e degna di aiuto e protezione.»[1]

Maria descrive così il successo immediato delle Case dei Bambini. Le scuole sono sempre più conosciute, ma c'è ancora tanto da fare. Bisogna continuare a osservare e studiare. È inoltre necessario che Maria divulghi le sue idee fondamentali, affinché le persone interessate alla sua proposta non abbiano a disposizione soltanto il materiale didattico da cui sono affascinate. I giornali pubblicano alcuni articoli, ma gli autori si limitano spesso a una descrizione pittoresca di quanto hanno osservato nelle aule oppure all'annuncio di risultati «miracolosi». Maria non può accontentarsi di questo. Bisogna anche formare maestri e maestre e garantire un controllo efficace sul campo. Ma come essere sicuri che le applicazioni siano fedeli ai principi fondativi?

Il compito è immenso e Maria non può farcela da sola, tanto più che è molto occupata dal lavoro e dai corsi. I primi anni furono cruciali. Se alcune persone all'epoca non le avessero dato un efficace

1 M. Montessori, *Il peccato originale*, cit., p. 43.

sostegno, il metodo Montessori non avrebbe varcato così presto i confini italiani e sarebbe forse rimasto solo una bella esperienza sociale ed educativa innovativa.

Il metodo Franchetti-Montessori

La diffusione delle idee di Maria non avrebbe potuto essere così folgorante senza il contributo di Alice Hallgarten Franchetti,[2] tanto che per un po' si è parlato persino di metodo Franchetti-Montessori. Dal 1901, la baronessa Franchetti aveva aperto scuole gratuite per i figli dei contadini delle proprietà di famiglia in Umbria, dove invitava insegnanti all'avanguardia provenienti dall'Inghilterra, come Lucy Latter,[3] la quale impartiva lezioni di giardinaggio ai bambini. Maria ne trarrà ispirazione per sviluppare alcune attività praticate nella Casa dei Bambini. È a Roma, a casa della scrittrice femminista Sibilla Aleramo, che Maria incontra Alice, alla quale è sufficiente una sola visita a via dei Marsi per convincersi del potenziale della Casa e di quella visione rivoluzionaria. Alice si esprime in questi termini:

«Dica se non sa del miracolo il modo nel quale quelle creaturine si muovono e spontaneamente si assoggettano a una disciplina che nessuno loro impone, passando grado a grado, senza accorgersene, dallo stato primitivo delle loro facoltà alle percezioni esatte, alle conoscenze varie, al calcolo, alla lettura, alla scrittura!».[4]

Ma la baronessa Franchetti avverte soprattutto lo sconforto di Maria. «Questa donna rivelatrice di segreti mirabili della psiche

---

2 Alice Hallgarten Franchetti, nata nel 1874, era un'attiva filantropa. Aveva anche aperto un laboratorio di tessitura per salvaguardare le antiche tecniche e dare lavoro a giovani donne che poi si dividevano i guadagni. Il laboratorio disponeva di tutte le comodità: cucina, bagni, giardino e anche un asilo nido cui le madri potevano affidare i figli in tutta sicurezza.

3 Lucy Latter aveva sviluppato il giardinaggio e le attività all'aria aperta in una scuola materna di Londra. Il suo libro, *School Gardening for Little Children*, fu tradotto in italiano grazie al sostegno dei Franchetti.

4 Citato in G. Alatri, *Il mondo al femminile di Maria Montessori*, cit., p. 130.

infantile»[5] ha una grande necessità di essere sostenuta, come lei stessa riconosce: «Ero rimasta nell'oscurità, senza aiuto, nessuno aveva compreso lo sforzo, a volte tragico, per sollevarmi, per sorreggermi, in questo lavoro umano, arduo come tutti quelli che nel mondo non hanno ancora il loro posto. [...] Molti visitavano la Casa dei Bambini per ritemprarsi in quel bagno spirituale: solo la baronessa Franchetti ha compreso che quell'acqua avrebbe rinvigorito l'umanità.»[6]

Per dare a Maria un sostegno più efficace, Alice vuole essere certa dell'appoggio del marito, il quale può contare su molte conoscenze altolocate. Per prima cosa è necessario convincerlo a visitare questa scuola innovativa. A tale scopo, Alice va ad aspettarlo in Sicilia, dove sta tornando da un viaggio in Africa, e lo porta in via dei Marsi. Il barone è incantato dallo spettacolo di questa comunità di bambini e osserva a lungo, ammirato. È lui che rivolge la domanda decisiva a Maria: «Ha scritto un libro? Ma lei può morire e tutto questo andrebbe perduto».[7]

Alla sua risposta negativa, la prega seduta stante di farlo e la invita nella loro casa per scrivere il suo libro «nelle migliori condizioni, fuori, nel parco».

Maria deve soprattutto fare ordine nei suoi appunti e nelle sue osservazioni. In venti giorni il manoscritto *Il Metodo della Pedagogia Scientifica applicato all'educazione infantile nella Casa dei Bambini* è pronto. Al momento di stamparlo, «il barone [...] lo consegnò a una stamperia, non a un editore, con l'ordine di stampare parola per parola senza cambiare nemmeno una virgola».[8]

---

5 *Ibid.*

6 D. Cavini, *Alice Hallgarten Franchetti. Un nome dimenticato in fretta,* «MoMo», 9, febbraio 2017, p. 1.

7 A.M. Maccheroni, *Come conobbi Maria Montessori*, cit., p. 49.

8 Ivi, p. 50. Maria dedicò la prima edizione del libro ai baroni Franchetti: «Alla nobil Donna, Baronessa Alice Franchetti Hallgarten e al Barone Leopoldo Franchetti, senatore del Regno, dedico questo libro che è stato da loro voluto e che per opera loro esce oggi alla vita del pensiero, battezzando nella letteratura scientifica le "Case dei Bambini"».

La coppia si occupa anche della diffusione del libro. Alice apre a Maria le porte del mondo anglosassone, scrivendo il primo articolo sulla Casa dei Bambini sul «London Journal of Education», articolo che susciterà molte reazioni positive.

A Città di Castello, Alice ha anche fondato l'Istituto Franchetti, una scuola di educazione domestica diretta da Felicita Buchner,[9] il cui obiettivo era «preparare buone madri di famiglia e buone massaie e formare insegnanti di economia domestica per scuole professionali, orfanotrofi, educandati femminili».[10] In questo quadro era stato organizzato il primo «Corso sui metodi pedagogici utilizzati nelle Case dei Bambini». Alice aveva ardentemente auspicato che si dispensasse questa formazione, perché voleva aprire una scuola materna e trasformare quella elementare già esistente.

«Sono tranquilla e fiduciosa del cambiamento radicale che quest'anno introdurremo nell'educazione primaria col Metodo Montessori. La M. ha promesso, come sai, di tenere durante i tre mesi di vacanze, dei corsi a Città di Castello, e ti prometto che dopo questo, tu, io e le maestre sapremo come fare per mettere anche il bambino di campagna in grado di sviluppare la propria intelligenza organicamente.»[11]

Il corso si svolge dal 1° al 31 agosto 1909 alla Montesca, la residenza familiare dove sono ospitate anche numerose studentesse. Ci sono circa settanta iscritte, molte maestre e una ventina di religiose, oltre alle assistenti di Maria: Anna Maria Maccheroni, Anna Fedeli e Elisabetta Ballerini. Questo gruppo femminile conta anche la

---

9 Felicita Buchner (1856-1944), insegnante ebrea tedesca, attiva pedagogista della corrente cattolica, aveva creato vicino a Vicenza una scuola di nuovo tipo per accogliere i bambini abbandonati in una struttura che somigliasse il più possibile a una casa, in cui ogni vice-mamma doveva occuparsi di non più di otto bambini.

10 G. Alatri, *Le donne, l'infanzia*, «Vita dell'Infanzia», LXIV, 11-12, novembre-dicembre 2015, pp. 33-34.

11 Lettere del 21 gennaio 1909, citata in M.L. Buseghin, *Cara Marietta... Lettere di Alice Hallgarten Franchetti (1901-1911)*, Città di Castello, Tela Umbra, 2002, p. 333.

presenza di future collaboratrici di Maria, quali Teresa Bontempi, Adele Costa Gnocchi e le sorelle Fancello. L'inaugurazione del corso è solenne e le parole del barone sono elogiative: «Ho l'onore di presentare la dottoressa Maria Montessori, venuta tra noi per parteciparci i frutti degli studi con cui fa progredire la pedagogia sulla via aperta dai grandi educatori degli ultimi secoli».[12]

Il discorso di Maria è stato stampato e distribuito alle numerose personalità presenti.

Il programma di questo primo corso è denso: mettere in pratica i concetti di libertà e autoeducazione; coordinare l'opera educativa scolare e familiare; eseguire l'analisi antropologica del bambino ed elaborare la carta biografica; i principi generali dell'igiene infantile; i bisogni corporali e l'alimentazione; i lavori manuali artistici, le costruzioni, il lavoro della terra; l'educazione dei sensi, l'educazione intellettuale; il linguaggio grafico e quello orale; il metodo della scrittura spontanea. Il ritmo di questo corso di formazione è sostenuto, come scrive una delle partecipanti:

«Ti assicuro che non abbiamo letteralmente un minuto di tempo; io mi alzo col sole e solo a mezzanotte riesco a consacrare qualche minuto a mamma e agli amici lontani [...] Carino il gruppo e tutto l'insieme. [...] La Montessori sorride sempre, le va bene tutto».[13]

Succede a volte che qualche studentessa scoppi in lacrime nel bel mezzo della lezione. Maria, delusa e preoccupata che il suo corso possa essere «triste», chiede loro che cosa può aver detto per rattristarle così, e loro rispondono: «Sentiamo nascere in noi la nostra coscienza».[14]

Piangono semplicemente perché acquistano consapevolezza degli errori compiuti fino a quel momento nel loro lavoro.

---

12 Citato in D. Cavini, *Alice Hallgarten Franchetti. Un nome dimenticato in fretta*, cit., p. 16.

13 Lettera di A. Costa Gnocchi, citata in G. Honegger Fresco, *Radici nel futuro. La vita di Adele Costa Gnocchi (1883-1967)*, Molfetta, Edizioni La Meridiana, 2001, pp. 25-26.

14 *The 1913 Rome Lectures. First international Training Course*, a cura di S. Feez, Amsterdam, Montessori-Pierson Publishing Company, 2013, p. 3.

Anche Maria vive giornate estenuanti e qualche volta sente la necessità di riposarsi. Nessuno la deve disturbare. Un giorno Anna Maria Maccheroni ottiene tuttavia il permesso di andare a salutarla. La trova intenta a scrivere e le confessa il suo stupore, perché credeva che stesse riposando. Maria le risponde con un sorriso: «Sarebbe riposo per i polmoni non respirare?».[15]

Poi le spiega che l'attività spontanea, scelta liberamente in condizioni favorevoli, è davvero sinonimo di riposo.

Per la mole del programma, il corso è prolungato di due settimane, ma soltanto per alcune studentesse selezionate da Maria. Prima di riprenderlo, si concede una breve pausa a Roma durante la quale scrive a un'amica:

«Sono qui a Roma, venuta per tre o quattro giorni; stanca dello sforzo continuo di un mese intero di concentrazione spirituale, di lavoro di tutta l'anima! Non ho fatto lezione soltanto, ma mi sono isolata dal mondo, rimanendo nella meditazione un mese intero: parlando ogni mattina secondo i pensieri raccolti la sera precedente. [...] Alla fine ero esausta. Ho provato il giorno dopo la chiusura, dolori a tutte le ossa come se avessi un reumatismo diffuso; mi dolevano i polsi, forse perché avevo tenuto lungamente le mani contratte sotto l'impulso del pensiero [...] Sa che il Barone Franchetti mi ha seguito ogni minuto e non ha perduto una sola mia parola! Egli mi intendeva; e non può credere che gioia ne ho provato. Nessuno come il Barone sarebbe al caso di difendere il mio metodo, perché credo che nessuno abbia compreso come lui. Sembra che parecchie scuole adotteranno questo metodo, il quale è *la mia* perdizione!!! Che sarà di me?».[16]

Dopo il corso è previsto un esame per la metà di settembre. Alcune studentesse hanno difficoltà. Come ricorda Adele Costa Gnoc-

15 A.M. Maccheroni, *Come conobbi Maria Montessori*, cit., p. 52.

16 Lettera a Maria Maraini citata in G. Alatri, *Maria Montessori e Maria Maraini Gonzaga*, «Annali di storia dell'educazione e delle istituzioni scolastiche», n. 25, 2018, p. 121.

chi: «Le Monachine quanto mi hanno fatto pena; alla prova sono riuscite molto inferiori. Pensa che la Montessori ha dovuto dare degli zeri».[17]

L'esame di Adele è invece quasi una formalità, dato che «si è ridotto a un'animatissima conversazione» con la dottoressa. Adele diventerà in seguito una delle persone più vicine a Maria.[18]

Subito dopo Alice Franchetti assume quattro studentesse per aprire la sua Casa dei Bambini. Si appassiona al metodo Montessori, segue da vicino i progressi dei bambini che frequentano la scuola e chiede alle maestre di darle conto in maniera dettagliata dei loro passi avanti quando è assente da Città di Castello.[19]

Dopo una visita a Milano, Alice mette al corrente una delle maestre delle novità osservate perché ne tragga spunto:

«Ho passato stamattina dei momenti buoni alla Casa dei Bambini. A parte ti mando qualcheduno dei loro disegni, che ti prego far vedere [alle maestre]. Suggeriscono altri modi di servirsi degli incastri, e credo che la variazione sia un nuovo piacere per grandi e piccoli».[20]

Alice tesse una vera e propria rete di sostegno intorno a Maria. La presenta personalmente alla regina madre Margherita, affascinata da tutto ciò che può migliorare la vita delle famiglie: «Vi si interessò in modo eccezionale e romantico: veniva nel cortile e parlava alle donne che stavano alla finestra e si tratteneva ore e ore con i bambini».[21]

---

17 Lettera di Adele Costa Gnocchi, s.d., citata in G. Honegger Fresco, *Radici nel futuro*, cit., p. 26. La cosa fa sorridere se si pensa che non ci sono voti nell'approccio Montessori.

18 Adele Costa Gnocchi aveva studiato Filosofia prima di creare a Roma, a palazzo Taverna, la celebre Scuoletta che ospitava bambini dai tre ai dodici anni. Fu la sola scuola che non subì la chiusura durante il fascismo, perché la Gnocchi l'aveva presentata come fosse il suo ufficio. Si dedicò in particolare alla prima infanzia, creando la Scuola Assistenti all'Infanzia Montessori e il Centro Nascita Montessori.

19 Lettera s.d. citata in M.L. Buseghin, *Alice Hallgarten Franchetti*, cit.

20 Lettera del 14 settembre 1910, ivi, p. 396.

21 *Maria Montessori. Lezioni di metodo, Milano 1926*, a cura di A. Scocchera, «Vita dell'Infanzia», LXIV, n. 5/6-7/8, p. 9.

La regina incoraggia la formazione di nuove maestre. Nell'estate del 1910 offre patronato e sostegno economico al «secondo programma di studi teorici e pratici sul metodo Montessori per l'educazione infantile». Il corso è organizzato privatamente presso le suore francescane Missionarie di Maria, in via Giusti. Senza farne pubblicità, ma solo grazie alle molte conoscenze delle amiche di Maria, le partecipanti sono duecentocinquanta. Molte sono di estrazione borghese e aristocratica, ma ci sono anche numerose suore provenienti da vari ordini. La cospicua presenza delle americane, un centinaio circa, è la prova eclatante dell'efficacia discreta di Alice, che si è recata nel suo paese natale per farsi ambasciatrice del metodo Montessori. Ma lo stato di salute di Alice, purtroppo, si deteriora rapidamente proprio in quel momento e la donna si spegnerà nel sanatorio svizzero di Leysin nell'ottobre 1911, poco tempo dopo l'ultima visita di Maria, che sarà sconvolta dalla perdita della cara amica.

Maria Maraini

Fortunatamente, come ogni volta che Maria si sente sopraffatta dagli eventi, la marchesa Maria Maraini Guerrieri Gonzaga[22] è lì per sostenerla e incoraggiarla. La donna che aveva consacrato la propria vita al femminismo pratico e che si è dedicata in particolare alla diffusione del metodo Montessori nella scuola elementare è una delle più fedeli amiche di Maria. Intrattengono una fitta corrispondenza e si considerano sorelle. È a Maria Maraini che Maria invia una delle prime copie del libro appena pubblicato con questa dedica: «Alla madre dei bambini che faranno certo tanta parte della mia vita; alla fondatrice di una scuola che forse avrà un grande avvenire».[23]

22 Maria Maraini (1869-1950), nata nei pressi di Mantova, fu una delle fondatrici della prima scuola per infermiere a Roma. Aprì nella proprietà di famiglia una Casa dei Bambini di cui curò, in particolare, l'allestimento con il mobilio tradizionale.

23 Lettera a Maria Maraini da Città di Castello, 27 luglio 1990, citata in G. Alatri, *Il mondo al femminile di Maria Montessori*, cit., p. 164.

In effetti, il secondo volume del *Metodo della Pedagogia Scientifica* vede la luce anche grazie a Maria Maraini. Maria lo ricorda nella prefazione nel 1911:

«Donna Maria Maraini Guerrieri Gonzaga volle mettere le prime basi ad un esperimento libero, per cercare se con altri materiali più avanzati si fosse potuto continuare l'indirizzo educativo che già aveva avuto successo coi piccoli bambini».[24]

I suoi stessi figli sono i primi a beneficiarne ma, una volta sviluppato il metodo, apre una scuola nella sua proprietà per le famiglie della campagna circostante. Vi accoglie anche centocinquanta bambini sfollati a causa della terribile battaglia di Caporetto del 24 ottobre 1917, che provoca la resa di circa seicentomila soldati italiani e migliaia di morti nonché l'evacuazione di numerose zone del Veneto.

Il sostegno economico, non trascurabile, di Maria Maraini si rivela in molte occasioni indispensabile per consentire a Maria Montessori di continuare il suo lavoro malgrado la riluttanza del marito, il marchese Clemente Maraini, che sopporta a fatica la presenza, talvolta invadente, di Maria e la generosità della moglie nei confronti di lei. Per quanto l'appoggio dei baroni Franchetti e di Maria Maraini non venga mai a mancare, è chiaro che un sostegno finanziario legato all'amicizia è fragile. A volte basta poco perché i malintesi guastino i legami di amicizia, come avviene con la regina Margherita. Dopo aver accordato a Maria ingenti fondi, la regina è spaventata dai suoi progetti sempre più ambiziosi, che lei stessa reputa smisurati. In modo improvviso quanto inatteso, pone fine al suo aiuto finanziario. Maria fa fatica ad accettare questo voltafaccia, perché sa che tante personalità sono attente all'atteggiamento della regina e c'è il rischio, per questo motivo, che non le offrano più il loro appoggio. La posizione di Maria, che fino a quel momento è

24 M. Montessori, *L'autoeducazione nelle scuole elementari*, continuazione del volume *Il Metodo della Pedagogia Scientifica applicato all'educazione infantile nelle Case dei Bambini*, Roma, Loescher, 1916, p. XVII.

stata quella del «minor numero possibile di nemici e i sostenitori più vistosi»,[25] le si ritorce contro. Il voltafaccia arriva proprio quando Maria conta sull'aiuto reale per pagare l'affitto della «casa ideale» dove vuole allestire e aprire una scuola elementare in tempi brevi. Si tratta di una casa spaziosa e molto ben situata, «ci sono parecchie sale grandi, molte piccole, in tutto quattordici stanze, più due verande e terrazze [...] su Piazza del Popolo». La domanda di Maria all'amica Maria Maraini, «Credi tu che possiamo fare lo stesso senza la Regina?»,[26] è forse un modo per sollecitarla a sua volta. Maria le invia numerose lettere dedicate a problemi di bilancio e alla ricerca di fondi.

«Occorre dunque lavorare. Debbo io tenere il Magistero?... I Franchetti danno a condizione che lasci il Magistero, perché senza ciò non posso far l'esperimento. Qualche soccorso dal Municipio e un corso di lezioni sono dunque necessari. Non è vero? [...] Tu capisci bene questi calcoli, non è vero? Quanti pensieri! Mi accade che questi calcoli saltan su al naso e me li trovo avanti alla mente. Il nostro è un *atto di fede*, senza dubbio, e credo che sarà coronato da un gran successo. Ma occorre *vigilare*! Ora ci sono dunque varie cose tra le mie preoccupazioni: 1) avere o no questa casa ideale (per cui sto qui *accanitamente*); 2) disporre le forze in modo che l'esperimento sia trionfale; 3) provvedere alla vita materiale (trovare bambini, star dietro alle risorse); 4) infine: i lavori per mettere su pronto, fresco e bello questo istituto miracoloso, che è il germe dell'avvenire trionfante, che è meta di tutto il mondo.»[27]

Maria fa più volte i conti per arrivare alla conclusione che, per realizzare il suo progetto, è indispensabile l'aiuto della regina. Pen-

---

25 Lettera a Maria Maraini, fine agosto 1911, citata in G. Alatri, *Il mondo al femminile di Maria Montessori*, cit., p. 175.

26 Lettera a Maria Maraini, estate 1911, citata in G. Alatri, *Maria Montessori e Maria Maraini Guerrieri Gonzaga*, cit., p. 126.

27 Lettera a Maria Maraini, 25 agosto 1911, citata in G. Alatri, *Il mondo al femminile di Maria Montessori*, cit., p. 127.

sando che «rinunciare alla Casa per una obbedienza ai capricci d'una sovrana della terra che non capisce l'opera sarebbe innanzi tutto una pazzia»,[28] mette da parte il suo amor proprio e fa di tutto per riallacciare i contatti. Chiede a Maria Maraini di intervenire a suo favore facendo da intermediaria, sapendo di non essere la persona più indicata per intercedere presso la regina in queste circostanze. Grazie al tatto e alla diplomazia di Maria Maraini la questione è risolta. Maria può traslocare.

Le prime tre collaboratrici

La casa è sinonimo di una nuova vita per Maria:

«Questa è la casa dove non sono figlia, ma madre. Le mie figliuole sono legate a me e io ad esse: per tutta la vita; per un'opera alla quale abbiamo offerto noi stesse. Sembra una piccola cosa ma è straordinaria! Sono soltanto tre figliuole, ma qual miracolo trovare tre anime che si fondono con noi per aiutarci nella via faticosa della costruzione! Che rinunciano a tutto e non sono più altra cosa che nostre seguaci».[29]

Si tratta di Elisabetta Ballerini, Anna Fedeli e Anna Maria Maccheroni.

Elisabetta Ballerini, alias Bettina, ha già un posto speciale nella vita di Maria. Dopo essere stata una delle sue migliori allieve al Magistero, è diventata la sua prima collaboratrice. Maria la considera una figlia: «ero sola, essa mi seguì, si dedicò a me, mi fece coraggio. [...] Il mio cuore aveva adottato Bettina come una figlia e con essa avevo empito il suo vuoto».[30]

Bettina incarna per Maria «la nuova maestra». Maria afferma che le erano state sufficienti solo due settimane per compiere miracoli con i bambini della classe che le aveva affidato. Le sue spiegazioni

28 Lettera a Maria Maraini, s.d. ma probabilmente della fine di agosto 1911, ivi, p. 177.

29 Lettera a Maria Maraini, 22 agosto 1910, ivi, p. 95.

30 Lettera a Maria Maraini, 14 novembre 1909, ivi, p. 93 e p. 95.

erano così pertinenti che in due mesi di formazione le suore francescane avevano capito tutto. È lei a presentare il metodo Montessori al Congresso nazionale delle Donne italiane del 1908.

Maria ha previsto di affidare a Bettina la nuova Scuola dei Bambini di Maria Maraini, ma Bettina purtroppo è di salute cagionevole e all'ultimo minuto si deve cercare una sostituta. Cosa non facile, soprattutto all'inizio, perché le persone con una buona formazione si contano sulle dita di una mano. Inoltre, si tratta dell'apertura di una nuova scuola e ciò rende il compito più arduo. Maria non accorda facilmente la sua fiducia. A quel tempo ripeteva sempre che nessuno era all'altezza della sua «figlia prediletta, devota, [...] consacrata in ogni parte di sé all'opera».[31] A tal punto che, in quel momento, Maria prova rimorso per lo stato di salute della giovane donna, e in una lettera a Maria Maraini scrive che Bettina si è ammalata dopo tutti i corsi che le ha fatto fare.[32]

Maria prodiga a Bettina le migliori cure, l'accompagna alle molte visite di grandi specialisti. L'assiste personalmente e la fa dormire con lei per vegliarla nel modo più efficace. Ma non c'è niente da fare: Bettina muore nel 1914, all'età di ventotto anni, senza aver avuto il tempo di pubblicare il risultato del suo lavoro. Maria se ne rammarica molto.

Da questo momento Anna Fedeli e Anna Maria Maccheroni diventano le sue principali collaboratrici. Maria ne parla in questi termini:

«Si dice che la verità riconosciuta fa degli apostoli; e tali furono le mie prime seguaci: Anna Fedeli e Anna Maccheroni – delle quali la prima lasciò il suo posto di direttrice della Scuola Normale di Foligno; la seconda rinunciò a un posto di professoressa nelle scuole normali che le veniva offerto, per dedicarsi a questo lavoro, a beneficio del quale dettero tutto il danaro che possedevano dalla loro famiglia, e tutti i loro risparmi».[33]

---

31 Lettera del 4 novembre 1909, ivi, pp. 92-93.

32 *Ibid.*

33 M. Montessori, *L'autoeducazione nelle scuole elementari*, cit., p. XXI.

Anna Fedeli conosce Maria Montessori nel 1905, in quanto membro della società Pensiero e Azione. Affascinata dal corso di antropologia pedagogica, rinuncia a una bella carriera per lavorare al fianco di Maria. Esperta della lingua italiana, sviluppa in particolare il materiale pedagogico che riguarda la grammatica. Si creano così, giorno dopo giorno, alcuni strumenti che oggi sono considerati imprescindibili.

Qualche volta è una scoperta frutto del caso, come per l'alfabeto mobile. Un giorno di settembre del 1907, mentre insieme ad altre ritagliava alcune lettere, Anna ha l'idea di riunirle in una grande scatola. Ne trova una per terra, nel cortile. Quando mostra il risultato del suo lavoro, che le sembra poco raffinato, si scusa per il suo «carattere primitivo», ma Maria ne è subito conquistata.

Anna svolge anche un ottimo lavoro nella Società Umanitaria, soprattutto nei corsi che, dal 1911, formano le maestre. Maria è spesso obbligata a viaggiare e Anna si fa carico di tutte le lezioni. Nei primi anni di sperimentazione, segue i suoi allievi senza sosta.

Benché spesso presentata come «la segretaria della Dottoressa Montessori»,[34] Anna svolge un ruolo ben più importante. È Anna che gestisce ufficialmente «tutte le sue questioni economiche».[35] Un atto notarile, steso a Barcellona nel 1917, le permette di «esercitare tutte le facoltà senza alcuna limitazione, praticando all'uopo le gestioni necessarie e firmando validamente quanti documenti si richiedessero».[36]

Anna è un aiuto prezioso per Maria, sia per la logistica familiare sia per l'accoglienza dei visitatori provenienti da tutto il mondo. Julija Fausek, pedagogista russa che nel 1913 ha aperto la prima Casa dei Bambini a San Pietroburgo, racconta che Anna Fedeli ha preso i lavori realizzati dai bambini russi e alcuni documenti che illustrano i

34 Come nel caso di Rita Kramer, *Maria Montessori. A Biography*, cit., 243.

35 G. Alatri, *Il mondo al femminile di Maria Montessori*, cit., p. 105.

36 *Ibid.*

risultati del metodo a San Pietroburgo, da conservare insieme al materiale dato dagli insegnanti americani e inglesi.[37]

Anna fa spesso le veci di Maria ai congressi che si svolgono in Italia. I suoi interventi rispecchiano la sensazione di meraviglioso stupore che prova rispetto alle potenzialità dei bambini e la speranza che rappresentano in un mondo devastato dalla guerra. Il discorso che tiene a Milano, nel 1916, ne dà testimonianza:

«Quando si osserva la perspicacia, la consapevolezza, la prontezza dell'azione dei bambini cresciuti col metodo Montessori, veramente ci si rallegra pensando che essi saranno i cittadini di domani che metteranno a servizio della società tutta la ricchezza vitale portata dalla nascita, non menomata, anzi avvalorata da solide conquiste; e si pensa invece quante di queste ricchezze si sono perdute là dove c'è stato solo lo sforzo di fabbricare artificialmente l'uomo. Spesso non uomini, ma *fantasmi* di uomini ne sono usciti, se non dei *mostri*, dove l'artificio ha spento l'umanità. E il momento presente ce lo illustra».[38]

Anna è dunque una degna ambasciatrice del metodo. Ma si ammala di tubercolosi e anche lei muore, nel 1920, all'età di trentacinque anni, nel periodo in cui Maria insegna a Barcellona. Viene sepolta al Verano, nella tomba di famiglia dei Montessori, prova dell'affetto di Maria per la giovane donna.[39]

In quanto a Maria Maccheroni, affettuosamente chiamata "Mac", assistendo al corso universitario di antropologia pedagogica di Maria sente che ciò che cerca, pur non potendolo definire, è in quella professoressa. Si reca allora a casa sua, «senza un particolare motivo», e le confida tutte le sue difficoltà personali. Più avanti racconterà di quanto fosse stata impressionata dalla capacità di ascolto di Maria: «La Dottoressa sentiva chi l'avvicinava. Ricordo

---

37 Citato in G. Honegger Fresco (2012), *Julia Ivanovna Andrusova Fausek. Trent'anni con il nome di Maria Montessori nel cuore*, «Il Quaderno Montessori», n. 112, 2012/1, p. 59.

38 A. Fedeli, *Il metodo Montessori*, «La Coltura Popolare», VI, fasc. 13, 30 luglio 1916, p. 888.

39 Non fu così per Bettina, perché i suoi genitori si erano opposti.

che mi disse: "Ci sono porte a cui tutti bussano ed altre a cui nessuno bussa"».[40]

L'episodio segna l'inizio di una vita interamente dedicata alla diffusione del metodo Montessori, a Maria e alla sua famiglia. Anna Maria si reca come osservatrice alla Casa dei Bambini di via dei Marsi ed è profondamente colpita da ciò che vede:

«Quanto vidi corrispondeva a quello che la mia mente aveva visto mentre ascoltavo le lezioni della Dottoressa e corrispondeva, direi, a un mio bisogno interiore. Mi dava un calmo senso di sicurezza, d'aver trovato veramente quello che cercavo».[41]

Anna Maria raccontava che vedere Maria insieme ai bambini le era servito ancor più della lettura dei suoi libri. Ne percepiva la disposizione interiore, anche se, esteriormente, non faceva niente di straordinario. Era come se tutta la sua personalità si esprimesse con grande semplicità.

Purtroppo, anche Anna Maria è di salute molto cagionevole, il che suscita forse la forte protezione materna di Maria nei suoi confronti, come testimonia una lettera indirizzata a Maria Maraini:

«Sappi che la madre della Maccheroni sono io. Non solo – ma se per l'età la Maccheroni può uscire di tutela della madre carnale, non potrà mai uscir dalla tutela mia. Io vanto e sostengo questi diritti. L'unione nostra è assoluta, e illimitata. [...] Io non perdonerei mai a Maccheroni una decisione tale [subire un intervento chirurgico] senza la mia presenza».[42]

Dopo essere stata assistente dei due corsi internazionali di formazione dei maestri, Anna Maria è inviata a Barcellona per aprire una nuova Casa dei Bambini su richiesta del governo di Catalogna. È caratteristico del ruolo che svolge accanto a Maria Montessori: si reca

40 A.M. Maccheroni, *Come conobbi Maria Montessori*, cit., p. 17.

41 Ivi, p. 19.

42 Lettera di Maria Maraini, 19 settembre 1911, citata in G. Alatri, *Il mondo al femminile di Maria Montessori*, cit., p. 100.

ovunque ci sia bisogno di una persona di fiducia e si occupa della logistica. Prepara i corsi prima dell'arrivo di Maria e trasporta il materiale necessario, e non sempre fila tutto liscio; come a Londra, dove spariscono due bauli di materiale. Ha anche il compito di seguire gli studenti durante le lezioni di manipolazione del materiale. Non è raro che resti sul posto dopo la partenza di Maria per aiutare gli studenti nei loro primi mesi a scuola. La sua presenza è discreta ma fondamentale per Maria.

Pianista, Anna Maria è convinta della necessità di «permettere alla musica di parlare il suo linguaggio autentico», e suona spesso nelle scuole, per i bambini, liberi di sedersi per ascoltare con calma o di muoversi seguendo il ritmo. Anna Maria crea molto materiale pedagogico musicale. È stata lei a ideare le famose campane musicali nonché trentasei fascicoli che illustrano ai bambini, con parole semplici e accessibili, i principi essenziali della teoria e della pratica musicale. Maria non nasconde la propria ammirazione per le sue doti:

«Dio ti benedica per il magnifico lavoro parallelo che hai fatto tutta sola per la musica! Sono certa che questo ti porterà grandi soddisfazioni e sarà un'opera della giustizia di Dio che ti ha evidentemente ispirata e protetta. E con ciò ti ha ripagata per le tue sofferenze e per i tuoi sacrifici, mettendo nel tuo cuore rare virtù che sono eccezionali. Queste tue virtù le sento nel mio cuore e voglio dirti che ti ammiro per queste cose come per il lavoro di musica che hai saputo creare. Mammolina».[43]

Anna Maria Maccheroni è stata per tutta la vita amica fedelissima dei Montessori, che l'hanno ricambiata anche aiutandola sul piano materiale. Quando Mario le annuncia la possibilità di un corso in Brasile, le parla in modo toccante, come a una sorella:

«L'unica cosa di cui ti dovresti preoccupare è della tua apparenza. Dovresti pettinarti accuratamente ed in genere "farti bella". Laggiù

---

43 Lettera di Maria Montessori del 1951 in M. Montessori, *Il metodo del bambino e la formazione dell'uomo. Scritti e documenti inediti e rari*, cit., p. 280.

specialmente fanno molto caso alle apparenze, e la trascuratezza può essere di grande impedimento non solo a te personalmente, ma anche al lavoro. Scusa se ti dico questo, ma non è una critica, è un consiglio. Riguardo ai vestiti che hai domandato a Mammolina, essa te li manderebbe volentieri».[44]

Anna Maria muore il 29 giugno 1965, dopo aver vissuto una vita piena e consacrata alla diffusione del metodo Montessori. Anche lei fu sepolta nella tomba di famiglia dei Montessori al Verano.

Il Comune di Roma

Nel 1911 nasce la Società degli Amici del metodo Montessori, con la creazione di scuole a Roma, Milano e Napoli. Scopo dell'Associazione è promuovere l'apertura di scuole, soprattutto nei quartieri poveri delle città, come era stato fatto a Roma. Ernesto Nathan, sindaco di Roma, che aveva conosciuto Maria attraverso la moglie Virginia Mieli nel periodo in cui Maria era attiva nel movimento femminista, è l'ambasciatore del suo metodo presso gli altri sindaci italiani.

Allo stesso tempo, per rispondere alla richiesta di numerose famiglie agiate desiderose che i figli beneficino del metodo Montessori, il Comune di Roma decide di aprire una scuola Montessori al Pincio. Ciò che dovrebbe essere per Maria motivo di gioia è invece causa di scontento. Dopo un accordo con il Comune, la gestione della scuola è affidata alla commissione Educazione del Consiglio nazionale delle donne italiane, di cui è responsabile Enrichetta Chiaraviglio. Nel primo corso di formazione di maestre di Città di Castello si è distinta dalle altre studentesse perché «fa domande e domande e gode di sentire risposte che vadano d'accordo con le sue idee».[45] A quanto pare, fa una buona impressione a Maria, dato che è membro della commissio-

44 M. M. Montessori, *Per un'amica bisognosa (Lettera del 15 gennaio 1951)*, in *Introduzione a Mario M. Montessori*, a cura di A. Scocchera, cit., p. 166.

45 Lettera di Adele Costa Gnocchi, citata in G. Honegger Fresco, *Radici nel futuro*, cit., p. 26.

ne di esame del corso successivo, organizzato presso le suore francescane. Sembra perciò legittimo considerarla una specialista del metodo Montessori. Lei ne è senz'altro convinta, perché non chiede mai consiglio a Maria né la informa di come sta andando avanti il progetto. Maria si sente esclusa, come scrive all'amica Maria Maraini:

«So che vi si lavora: la si imbianca e si ammobilia: sembra che funzionerà. [...] Sembra che vi sia esclusa una persona: io. Cioè non mi sarà chiusa certamente la porta, e io vi andrò quando vorrò, liberamente, come voi Signore che ve ne occupate».[46]

Maria lo vive come un tradimento perché conosce la maggior parte delle donne che si occupano della scuola e che l'hanno sempre sostenuta. Ma ciò che teme di più non è tanto essere messa da parte, quanto piuttosto che le sue idee non siano ben applicate e non diano di conseguenza buoni risultati. Confida a Maria Maraini:

«In ottobre [1910] il Municipio e le persone della Società per il materiale mi prenderanno da tutte le parti, mi faranno fare e scrivere mille promesse, mi metteranno sotto gli occhi mille progetti come mosche d'estate, e senza nulla concludere. Vedo che l'aiuto che ho consiste poi nell'*impedirmi* di lavorare. Dici bene, cara amica, che dovrei avere un centro di lavoro pacifico *mio*. Ma invece sappi che in quella scuola io non solo non farò esperimenti, ma mi guarderò bene dal far trapelare le mie idee, perché ci sono persone un po' indelicate che potrebbero usufruirne per pubblicarle a conto loro guastandole, e impedendo così ancor più l'avanzarsi del mio cammino. Vorrei fuggire, studiare in pace come ho sempre fatto, ora specialmente che sento farei un buon lavoro conclusivo. [...] Mi ripugna tanto lavorare in un ambiente *malfido*... Ho un presentimento non buono su quel lavoro, e credo che il vantaggio sarebbe il sottrarsene».[47]

---

46 Lettera a Maria Maraini, 22 agosto 1919, citata in G. Alatri, *Il mondo al femminile di Maria Montessori*, cit., p. 142.

47 Lettera a Maria Maraini Gonzaga, 19 settembre 1910, citata in G. Alatri, *Maria Montessori e Maria Maraini Guerrieri Gonzaga*, cit., pp. 123-124.

Di fronte alla difficoltà di raccogliere fondi per creare una propria scuola, Maria è anche infastidita dal fatto che il Comune stanzi cospicue somme di denaro per un progetto di cui non può beneficiare per continuare il suo esperimento. Il Comune, inoltre, ha comunicato la sua intenzione di allargare l'esperimento a una scuola elementare prima che Maria abbia approfondito l'argomento per questa fascia di età.

Col passare dei mesi cresce l'interesse per quello che già viene chiamato «il metodo Montessori», i visitatori sono sempre più numerosi e con loro cresce anche il rischio per Maria di vedere la sua iniziativa sfuggirle di mano. Consapevole del pericolo, lo deplora con queste parole:

«Ogni giorno poi qualche nazione diversa sembra cominciare un movimento e un interesse. [...] Tutti parlano di voler studiare, fondare scuole. Ora qui non c'è nulla. Io, come sa, non ho una scuola propria: le preparazioni di maestre fatte finora furono insufficienti, superficiali. Bisogna tutto cominciare, organizzare. Perché il metodo già fatto non è che un primo passo – e occorre trasformare tutta l'educazione sullo stesso indirizzo! [...] Il bambino di sei anni tornando ai metodi comuni perderebbe ciò che ha acquistato. Bisogna dunque tenere ben presente che si tratta di un lavoro molto grande, il quale è appena cominciato; e l'interesse già per questo principio può dirsi mondiale [...] quindi occorre una organizzazione molto seria. [...] Essa appunto dovrebbe studiare i problemi pratici della diffusione, della difesa, della preparazione dei maestri, ecc.».[48]

Il lavoro che la attende è immenso ma Maria non perde la fiducia, convinta dell'importanza della sua missione.

48 Lettera ad Anne George, marzo 1912, «Il Quaderno Montessori», XXXII, 129, primavera 2016, p. 59.

6

UNA DONNA SPIRITUALE

Durante gli studi Maria Montessori vive in un ambiente impregnato di positivismo e materialismo. In particolare in psichiatria, si scoprono i vantaggi della ricerca scientifica: fatti verificabili e misurabili sostituiscono valutazioni prima viziate dalla superstizione, dal fatalismo e dal moralismo. Fino al 1910, Maria si muove in un contesto laico che conta sull'appoggio di numerose personalità vicine al potere, aderenti alla massoneria o sostenitrici della svolta radical-democratica necessaria alla modernizzazione dell'Italia.

In quel periodo la politica è fortemente divisa sulla questione dell'insegnamento religioso nella scuola pubblica. Le frizioni si ripercuotono sul Consiglio nazionale delle donne italiane. Tra i gruppi filantropici di profilo massonico e anticlericale e il mondo cattolico si creano molte tensioni. Come scrive Maria nel 1916: «Il partito politico imperante nei municipi aveva abolito la religione dalle scuole pubbliche con un rigore settario che faceva temere la parola Dio come si teme la parola diavolo tra i bigotti».[1]

In tale contesto è di moda che gli scienziati manifestino il loro disprezzo per la spiritualità. Maria invece, per la sua grande apertura mentale, pensa che non ci sia incompatibilità tra il suo approccio razionale e la religione che sua madre le ha trasmesso. Nelle conferenze e negli scritti, non esita a fare largo uso di esempi tratti dalla Bibbia, dalle vite

1 M. Montessori, *L'autoeducazione nelle scuole elementari*, cit., p. 259.

dei santi e dai Padri della Chiesa. Ma ciò che alcuni considerano grave è che Maria associ il suo nome e il suo lavoro a quello di una congregazione religiosa. Quattro mesi dopo il primo corso di Città di Castello, era infatti entrata in contatto con le francescane Missionarie di Maria. La Casa dei Bambini di via Giusti aveva ottenuto «risultati che richiamarono una speciale attenzione e benevolenza da parte del pontefice Pio X».[2] Ma la relazione di Maria con le francescane non si limita alla bella scuola, né ai corsi organizzati per le maestre. Si gioca anche su un piano più intimo perché, pur essendo una donna di scienza, «aveva al tempo stesso profondi interessi spirituali. Anche questo era fuori delle regole e la gente criticava, ma lei non se ne curava».[3] Maria è una donna profondamente spirituale, abitata dal senso del sacro. Non accetta alcuni dogmi della religione cattolica, come la predestinazione e il peccato originale, e riconosce invece la dignità e la responsabilità di ogni persona. Manifesta sempre un profondo rispetto per le credenze di chi incontra, quale che sia la loro religione. Grazie a un'educazione liberale, talvolta audace e soprattutto non conformista, si dimostra molto coraggiosa nello stabilire un legame tra il cattolicesimo e tutti i movimenti che ritiene favoriscano il progresso, come la Società Teosofica.

Teosofa?

Nel 1947, quando le viene chiesto se è teosofa,[4] Maria risponde in modo interlocutorio «sono montessoriana».[5] Forse applica «il

---

2 M. Montessori, *Il peccato originale*, cit., p. 43.

3 «Il Quaderno Montessori», estate 1990, in G. Honegger Fresco, *Maria Montessori, una storia attuale*, cit., p. 137.

4 La Società Teosofica fu fondata nel 1875 da Helena Blavatsky e Henry Olcott. La teosofia è una dottrina filosofica e religiosa che ritiene tutte le religioni in possesso soltanto di una parte residua della verità universale, che solo qualche iniziato può conoscere. La conoscenza non viene fatta con la ragione ma con l'esperienza personale, che comporta un grande rispetto della vita in tutte le sue forme. La teosofia non prevede l'esercizio di un culto.

5 La domanda le è stata posta durante un corso a Adyar (India). Si veda R. Kramer, *Maria Montessori. A Biography*, cit., p. 135.

principio teosofico secondo il quale l'esperienza personale da cui nasce la conoscenza della verità superiore deve rimanere segreta».[6] Maria si è iscritta il 23 maggio 1899 alla Società europea di teosofia.[7] Non si sa esattamente come sia venuta a conoscenza di tale dottrina filosofica.

Nel marzo del 1898, Annie Besant, che sarà presidente dell'organizzazione dal 1907 al 1933, tiene una conferenza a Roma sui principi fondativi della teosofia. È probabile che Maria ne abbia sentito parlare perché la teosofia attira molte femministe colte, coinvolte in questo «crogiuolo spiritualistico».[8] L'uguaglianza dei sessi è uno dei principi fondamentali della teosofia, da qui il cospicuo numero di femministe tra i seguaci, soprattutto in Inghilterra. Maria ha molto probabilmente incontrato alcune teosofe a Londra. Attraverso suo padre aveva conosciuto il celebre scultore romano Francesco Randone, massone e teosofo.[9] Comunque sia, Maria in-

---

6 M. Schwegman, *Maria Montessori*, cit., p. 64.

7 La sezione italiana di teosofia viene fondata soltanto nel 1902, da qui l'iscrizione di Maria alla sezione europea. La sua tessera di iscrizione è custodita nell'archivio del quartier generale della Società Teosofica di Adyar, come ne dà conto P. Giovetti, *Maria Montessori. Una biografia*, cit., p. 35.

8 F. De Giorgi, *Rileggere Maria Montessori. Modernismo cattolico e rinnovamento educativo*, in *M. Montessori, Dio e il bambino e altri scritti inediti*, a cura di F. De Giorgi, Brescia, La Scuola, 2013, p. 77.

9 Francesco Randone era un famoso scultore che aveva aperto una scuola d'arte per educare i giovani ad amare e rispettare i monumenti e le creazioni artistiche. Randone invitava a riprodurre gli oggetti più comuni della vita quotidiana adoperandosi a studiarne l'evoluzione attraverso i secoli. Organizzava anche corsi di ceramica per la riscoperta dell'arte di costruire vasi, una specialità fiorentina di cui l'Italia va fiera. Maria ne trae spunto per le attività artistiche delle prime Case dei Bambini. Nelle prime due edizioni de *Il Metodo della Pedagogia Scientifica* scrive: «Così i bambini imparano ad apprezzare gli oggetti e le costruzioni che li circondano [...] dopo due o tre lezioni i piccoli allievi già si appassionano nella costruzione dei vasi e conservano con gran cura i propri lavori dei quali vanno orgogliosi». I bambini di cinque anni utilizzano il tornio e realizzano anche mattoni per costruire un muro nel cortile, che permetta loro di eseguire «i principali lavori primitivi dell'umanità». La parte dedicata alla ceramica fu eliminata nella terza edizione del 1926.

contra la Società molto presto, stando ai racconti di Mario Montessori, il quale afferma che la madre «fu la prima a introdurre la teosofia in Italia, mettendo in contatto una delle sue pazienti inglesi, teosofa, con il suo paese. Collaborò anche alla traduzione dei primi testi teosofici giunti in Italia».[10]

Maria è conquistata dal forte interesse dei teosofi per il progresso scientifico e umano, nonché dalla loro visione interreligiosa e antidogmatica. La teosofia è la sintesi dei valori per lei fondamentali: positivismo, emancipazione della donna, modernizzazione, liberalismo e spiritualità. La Società Teosofica è molto attiva sul piano sociale e attribuisce un ruolo centrale all'educazione. Helena Petrovna Blavatsky, fondatrice dell'organizzazione, aveva scritto «cose molto belle sull'educazione. Maria Montessori le aveva lette ed era sorpresa che già da tanto tempo esistessero ideali educativi così simili ai suoi odierni».[11] Nel 1907, a Londra, Maria assiste a una conferenza di Annie Besant che parla con ammirazione del «nuovo metodo Montessori». Quel giorno Maria non si presenta alla Besant, ma le due donne si rincontreranno anni dopo a Roma e tra di loro nascerà subito un rapporto di amicizia.[12]

I teosofi sono tra i primi promotori del metodo Montessori. Un sostegno che per Maria non è sempre facile da accettare, come riconosce in una lettera alla madre superiora delle francescane di Maria: «Avrà saputo parte delle difficoltà, intanto l'articolo teosofico, che dimostra il pericolo d'ammettere con tanta fiducia gli stranieri al corsi».[13]

---

10 M. M. Montessori, agosto 1941, *The Knight of the Child*, citato in E. Moretti, *Il difficile equilibrio tra cattolicesimo e teosofia*, in *Il destino di Maria Montessori*, a cura di L. De Sanctis, Roma, Fefè Editore, 2019, p. 98.

11 R. Devi, *Dr Montessori's Ideals*, «The Young Citizen», Adyar, n. 21, 1946, citato in P. Giovetti, *Maria Montessori. Una biografia*, cit., p. 39.

12 R. Kramer, *Maria Montessori. A Biography*, cit., pp. 341-342.

13 Lettera di Maria Montessori a Madre Maria della Redenzione, 23 ottobre 1911. Fondo Montessori, Archivio del Generale delle Suore Francescane Missionarie di Maria, Roma (d'ora in avanti AGFR).

L'articolo in questione, apparso sul giornale «Les Théosophes»,[14] altro non è che il racconto entusiasta di Madame Pujol, che ha seguito il corso di via Giusti e osservato a lungo la Casa dei Bambini. Pujol affermava che quelle case consentivano «l'applicazione dei nostri principi teosofici sull'educazione, cosa che non accade nelle comuni scuole». Sottolineava soprattutto i numerosi punti in comune tra il metodo Montessori e la dottrina teosofica, aggiungendo:

«Le conversazioni con la signora Montessori e con le sue collaboratrici, la lettura dei suoi lavori, non tardarono a darci la prova che l'intero sistema era fondato sulla concezione teosofica da cui eravamo partiti, ossia lo sviluppo interiore, ragione e condizione di qualsiasi sviluppo. [Poiché la signora Montessori afferma che] tutte le vittorie e tutti i progressi dell'umanità possono essere attribuiti alla forza interiore e che il fattore interno è [l'elemento] fondamentale, che si tratti dell'evoluzione della specie o di quella dell'individuo».

Dopo alcune descrizioni pratiche, Madame Pujol annunciava:

«Noi che con altri mezzi siamo arrivati alle stesse conclusioni, abbiamo deciso di aprire a Parigi una scuola veramente materna in cui applicheremo il metodo che ha permesso già di trasformare tanti bambini nelle [Case dei Bambini] a Roma e a Milano [...] in cui, come la dottoressa Montessori e seguendo la tradizione teosofica, impiegheremo il metodo sperimentale».[15]

Maria, pertanto, quando si rivolge in privato all'amica Maria Maraini, non nasconde il proprio entusiasmo per la diffusione del suo metodo in Francia, grazie all'opera dei teosofi.

«Già si lavorava nel silenzio ed ora è quasi ultimata la Casa dei Bambini di Parigi, intorno alla quale c'è un grandissimo interessamento. Mi mandano progetti di contratti per il libro da tradurre in

14 *Travaux et projets de la Ligue pour l'éducation morale de la jeunesse – rapport de Mme Pujol,* 1° ottobre 1911. Una copia manoscritta del lungo rapporto è custodita nel Fascicolo Montessori, AGFR, Roma.

15 La sede della scuola era al numero 5 di Avenue du Général Tripier, presso la sezione francese della Società Teosofica.

francese, per la fabbricazione del materiale didattico, per il permesso di preparare maestre e per mandare allieve a Roma l'anno venturo. Già attivano la propaganda presso le Leghe froebeliane di Parigi per farle Montessoriane. Devono aver scritto non so quale articolo entusiastico perché cominciano a venire dalla Francia lettere appassionate di privati raccomandanti i loro bambini.»[16]

Maria non rinuncia mai alle occasioni per ampliare il proprio campo d'azione perché più bambini ne possano beneficiare. Anche se poi non rinnoverà l'iscrizione alla Società Teosofica, manterrà sempre buoni rapporti con i teosofi, ben rappresentati anche nel movimento dell'Educazione Nuova.

A furia di associare il nome di Maria Montessori alla teosofia, è passato in secondo piano l'importante ruolo svolto nella sua vita da quella spiritualità cattolica che lei non aveva mai rinnegato. È un ritratto inedito quello che viene alla luce quando si indaga su questo aspetto intimo della sua personalità.

Un periodo religioso

Mario Jr., nipote di Maria, ha scritto:

«In un certo momento della sua vita sentì fortemente il sentimento religioso che divenne poi per lei meno importante, ma di tale esperienza le restò un profondo rispetto per la Creazione e in particolare per l'essere umano, per il bambino, per le sue capacità di adattamento agli ambienti più diversi».[17]

Esaminando il percorso professionale di Maria, è possibile situare il periodo religioso tra il 1922 e il 1932. Questo fu un decennio prolifico dal punto di vista degli scritti di natura spirituale. Nel 1922, Maria manifesta il desiderio di creare un Centro cattolico di forma-

16 Lettera a Maria Maraini, ottobre 1912, citata in G. Alatri, *Maria Montessori e Maria Maraini Guerrieri Gonzaga*, cit., p. 137.

17 M. Jr. Montessori, *Maria Montessori, mia nonna*, «Il Quaderno Montessori», V, 19, autunno 1988, p. 57.

zione degli insegnanti.[18] Lo stesso anno pubblica in Italia *I bambini viventi nella Chiesa*, un volumetto di cinquanta pagine di «note di educazione religiosa». Nel 1931 vede la luce *La vita in Cristo* e nel 1932 *La Santa messa spiegata ai bambini* viene pubblicato in Inghilterra.[19] I tre volumi, che avevano tutti ricevuto l'*imprimatur*,[20] costituiscono un metodo di insegnamento religioso.

È una svolta nel pensiero di Maria Montessori? Del suo primo lavoro, *Il Metodo della Pedagogia Scientifica*, si è parlato come di un libro «"senza Dio", [...] un tentativo della Montessori di liberare la ricerca pedagogica dalle istanze metafisiche e filosofiche».[21] Sarebbe tuttavia più giusto considerare la sua posizione una prudente dichiarazione di neutralità, dato il contesto culturale del tempo, poiché Maria affermava che «nessuna pregiudiziale anticristiana era alla base dell'insegnamento».[22] Nel 1932, riferendosi alla sua esperienza alla Maternidad di Barcellona, scrive:

«Benché quei Padri non mi conoscessero e ignorassero perciò che io ero cattolica, e benché nel mio libro non facessi nessuna professione diretta di fede religiosa, sembrò loro che il mio metodo fosse *cattolico* nella sua sostanza medesima».[23]

Maria critica tuttavia il metodo tradizionale di insegnare la religione «con le parole»,[24] come viene fatto dalle suore francescane. Ritiene che la religione debba far parte della vita e che non la si

18 Lettera a Madre M. di Sant'Ignazio, 21 luglio 1922, citata in M. Montessori, *Il peccato originale*, cit., p. 25.

19 Il libro uscirà in Italia soltanto nel 1949.

20 L'imprimatur è un'autorizzazione ufficiale accordata da un'autorità della Chiesa per la pubblicazione di un libro.

21 A. Scocchera, *Maria Montessòri. Quasi un ritratto inedito*, Firenze, La Nuova Italia, 1990, p. 151.

22 È quanto aveva più volte assicurato a Luigi Sturzo il quale, pur manifestando molto interesse per il lavoro della Montessori, vedeva che le accuse di naturalismo indirizzate alla Casa dei Bambini limitavano l'espansione del suo metodo in ambito cattolico, *ibid.*

23 M. Montessori, *I bambini viventi nella Chiesa*, Milano, Garzanti, 1970, p. 10.

24 Ivi, p. 11.

possa mettere sullo stesso piano delle altre materie scolastiche: la religione dovrebbe formare un uomo religioso, e non un uomo che ha ricevuto un'istruzione intellettuale.

I tre libri che trattano di spiritualità si basano sull'esperienza iniziata da Anna Maria Maccheroni presso la Maternidad di Barcellona nel 1915. I padri della missione San Vincenzo de' Paoli vi «accoglievano i bimbi abbandonati». Della sua prima visita Anna Maria ricorda:

«Il bell'edifizio, i larghi corridoi dal pavimento lucente, i vetri scintillanti delle lampadine elettriche, i guardaroba pieni della candida biancheria dei piccolini e le culline, candide anche quelle. In ognuna un bimbo. Lì finì la mia ammirazione... La suora andava in città ogni mattino, e trovava i bimbi, due, tre ogni giorno. Mi si stringeva il cuore dalla pena».[25]

Osservando i più grandi che frequentano la Scuola modello Montessori[26] Maria era rimasta colpita dall'intensa atmosfera religiosa alla quale partecipavano i bambini, che pregavano spontaneamente. Si era dunque deciso di allestire un ambiente adatto alla preghiera, che permettesse di capire attraverso l'esperienza sensoriale il contenuto della fede espressa dalla liturgia.

Durante la preparazione alla prima comunione, Maria assiste ad alcuni episodi simili a quelli osservati a San Lorenzo.

«In quel primo tempo in cui il mio metodo cominciò ad essere applicato tra i bambini del popolo minuto ed analfabeta, di uno dei più umili quartieri popolari di Roma, fece impressione vivissima il fatto che bambinetti di quattro anni e mezzo già sapessero scrivere. I genitori analfabeti [...] vennero nella scuola chiedendo di essere anche essi istruiti. Or bene, non altrimenti nella scuola di Barcellona, i genitori di bambini comunicandi, i quali, commossi e

---

25 A.M. Maccheroni, *Come conobbi Maria Montessori*, cit., p. 98.

26 I padri della missione avevano parlato del metodo con padre Clascar, cappellano delle scuole materne di Barcellona.

confusi, pregavano [il prete] volesse istruirli a [...] fare la prima comunione insieme col proprio bambino. "Egli è piccolino", dicevano, "e ci spiega le cose di Dio con tanta fede che noi abbiamo vergogna e vogliamo godere con lui e non separarci dall'anima sua".»[27]

L'anno successivo, al congresso di Montserrat davanti a duemila partecipanti, Anna Maria Maccheroni presenta la nuova esperienza in cui la liturgia consente di coinvolgere appieno i bambini nella vita della Chiesa.

È interessante osservare che Maria Montessori aspetta quattro anni prima di pubblicare *I bambini viventi nella Chiesa*, quando è solita far conoscere le sue nuove scoperte in tempi molto più rapidi. Spera in questo modo di smussare le critiche degli idealisti che le rimproverano la visione biologica del bambino e le accuse dei Gesuiti che disapprovano la sua concezione dell'obbedienza, l'assenza di regole e di punizioni che loro consideravano essenziali in qualsiasi sistema educativo serio? Dal 1910 e ancora per diversi anni, la loro rivista, «La Civiltà Cattolica», pubblica articoli critici in questo senso.

Il dibattito rispecchia l'atteggiamento oscillante del mondo cattolico italiano nei confronti di Maria Montessori. La curia romana alterna il sostegno elogiativo alle accuse. Pio X finanzia la partecipazione di alcune religiose al corso di via Giusti, Benedetto XV le invia una benedizione autografata,[28] ma con il papa successivo il clima cambia. Maria è bersaglio delle critiche di Pio XI nella sua enciclica *Divini Illius Magistris*, contro i «maestri di nuove teorie pedagogiche, [che] si escogitano, si propongono e discutono modi e mezzi,

27 M. Montessori, *I bambini viventi nella Chiesa*, cit., p. 18.

28 Il 21 novembre 1918, Maria Montessori ricevette la benedizione apostolica: «La benedizione apostolica che impartiamo alla diletta figlia Maria Montessori sia pegno di quelle grazie e di quei celesti favori che le auguriamo per rendere fecondo di bene *Il metodo della Pedagogia scientifica applicato all'educazione infantile nelle Case dei Bambini*». La citazione è tratta da F. De Giorgi, *Maria Montessori tra modernisti, antimodernisti e gesuiti*, «Annali di storia dell'educazione e delle istituzioni scolastiche», 25, 2018, p. 49.

non solo a facilitare, ma a creare una educazione nuova di infallibile efficacia. [...] Falso è perciò ogni naturalismo pedagogico, che in qualsiasi modo escluda o menomi la formazione soprannaturale cristiana nell'educazione della gioventù; ed è erroneo ogni metodo di educazione che si fondi in tutto o in parte sulle sole forze dell'umana natura.»[29]

Maria può tuttavia contare sull'appoggio dei cattolici liberali. Sa bene che molti cattolici le rimproverano la militanza a favore dell'emancipazione della donna e del diritto di voto nonché le sue prese di posizione moderniste nei corsi all'università.

Maria dice di essere pronta a rettificare quando se ne presenta la necessità, come nella lettera indirizzata al cardinale vicario nel 1917:[30]

«Il mio scopo non è di interessarla al mio metodo di educazione e alle dispute critiche che esso può aver suscitate: ma è di pregarla a voler considerare come senza importanza tutto questo, e dichiararle che qualunque errore sia riconosciuto io sono pronta a correggerlo – perché credo che tutta la verità sia nelle verità della Chiesa».

E sottolinea che si è trattato di «un errore di espressione, un errore involontario e che vorrei dileguare».[31]

Forse è una manovra politica per ottenere il sostegno del cardinale, ma resta il fatto che in quel momento, e per molti anni, Maria è animata da un certo fervore religioso.

Una questione personale

Se si considera che la fede per Maria è una questione personale, possiamo dire che il suo periodo religioso era iniziato molto

---

29 Lettera enciclica sull'educazione cristiana della gioventù *Divini Illius Magistris*, 31 dicembre 1929.

30 È il cardinale cui il papa ha delegato il governo della diocesi di Roma.

31 Lettera al cardinale Basilio Pompilj, San Diego, prima del 30 agosto 1917, citata in E. Moretti e A.M. Dieguez, *I progetti di Maria Montessori*, «Annali di storia dell'educazione e delle istituzioni scolastiche», 25, 2018, p. 94.

prima. Ogni anno compie un ritiro spirituale ignaziano presso le Ancelle del Sacro Cuore di Gesù di Bologna. Nell'ottobre del 1903 riceve una lettera del cardinale Svampa,[32] assente quando lei era passata dall'Emilia-Romagna per salutarlo. Il tono della lettera rivela familiarità e stima reciproca. Il cardinale introduce Maria in un «clima cattolico aperto e novatore, sul piano culturale, ma anche di una pietà religiosa fervida, incentrata sull'Eucaristia e sulla devozione al Santo Cuore».[33]

Quindici anni dopo, Maria descriverà così quel periodo:

«Il mio noviziato è stato lungo; e [...] da molti anni ho sentito una chiamata alla vita religiosa. – Nel primo momento mi sembrò di esser chiamata tra le Ancelle del S. Cuore (che ora sono in via Salaria) e la Me del Patrocinio Le può raccontare che le chiesi di essere ammessa tra le sue figlie, nel 1904. Ma prima di entrare, mentre facevo una vita di assoluto raccoglimento, ebbi l'impressione, trovandomi nella Chiesa di S. Teresa in Roma, di dover fare un'altra opera. Rispondendo a questa impressione col fare gli Esercizi presso le Ancelle (già molte altre volte li avevo fatti presso di loro), ne derivò il mio metodo di educazione. E non fui io a riconoscerlo, ma fu la Me del Patrocinio che mi disse: "Ecco questo metodo è l'opera che il Signore vuole da lei". E fu così che io lo riconobbi (il metodo), l'amai e lo difesi – e cercai di *capirlo* e di svilupparlo. Ma basta questa origine per comprendere che non potrei mai valermene a fare alcuna cosa contraria ai principi della Chiesa, essendo appunto il suo frutto!».[34]

In questi anni il percorso professionale di Maria è incerto e le prospettive future sembrano vaghe. È lecito supporre che in un momento di fragilità abbia pensato di rifugiarsi in una comunità che le

---

32 La lettera del 2 ottobre 1903 è citata in F. De Giorgi, *Maria Montessori tra modernisti, antimodernisti e gesuiti*, cit., p. 28.

33 Ivi, p. 31.

34 Lettera di Maria Montessori a padre Tacchi Ventura da San Diego, 23 settembre 1917, *ibid.*

offra la sicurezza che le manca. Ma il richiamo echeggia ancora qualche anno dopo, anche se si materializza in modo diverso.

Appena ne ha la possibilità Maria non esita a collaborare con le francescane Missionarie di Maria, tanto più che, oltre all'esperienza della Casa dei Bambini, Maria trova nelle francescane, e in particolare nella loro Madre Maria della Redenzione, il sostegno e il conforto di cui ha tanto bisogno. In effetti per provvedere alle necessità della sua famiglia allargata, Maria continua a insegnare al Magistero, «dove deve assolutamente apparire una persona senza alcuna religione, una grande sofferenza per lei dover continuare a mostrarsi diversa da quella che vorrebbe».[35] Nello scambio epistolare con la madre superiora emerge il profilo di una donna sola, talvolta scoraggiata di fronte alla missione di cui si sente depositaria.

Nel 1910, Maria soggiorna spesso nel convento delle francescane a Grottaferrata e a Friburgo. Lì trova il riposo e la serenità di cui ha bisogno: «La sua generosa ospitalità e le cure di protezione che fa sentire a me e alla mia piccola famiglia, ci rende più sicure nel nostro cammino difficile, e ci comporta da consolazione».[36] E ancora:

«Lottiamo con tante difficoltà che aiutarci come VR fa è carità vera, che dà consolazione ad anime spesso oppresse, come sono le nostre. La mia prova carica di pesi che mi sembrano troppo superiori alle mie forze – e quante volte ringrazio la Provvidenza d'avermi messo, Reverendissima Madre, sotto il patrocinio del Suo generoso cuore. [...] ho passato giorni di riposo spirituale che mi hanno dato forza».[37]

Questa amicizia è molto importante per Maria. Lei che sembra così determinata nel suo modo di agire in pubblico, si dimostra qui molto umile e consapevole degli errori in cui cade.

35 Lettera di Madre Elisabetta dell'Annunciazione a Madre Maria della Redenzione, 20 novembre 1910, Fondo Montessori, AGFR.

36 Lettera a Madre Maria della Redenzione, 12 agosto 1910, Fondo Montessori, AGFR.

37 Lettera a Madre Maria della Redenzione, 19 settembre 1910, Fondo Montessori, AGFR.

«Non so se ha sentito la dedizione profonda del mio cuore, pieno di venerazione, di devozione e di riconoscenza nei suoi confronti. I miei atti non l'hanno dimostrato a causa delle mie tante preoccupazioni, della incertezza e della mia mancanza di esperienza. Tutto ciò mi chiude in una specie di apparente egoismo. Sono come i poveri, i miserabili che ricevono e dicono appena grazie.»[38]

Il loro scambio epistolare è anche di natura pedagogica, perché Maria della Redenzione si interessa molto all'educazione.

«Le grandi cose che mi diceva sul metodo raddoppiano la mia fede e le mie forze. Intorno a Lei erano la pace e la sicurezza; quanta carità, quanta luce! Mi affido a tanta pienezza della sua protezione. Ora tutto quanto può venire di difficile e triste non deve spegnere quella impressione, che è certo una promessa di vita.»[39]

Nonostante le critiche di alcune personalità cattoliche, le francescane fondano una nuova comunità a Milano dove hanno aperto anche una Casa dei Bambini. Padre Gemelli dapprima le appoggia ma poi raccomanda loro più volte di stare attente ai propositi di Maria Montessori, che giudica pericolosi per la fede cristiana. Inoltre, l'entusiasmo dei teosofi si ritorce contro Maria e alimenta le critiche dei cristiani. Le accuse di laicismo si moltiplicano e la superiora delle francescane è intimata a giustificare il suo sostegno al metodo Montessori. Maria insiste presso la superiora affinché la scuola di via Giusti continui a esistere. Nel 1913, la superiora viene addirittura convocata dall'arcivescovo di Milano per chiarimenti. La requisizione degli stabili da parte dell'esercito è solo un pretesto per spiegare la chiusura della scuola. Sembra che in quel periodo le relazioni tra Maria e le religiose si siano un po' deteriorate, poiché viene messa davanti al fatto compiuto, come si evince da queste righe:

38 Lettera a Madre Maria della Redenzione, 12 agosto 1912, Fondo Montessori, AGFR.

39 Lettera a Madre Maria della Redenzione, 23 ottobre 1911, Fondo Montessori, AGFR.

«Quando sapemmo che l'Asilo di via Giusti era chiuso, ci sentimmo colpite al cuore! Esso era il nostro appoggio e, in faccia al pubblico, il segno unico di pubblico amore e d'aperta approvazione della Chiesa. [...] Quando sentimmo che senza una parola, senza un avviso era tutto scomparso, ci sentimmo smarrite».[40]

Un progetto di pia unione

Le francescane hanno tuttavia un ruolo fondamentale nella vita spirituale di Maria, che «gioisce all'idea di cominciare il corso di istruzione religiosa lunedì. Lei e le sue allieve lo desiderano davvero».[41] A partire dal maggio 1910, tre volte a settimana,[42] Maria e le sue assistenti frequentano un corso di istruzione religiosa impartito da madre Elisabetta, la maestra delle novizie.[43] Maria è molto soddisfatta di questi incontri: «abbiamo regolarmente le lezioni di Religione da Madre Elisabetta e ringrazio il Signore d'avermi fatto incontrare una forte intelligenza, uno spirito profondo come quello della M. Elisabetta. Credo che un gran bene ci verrà da queste conferenze».[44]

La religiosa responsabile del corso trova che Maria e le sue allieve hanno «un modo molto moderno di considerare la religione. [...] Non hanno uno spirito profondamente cristiano, per quanto vogliano assolutamente esserlo. [Vogliono] non solo essere cristiane ma anche religiose».[45]

---

40 C. Bazin, *Maria Montessori incontra il Cattolicesimo delle Suore Francescane Missionarie di Maria*, in *La cura dell'anima in Maria Montessori. L'educazione morale, spirituale, e religiosa dell'infanzia*, a cura di L. De Sanctis, Roma, Fefè Editore, 2011, pp. 57-58.

41 Lettera di Suor Maria Antonia alla Madre Superiora, 15 maggio 1910, Fondo Montessori, AGFR.

42 Estratto dal diario della casa Santa Rosa a Grottaferrata, Fondo Montessori, AGFR.

43 Madre Maria della Redenzione e Padre Delarbe si scambiarono varie lettere per sapere quale fosse il metodo più adatto alle necessità del gruppo.

44 Lettera a Madre Maria della Redenzione, 27 maggio 1910, Fondo Montessori, AGFR.

45 Lettera di Madre Elisabetta dell'Annunciazione a Madre Maria della Redenzione, 20 novembre 1910, AGFR.

Maria vive tutti i suoi impegni con un certo radicalismo e ritiene che le sue collaboratrici debbano fare la stessa cosa, votandosi completamente al lavoro: «Chi si dedica all'opera mia bisogna che lasci tutte le altre, che si sacrifichi e mi segua».[46]

Maria decide di dare una organizzazione formale al loro modo di vivere, ma con discrezione. Le sue più strette collaboratrici condividono con lei il grande appartamento di via Principessa Clotilde dove vivono anche i genitori di Maria. Il loro rapporto è così forte da colpire alcuni visitatori, quali Dorothy Canfield Fischer, che le descrive come «un piccolo gruppo di cinque donne devote»,[47] giovani donne che vivono con lei, chiamandola mamma, che esistono solo per lei e per le sue idee, con lo stesso ardore e convinzione delle religiose nei confronti della loro adorata madre superiora».[48]

Dorothy Canfield Fischer aveva capito molto bene la natura di questo legame. Maria è convinta di aver ricevuto in dono qualcosa che non le appartiene e di cui assiste soltanto allo sviluppo.

«La nostra piccola famiglia non nasce per bisogni speciali – non per volontà ragionata di qualche singola persona: ma per una forza irresistibile, chiara e potente che vuole e conduce dove vuole. [...] Nella nostra innovazione pedagogica c'è qualcosa che opera per sé e si svolge purché un alito di vita iniziale abbia creato. Lasciare l'uomo libero in senso divino, e aiutarlo con quanto di meglio ha composto l'umana intelligenza, ecco il segreto di tutto il rinnovamento. [...] Il mondo è pronto per accogliere questa riforma – e di questa riforma non c' è traccia nel mondo fuorché nell'opera nostra.»[49]

46 Lettera a Maria Maraini, ottobre 1910, citata in G. Alatri, *Il mondo al femminile di Maria Montessori*, cit., p. 160.

47 Le sorelle Fancello si erano aggiunte al gruppo di cui si parla nel Capitolo 5. Di loro si sa solo che provenivano dalla Sardegna e avevano lavorato nella Casa dei Bambini di Roma.

48 D. Canfield Fischer, *A Montessori Mother*, New York, Henry Holt and Company, 1912, pp. 225-226.

49 *Progetto d'Unione*. Fascicolo Montessori – progetti religiosi e regole, AGFR, in F. De Giorgi (a cura di), *Montessori. Dio e il bambino e altri scritti inediti*, cit., p. 318 e pp. 322-323.

Maria e le sue collaboratrici approfittano di un soggiorno di due settimane presso le francescane per delineare il loro *Progetto d'unione*. Le regole di vita, contenute in un quaderno, devono organizzare la vita nel nuovo istituto religioso che Maria vuole fondare.[50] Le regole indicano segnatamente le devozioni particolari,[51] il modo di considerare la vita spirituale e di incarnare i voti religiosi (povertà, castità e ubbidienza). Il comportamento individuale deve essere quello di «chi impara, non di chi insegna: di chi dipende, non di chi comanda».[52]

L'orario della giornata è stabilito con precisione: il lavoro non deve superare le sette ore al giorno e sono previsti momenti di silenzio e di meditazione. In quanto al programma di formazione, la durata è di due anni e comprende varie discipline.[53] In seguito, prima che una maestra possa lavorare da sola nei casamenti popolari, sono previsti tre anni di vita comunitaria e di pratica nelle scuole scelte. Viene sancito anche che ogni «persona ha lasciato il mondo, la propria famiglia, la propria professione [...]. La sua professione è quella di servire Dio nella Chiesa conquistando le anime a Dio e a una superiore forma di civiltà».[54]

Maria dà l'esempio rinunciando all'esercizio della medicina nel corso di una celebrazione, il 10 novembre 1910, durante la quale ognuna pronuncia la formula di consacrazione,[55] nell'intimità della

---

50 Il quaderno con una copertina in cuoio nero è custodito nel Fascicolo Montessori – progetti religiosi e regole, AGFR. Il *Progetto d'unione* è stato interamente pubblicato da F. De Giorgi, a cura di, *Montessori. Dio e il bambino e altri scritti inediti*, cit.

51 Maria Immacolata, Nostra Signora Del Carmelo, san Pietro e Paolo, sant'Ignazio di Loyola, santa Teresa d'Avila, san Francesco d'Assisi e santa Caterina da Siena.

52 *Progetto d'unione*, in *Montessori. Dio e il bambino e altri scritti inediti*, cit., p. 325.

53 Il primo anno prevede: religione, latino, letteratura italiana, pedagogia, scienze naturali, giardinaggio, allevamento di animali, lavori femminili, cucina, pulizia, igiene fisica del bambino. Nel secondo anno si aggiungono: psicologia, filosofia, storia dell'arte, sociologia, economia politica, musica e disegno.

54 *Progetto d'unione*, in *Montessori. Dio e il bambino e altri scritti inediti*, cit., p. 324.

55 Estratto dalla formula: «Innanzi alla Maestà di Dio esprimo il desiderio di

loro nuova famiglia. Lo scopo della nuova istituzione è «proteggere i bambini. Un'opera di giustizia e insieme di carità».[56]

È necessario dunque formare persone che si consacrino appieno a tale opera e che condividano lo stesso ideale di «rinnovamento profondo dell'educazione e della preparazione delle maestre, perché al mondo mancano scuole innovative». Il loro modello e quello della «maestra dei casamenti popolari», che deve portare «un tailleur di stoffa resistente alla pioggia. Grossolana e di colore scuro» perché, per influire più facilmente sulle persone che sarebbero intimorite dalla Chiesa, non deve trasparire niente della loro appartenenza.[57]

Per le procedure necessarie all'istituzione della sua comunità secondo il diritto canonico, Maria gode del sostegno, prezioso e potente, di Monsignor Faberj, segretario del cardinale vicario «che si occupava completamente di quest'opera e ne parlava direttamente al papa dal quale otteneva le autorizzazioni, come quella di avere la messa e il Santo Sacramento».[58]

Maria della Redenzione parla di Maria e delle sue «figlie» in questi termini: «Esse hanno adesso una cappella dove, tutte le mattine, un prete viene a dire la messa».[59] Ma un altro testimone aggiunge: «[È stata allestito] un ingresso segreto per il prete [...] perché nessuno deve saperlo, neanche le persone di servizio. Il padre di

consacrarmi al servizio della Chiesa Cattolica – offrendo in olocausto me stessa a Gesù Cristo Signor nostro – le cui orme voglio seguire abbracciando la mia dolce croce coi propositi di vivere realmente nella povertà, castità, obbedienza, [...] affinché nell'umanità riformata in Cristo – trionfi la Sua Chiesa tra gli splendori della civiltà». *Progetto d'unione*, in *Montessori. Dio e il bambino e altri scritti inediti*, cit., p. 351.

56 A.M. Maccheroni, *10 novembre 1910*, «Vita dell'infanzia», II, 11, 30 novembre, 1953, p. 13.

57 *Progetto d'unione*, Fascicolo Montessori – progetti religiosi e regole, AGFR.

58 Lettera di Madre Elisabetta dell'Annunciazione a Madre Maria della Redenzione, 20 novembre 1910. Fascicolo Montessori, AGFR.

59 Lettera di Maria della Redenzione a padre Delarbe, O.F.M., 17 novembre 1910. Fascicolo Montessori, AGFR.

Montessori è contro la religione; la madre e la figlia vi hanno fatto ritorno qualche anno fa».[60]

La vita quotidiana

A poco a poco la vita comunitaria con le sue «figlie» non è più possibile, a causa della morte prematura di alcune di loro e della lontananza geografica di altre. Maria continua la sua vita spirituale, come testimonia Adelia Pyle. Quest'ultima condivide il quotidiano di Maria dal 1915. È in qualche modo la sua segretaria e traduttrice, dato che parla perfettamente italiano, francese, spagnolo e tedesco. Nata in una famiglia presbiteriana, Adelia Pyle chiede di essere ammessa nella chiesa cattolica con il nome di Mary.

«In questo ambito, il comportamento, la vita morale e religiosa della sua maestra Montessori le è di grande aiuto. La preghiera nel mezzo dei continui spostamenti da una città all'altra è il pane quotidiano della loro vita. La messa e la comunione erano un dovere quotidiano. [...] Mary diceva che i viaggi e la vita comune con Montessori la confermavano sempre di più nella verità della fede cattolica.»[61]

Mary Adelia si spinge ancora oltre. Quando sente parlare di padre Pio, è affascinata dal frate cappuccino e legge tutto quello che c'è sulla sua vita. Mentre è in vacanza a Capri con Maria, una ex-studentessa romana le raggiunge. Le due giovani decidono di recarsi a San Giovanni Rotondo, nella speranza di incontrare il famoso padre Pio. Quando, dopo un viaggio estenuante, lo trovano a pregare in chiesa, questi fa loro segno di non disturbarlo. Ritornano a Roma, ma Mary Adelia è ossessionata dal pensiero di padre Pio, a tal punto che un giorno dice a Maria: «C'è un santo che vive in questo mondo, e io soffro di non potergli stare vicino. Vorrei tornare a tro-

60 Lettera di M. Elisabetta del Messia, 16 settembre 1910, Fascicolo Montessori, AGFR.

61 M. Crochu Lozac'hmeur, *Introduzione*, in Isabel Eugenie e E.M. Standing, *La pédagogie religieuse de Maria Montessori. Conférences de Londres 1946*, Paris, Artège, 2019.

varlo e mi piacerebbe che lei mi accompagnasse».[62] Maria accetta immediatamente. Questa volta padre Pio invita Mary Adelia ad abbandonare il lavoro presso Maria per vivere a San Giovanni Rotondo. Mary Adelia non esista un istante e resta.

Maria è delusa e ritorna a Roma da sola. È arrabbiata con padre Pio «che le [ha] fatto perdere la sua preziosa amica e interprete»[63] e anche con Mary Adelia, per quello che considera un tradimento. Non nasconde l'amarezza né il fastidio che le provoca tale abbandono. Scrive a Maria Maraini:

«Sono stata in giro e mi sono indicibilmente stancata a Vienna dove non ho avuto un minuto di riposo! C'è voluto un po' a riprendere. Adesso finalmente sono fissata in una piccola casetta qui a Londra [...] ed eccomi nel ciclo del corso cominciato. Come mi è sembrato incredibile e amaro, i primi giorni, il contegno di Adelia: giorno e notte quel pensiero era fisso. Ma Mario è così buono e cerca tanto di aiutarmi. La sua compagnia è stata una gioia profonda, perché da molto tempo non eravamo noi due soli. E questo ha compensato la ferita profonda di una sconoscenza crudele. Chi traduce quest'anno, frase per frase, le mie lezioni, è una persona della mia età, estranea come animo, e che vedo solo all'ora della conferenza. Quando Mario tornerà a Roma, mi sentirò molto sola! Anche la buona signora Hutchinson, sempre entusiasta, incoraggiante, che veniva a casa carica di buone cose italiane da mangiare, e mi portava dei fiaschetti di Chianti, tutta felice di tali sorprese, e passava molte ore a casa facendo musica sul pianoforte [...] – mentre Adelia cantava per tutto il tempo che aveva taciuto durante l'anno – anche essa è lontana».[64]

62 D. Gaudoise, *Maria l'americana. La vita di Mary Pyle all'ombra di Padre Pio*, Milano, Edizioni San Paolo, 1995, p. 52, citato in G. Alatri, *Il mondo al femminile di M. Montessori*, cit., p. 196.

63 Ivi, p. 197.

64 Lettera di Maria Montessori a Maria Maraini, Pasqua 1925, citata in G. Alatri, *Il mondo al femminile di Maria Montessori*, cit., p. 197.

A Londra Maria, cui piacciono molto i fiori, trascorre il tempo libero a fare giardinaggio. Il lavoro manuale e la presenza di Mario le consentono di far fronte a una delusione di altra natura. L'esperienza di Barcellona, così promettente, ha dovuto fermarsi per la prematura scomparsa dei responsabili della scuola. La forza di carattere permette a Maria di non abbattersi e di dare un senso a questa evidente sconfitta.

«Il nostro lavoro, benché oscuro, forse avrebbe meritato un trionfo finale. Se non che, durante questi anni di prova passarono di vita tutti coloro che sostenevano la nostra opera. [...] Perché Iddio vorrà permettere che una tempesta ci mandi via dalla prima "Casa dei Bambini" nella Chiesa? Forse perché siamo sospinti a procedere avanti nel nostro apostolato: "Andate e insegnate a tutte le genti, tra i popoli più diversi.»[65]

È quanto Maria farà fino alla fine dei suoi giorni, estendendo i propri orizzonti a tutto il mondo.

I suoi corsi accolgono persone della più svariata provenienza: dagli atei ai protestanti, dai musulmani agli indù, per non parlare delle appartenenze politiche più diverse.

«Il fatto singolare era che ognuno trovava nei nostri bambini l'incarnazione vivente del proprio ideale e la risoluzione dei propri problemi. Un uomo politico diceva: "Ecco la disciplina raggiunta attraverso la libertà: è questo che ha bisogno di imparare chi governa". Un socialista diceva: "Ecco in piccolo la società umana che il socialismo profetizza: il trionfo contemporaneo della libertà individuale e della perfetta organizzazione sociale". La signora aristocratica diceva: "È l'educazione necessaria ai nostri bambini, perché possono vincere la sgarbatezza e nello stesso tempo la timidezza". E la generale delle francescane Missionarie di Maria trovò il mio metodo "un aiuto cristiano" e volle adattarlo per gli orfani del territorio di Messina perché preparava al lavoro serio e alla gioia nello stesso

65 M. Montessori, *I bambini viventi nella Chiesa*, cit., p. 19.

tempo riuscendo ad ottenere risultati che richiamarono una speciale attenzione e benevolenza da parte del pontefice Pio X.»[66]

In seguito, Maria avrà più volte l'occasione di arricchire la sua visione spirituale grazie all'incontro con esponenti di altre religioni che conoscerà via via nei suoi viaggi.

66 M. Montessori, *Il peccato originale*, cit., p. 43.

1880. Maria a dieci anni.

1886. Maria a sedici anni.

1896. Maria indossa un abito donatole da una sarta che aveva curato.

1923. Maria riceve il suo primo dottorato *honoris causa* all'Università di Durham.

L'attuale facciata della prima Casa dei Bambini, in via dei Marsi nel quartiere di San Lorenzo, a Roma, inaugurata il 6 gennaio 1907.

In basso, a sinistra e destra: 1908. Inaugurazione di una Scuola Montessori in un quartiere operaio di Milano con la Società Umanitaria.

1913. Maria durante il suo primo viaggio negli Stati Uniti.

Aprile 1915. Maria e Mario a bordo del *Duca degli Abruzzi* durante la traversata dell'Atlantico.

1913. Maria visiona le bozze della nuova edizione del suo primo libro.

Estate 1915. Nel giardino della casa di Los Angeles, Maria insieme ai figli dei vicini e ad Anna Fedeli, Helen Parkhurst e Adelia Pyle.

13 dicembre 1913.
Ricevimento organizzato in onore di Maria alla Scuola Normale di Rhode Island in presenza del governatore.

1916. Maria e Mario a Barcellona.

Maria e Mario negli anni Trenta.

1930. Maria a Vienna.

1935. Maria a Londra.

1936. Maria a Parigi.

Bambini nelle scuole Montessori negli anni Trenta. Una copia del celebre dipinto di Raffaello *La Madonna della Seggiola* era presente in ogni scuola.

Maria osserva i bambini della scuola che ha aperto con Mario al piano terra dell'Olcott Bungalow, la loro casa ad Adyar (India).

Mario e Maria a una festa a Londra negli anni Trenta.

1936. Maria a Oxford.

1939. Ad Adyar (India).

31 agosto 1940. Fotografie scattate in occasione del settantesimo compleanno di Maria insieme a George Sydney Arundale e alla moglie Rukmini Devi.

Gandhi e Maria.
La fotografia è stata probabilmente scattata durante il secondo soggiorno in India.

Maria riceve in regalo un ritratto del Mahatma.

Novembre 1939-febbraio 1940. Gli studenti del primo corso Montessori ad Adyar (India).

1949. Maria all'VIII Congresso internazionale di Sanremo.

A sinistra:
1950. Maria in Svezia.

1951. Maria visita una scuola Montessori, la London Gatehouse School.

1951. Maria negli studi della BBC a Londra.

Maria e Mario in Norvegia.

Foto scattata nell'aprile del 2020. In occasione dei centocinquant'anni dalla sua nascita, i discendenti di Maria hanno decorato la tomba con il fiore che porta il suo nome: il tulipano Maria Montessori.

7

UNA GRANDE VIAGGIATRICE

«Eccomi! Mi sembra di essere spostata, faccio fatica per adattarmi qui: quanto anelo a un luogo fisso! A un lavoro conclusivo! Ma forse non mi sarà dato mai. Forse il lavoro della mia vita sarà un "volo" fra le genti! Una parola appassionata come il grido del precursore.»[1]

Così scrive Maria nel 1934. Si è già trasferita spesso e l'aspettano ancora molti viaggi. In costante riflessione, Maria cerca sempre le condizioni più favorevoli per lavorare. Viaggia per i corsi internazionali di formazione dei maestri, che durano vari mesi, e per le molte conferenze. Anche se questa situazione in alcuni momenti le pesa, ogni volta che parla della causa dei bambini il suo entusiasmo comunicativo risveglia le coscienze. L'esperienza di militante le consente di usare più registri linguistici che alterna con abilità, affascinando il pubblico. Le sue lezioni sono coinvolgenti senza mai essere ripetitive. Passano gli anni e Maria continua ad appassionarsi fino a incantare il suo uditorio. A quasi settant'anni, affronta «il freddo intenso» dell'inverno olandese con umorismo:

«E io pure, la vecchiona, ho continuato a dare le mie lezioni a Laren e in Amsterdam. Ieri era la mia ultima lezione prima delle

1 Lettera a Maria Maraini da Amsterdam, 15 maggio 1934, citata in G. Alatri, *Il mondo al femminile di Maria Montessori*, cit., p. 225.

vacanze di Natale. Un cappuccio di lana, una pelliccia, dei plaids e borse d'acqua calda nell'automobile».[2]

L'inizio di un successo negli Stati Uniti

Maria ha avuto bisogno di tempo per avviare i celebri "corsi Montessori", organizzati privatamente per essere libera di strutturarli come desidera. Controlla ogni dettaglio, sceglie con cura i collaboratori: il perfezionismo e la difficoltà a dare fiducia rallentano spesso l'attuazione dei suoi progetti. Ora il successo internazionale è in continua crescita. Maria riceve «migliaia di lettere» dall'America, grazie, soprattutto, alle relazioni dell'amica Alice Hallgarten Franchetti. Nel maggio 1911 un giornale americano, il «McClure's Magazine», pubblica una serie di articoli dedicati alle Case dei Bambini. L'ultimo, *Disciplining children*, è firmato da Maria Montessori e viene poi inserito nella traduzione americana del suo libro, *The Montessori Method*, che esce negli Stati Uniti nel gennaio 1912. Il successo editoriale è immediato: vanno esaurite cinquemila copie in quattro giorni e sono programmate cinque ristampe in sei mesi.

La traduzione porta la firma di Anne George, una delle prime allieve americane di Maria che, nel 1911, aveva aperto una scuola a Tarrytown (New York). Graham Bell, l'inventore del telefono, dopo aver lavorato per l'educazione dei ciechi e dei sordi (sulla spinta anche della moglie, affetta da sordità), si interessa al metodo, che gli sembra una rivelazione. Grandi amici di Sam McClure, che gli aveva parlato del lavoro di Maria prima che gli articoli fossero pubblicati nel suo giornale, i Bell contattano Anne George per proporle di fondare l'American Montessori Committee nel 1912.

Con un tale successo, Maria corre il rischio che la formazione dei maestri le sfugga di mano. Alcune persone poco scrupolose si limi-

---

2 Lettera a Maria Maraini, 21 dicembre 1938, citata in G. Alatri, *Un lungo peregrinare*, in *Il volo tra le genti di Maria Montessori oltre ogni confine*, a cura di L. De Sanctis, Roma, Fefè Editore, 2016, p. 42.

tano a leggere i suoi libri e a visitare una Casa dei Bambini per dichiararsi esperti del metodo. Maria ne è consapevole e vorrebbe fondare a Roma un istituto per la formazione di professori che, a loro volta, avrebbero istruito i futuri maestri all'estero: sarebbe stato un modo per limitare il pericolo di deformazione e di sfruttamento del suo metodo, pericolo che vede nascere soprattutto in America, dove alcuni imprenditori molto dinamici prendono iniziative senza nemmeno chiedere la sua opinione, in cerca solo di un'occasione per arricchirsi. Maria ha vissuto male la collaborazione con un certo Carl R. Byoir, che si è a recato a Roma per incontrarla. Dopo aver parlato a lungo con lei e osservato con attenzione i bambini mentre manipolavano il materiale Montessori, fa una buona impressione a Maria che gli concede l'esclusiva per la costruzione e la vendita del materiale Montessori in America con la sua società House of Childhood. Ma le tensioni tra i due non tardano a sorgere perché Maria non è per niente soddisfatta delle condizioni propostele da Byoir. Dopo aver organizzato tre corsi in America, Byoir comunica a Maria la decisione di offrirle una cifra pari a mille lire sui profitti ottenuti. «Disgustata»[3] dalla cifra ridicola, dichiara che non gli avrebbe più dato fiducia e non l'avrebbe più coinvolto in nessuna iniziativa. Maria non parla l'inglese e chiede a Maria Maraini di inviare un telegramma a Byoir a nome suo: «Potresti dire che sono disgustata e che non chiederò più alcun suo parere o aiuto in avvenire. Che mi riservo *smentire* la cosa dell'Istituto in New York».[4] Maria è profondamente disorientata da questa situazione, come scrive qualche giorno dopo: «Dove sono gli *amici* fidati laggiù? Chi agirebbe per noi? Chi ci *conosce*? Chi *spiegherebbe* la bontà delle idee? [...] Ecco l'angosciosa situazione... Occorre *agire, lottare*».[5]

3 Lettera a Maria Maraini, 15 agosto 1912, citata in G. Alatri, *Maria Montessori e Maria Maraini Guerrieri Gonzaga*, cit., p. 136.

4 *Ibid.*

5 Lettera a Maria Maraini, 28 agosto 1912, cit. ivi.

Tra i tanti visitatori che giungono a Roma per incontrarla, riconosce in Sam McClure un visionario e un imprenditore che «ha nuove idee ogni giorno».[6]

McClure compie molti viaggi per incontrarla e descriverle l'entusiasmo diffuso in America per il suo metodo. Le dà conto del sostegno del Committee e le mostra il suo giornale. Maria si lascia convincere e si decide a organizzare a Roma, in tempi rapidi, «un corso per gli americani», precisando che si tratterà di un corso breve «solo per la formazione di maestre. La formazione dei formatori di maestre riguarda l'Istituto»[7] e avrà luogo più avanti. Per il momento Maria non vuole lasciare Roma.

Purtroppo le difficoltà per trovare persone di fiducia non sono le sole che Maria è obbligata ad affrontare.

«È un periodo, questo, assai strano per me, pieno di crisi... Muovermi di qui è sempre più impossibile, con mamma che si deprime di giorno in giorno, anche mio padre decade visibilmente. Con tante cose da fare! Tante responsabilità! Io non solo vivo con le pene della famiglia che soffre, non solo lavoro al di là del comune, ma devo anche rispondere degli impegni assunti, delle responsabilità accettate! Tutto questo insieme talvolta opprime come se un macigno schiacciasse: e allora si resta senza respiro, senza parola, anche senza preghiera, aspettando chi ci aiuti a portare tanto peso.»[8]

Molto legata alla madre che l'aveva sempre sostenuta, Maria attraversa un periodo difficile a causa della salute di Renilde, che peggiora di giorno in giorno: «Mia madre ha avuto un attacco, è rimasta

---

6 M. Montessori, *In viaggio verso l'America. 1913, diario privato a bordo del Cincinnati*, cit., p. 42.

7 Lettera a Maria Maraini, 15 agosto 1912, citata in G. Alatri, *Montessori e Maria Maraini Guerrieri Gonzaga*, cit., p. 136. L'idea di Maria era che l'Istituto offrisse la formazione per i maestri e per i futuri formatori che, rientrati nel loro paese, avrebbero formato i maestri. Maria non vedrà la realizzazione del progetto.

8 Lettera a Maria Maraini, 18 settembre 1912, ivi, p. 137.

paralizzata e mio padre è molto abbattuto. Sento il peso enorme dell'incertezza della mia vita».[9]

Renilde muore il 10 dicembre 1912. Anna Maria Maccheroni racconta:

«Quando la salma, vestita di nero, riposò sul letto, quasi coperta di fiori venuti in omaggio, la Dottoressa mai lasciò quella camera. Non piangeva, non sembrava depressa. Le dicevamo di prendere un poco di cibo. Diceva "non posso". Per tre giorni non toccò cibo. Assistette la salma fino a che fu chiusa nella cassa, fino a che fu portata via. [...] Quando al Verano, la cassa fu messa nel loculo provvisorio, essa mise la testa dentro così da toccare la cassa, senza pianto, ma facendo sentire qualcosa più forte del dolore che fa piangere».[10]

Qualche giorno dopo il funerale, Maria va a riposarsi a Nettuno, a sud di Roma, con le sue «figliuole». Scrive alla sua cara amica:

«Mia carissima Maria, sento il mio drammatico stato; è necessario che io lavori per il corso imminente! Non so che fare: tornare il più presto possibile, agire... Ma ne avrò il coraggio? Ero appena un po' risorta dalle lotte di questa estate che mi avevano infranta e sono ora oppressa sotto un peso ancora maggiore che mai si potrà sollevare! Mi sento smarrita... Ora è necessario invece affrontare una situazione ove occorre mente limpida, cuore forte! [...] Verrò al più presto, ma intanto occorre non perdere tempo! Sembra che un periodo della vita sia tramontato e che sia notte buia».[11]

Maria si rifugia nel lavoro per dimenticare il dolore per la perdita della madre.

9 Lettera alla Madre Superiora delle francescane, 30 ottobre 1912, Fondo Montessori, AGFR.

10 A.M. Maccheroni, *Come conobbi Maria Montessori*, cit., p. 80.

11 Lettera a Maria Maraini, inizio gennaio 1913, citata in G. Alatri, *Montessori e Maria Maraini Guerrieri Gonzaga*, cit., p. 139.

Il primo Corso internazionale da gennaio a maggio 1913

Maria considera il primo Corso internazionale di quattro mesi una specie di banco di prova, perché sa che è in gioco la sua credibilità. Sono iscritte ottantasette allieve, sessantasette delle quali americane, attirate dal lavoro di promozione e dal supporto finanziario dell'American Committee. Le altre partecipanti provengono dall'Inghilterra, dall'Australia, dalla Turchia, da Panama. L'unico uomo presente è indiano. La maggior parte degli studenti giunge a Roma per la prima volta. Maria chiede a Giacomo Boni, il più celebre archeologo italiano del tempo, di iniziarli alla cultura italiana. Boni organizza cinque conferenze e una visita agli scavi che aveva diretto al Foro Romano e al Palatino. In quanto alla formazione Montessori, per facilitare gli studenti nell'osservazione dei bambini sono state allestite due aule a casa di Maria. Un gruppo è formato dai figli delle signore interessate al metodo Montessori, e l'altro da una parte degli alunni della scuola di via Giusti.

Il 16 gennaio 1913 si inaugura il corso nella residenza della marchesa De Viti De Marco, in presenza degli ambasciatori degli Stati Uniti e del Regno Unito, del ministro della Pubblica Istruzione, Luigi Credaro, e del ministro delle Colonie, cognato di Maria Maraini. La regina Margherita partecipa alla lezione del 6 marzo e osserva il lavoro dei bambini. Resta incantata da tutto ciò che ha visto e sentito. Come madrina del corso, commissiona la realizzazione di medaglie commemorative di argento con la sua effigie, che ogni studente riceve in ricordo.[12] Il corso vero e proprio inizia il 20 gennaio con una conferenza di Maria.

«La Dottoressa, vestita a lutto, iniziò il corso a casa sua. C'era una grande sala che poteva contenere un centinaio di persone sedute; ad una estremità c'era come una specie di alcova molto adatta per la Dottoressa che poteva stare lì di fronte alle allieve in buona po-

12 Sulla medaglia è incisa la dicitura «Patrocinio di S.M. La Regina Madre – Roma 1913».

sizione. [...] Proprio in quell'anno Roma era bianca di neve! [...] Un'allieva americana [...] traduceva frase per frase; le allieve erano contente di aver così tempo di prendere delle note. [...] Parecchie dichiaravano di intendere molto dalla «voce» della Dottoressa, sebbene non sapessero l'italiano.»[13]

Maria parte dal principio che «un corso è molto più interessante quando non se ne conosce esattamente il programma. [...] Se il programma è rigido, il corso sarebbe come molti altri. La parte più interessante del corso è stabilire alcuni principi. Invece di seguire un programma, faremo un'opera di creazione».[14]

Le conferenze tenute da Maria si dividono in due categorie: la formazione teorica, il giovedì, e la presentazione tecnica relativa alle modalità di organizzazione del lavoro dei bambini, il martedì. Maria tuttavia precisa:

«Non so se posso sottopormi a un regime così stretto. Vorrei che foste d'accordo sul fatto che devo sentirmi libera e non avere le mani legate. Dovreste accettarlo come una caratteristica del mio insegnamento, basato sulla libertà. Consentitemi perciò di stabilire qualche principio che seguirò il più possibile, riservandomi la libertà di modificare il corso come e quando ne avrò bisogno, per ragioni personali».[15]

La questione privata cui accenna Maria altro non è che l'imminente arrivo del figlio Mario, all'epoca quindicenne. Quando la salute di Renilde aveva cominciato a deteriorarsi, Maria aveva fatto sapere a Mario che, se lo desiderava, avrebbe potuto conoscere la sua vera madre. Nel gennaio 1913, Mario le scrive del suo desiderio di incontrarla, a condizione che anche lei lo desideri. A inizio febbraio Maria si reca al collegio in cui Mario è convittore per portarlo a casa a Roma. Comunica alla sua cara amica Maraini la buona notizia con

13 A.M. Maccheroni, *Come conobbi Maria Montessori*, cit., p. 82.

14 S. Feez, *The 1913 Rome Lectures. First International Training Course*, cit., p. 16.

15 *Ibid.*

un telegramma conciso: «Arriviamo».[16] Bisogna dire che soltanto le sue più strette collaboratrici conoscevano il segreto di Maria alla quale davano di volta in volta notizie di questo figlio lontano, nascosto da anni.

La traversata dell'Atlantico

L'estate dopo il primo Corso internazionale, Sam McClure è di nuovo a Roma e questa volta riesce a convincere Maria a intraprendere con lui il lungo viaggio negli Stati Uniti. Per accompagnare le presentazioni previste in America, le consiglia di filmare qualche momento di vita nelle Case dei Bambini. Il consiglio si rivelerà un'idea eccellente per la promozione del metodo. Si sigla un contratto, entrambi sembrano soddisfatti. Si imbarcano a Napoli, il 21 novembre 1913, a bordo del transatlantico *Cincinnati*, destinazione New York. Maria continua a mantenere uno stretto riserbo sulla sua vita personale, ma nel diario[17] che tiene durante la traversata dell'Atlantico confessa tutta la tenerezza che prova per Mario. È la loro prima separazione lunga da quando si sono riuniti. L'idea di lasciare questo «essere grande» la commuove. Inspiegabilmente, di rado lo chiama per nome, come se la distanza che era stata obbligata a mantenere non si fosse del tutto cancellata. Maria descrive il figlio come un giovanetto maturo, sincero, gioviale ma anche molto sensibile: «Ho sentito la sua anima, egli è forte, dolce, generoso, ardente, infinito abisso di saggezza e d'amore».[18]

Maria è consapevole del tempo perduto senza di lui.

«Sì, nessuno mi potrà mai più dare questi giorni della tua giovinezza che io ho perduti allontanandomi da te! Ma forse potrò ren-

---

16 Telegramma inviato da Arezzo a Maria Maraini, 1° febbraio 1913, citata in G. Alatri, *Montessori e Maria Maraini Guerrieri Gonzaga*, cit., p. 139.

17 M. Montessori, *In viaggio verso l'America. 1913, diario privato a bordo del Cincinnati*, cit.

18 Ivi, p. 23.

dere più intensamente felici, più grandi e più pieni di giustizia quelli che mi rimangono da dividere con te, o gioia diletta. Signore, ripeto la preghiera che feci fino da quando nacque: "Date a me tutte le pene e lasciate per lui tutte le gioie. Amen!"»[19]

Sa anche quali sofferenze Mario ha dovuto sopportare:

«Far lui sicuro del suo avvenire! Felice – pieno di compensi per quello che soffrì: ed essere *io sola* che gli darà tutto... ecco per questo io vado, cammino e soffro tutto. [...] Che fai tu, mio piccino, eroe, figlio? [...] Io per te son la tua mamma, figlio: ma tu sei tutto per me. Io ho solo te – per te solo fino alla morte. Unico amore – capolavoro di Dio – prediletto».[20]

Aspetta con ansia i suoi telegrammi e li custodisce gelosamente: «La sua letterina del pescetto è la mia consolazione. Io la porterò sempre sul mio petto, appena sbarcherò in America».[21]

Nonostante la nostalgia per Mario, Maria è stupita nello scoprire il lussuoso arredamento del transatlantico. Lo descrive nei minimi dettagli durante la traversata di dodici giorni. Che si tratti della lampada elettrica che le consente di leggere a letto o dell'arredamento della cabina, tutto è descritto con una precisione che rivela il suo sguardo attento su tutto ciò che la circonda.

«Lo spazio che io occupo complessivamente è di m. 3½ × 4½. Di questi la cabina è di 3½ × 3. Il resto è gabinetto da bagno, ecc. Inventario di cabina: due letti di ottone con rete, un divano, una poltrona, un tavolino, un armadio a specchio con cassetti da comò, un lavabo, vari attaccapanni, tende alle due finestre rettangolari, ai letti e alle porte. Tappeto di velluto. Nel gabinetto da bagno c'è un altro lavabo di majolica con acqua calda e fredda, specchio, ecc. Questo non è viaggiare, è godere.»[22]

19 Ivi, p. 54.
20 Ivi, p. 40.
21 Ivi, p. 25.
22 Ivi, p. 31.

Purtroppo, dopo qualche giorno di bel tempo, le condizioni climatiche peggiorano e rovinano il viaggio.

«Ho sentito verso mezzogiorno [...] un malessere morale profondo: un senso di pena, di noia, di agitazione. [...] A sinistra del battello, si vedeva la formazione di immense onde: montagne d'acqua viola raggruppantesi in sé – raccogliendo masse d'acqua altissime – [...] Il battello assecondava il succedersi di queste ondate alzandosi e abbassandosi secondo il loro spaventoso ritmo. [...] Mi gettai sul letto – e allora ebbi piena coscienza di soffrire anche fisicamente. [...] Le occhiaie diventano profonde e tutto il corpo si gela come nel colera. Male di testa e malessere generale. [...] Il mare faceva un rumore terrorizzante – si era fatto scuro. [...] Ecco lo spettacolo. Una burrasca...! Ciò che avevo tanto desiderato di vedere, immaginandola sì bella e grandiosa – con alte onde azzurre spumeggianti. Ma quale la realtà! L'orizzonte era divenuto strettissimo – le tenebre coprivano tutto, a sinistra del bastimento il mare si stendeva con onde tutte grige come fango in tempesta e le spume si mescolavano scompostamente con quella specie d'irato oceano fangoso. A destra poi, ove si formavano le onde, non c'era altro che un'alta e fitta tenda, come di nevischio chiaro – questa tenda immensa si rovesciava sopra il bastimento come una pioggia colossale, inverosimile; erano onde polverizzate che si slanciavano ruggendo sopra la nostra miserella conchiglietta. [...] Ero sdrajata dolorosamente sul letto che andava movendosi spaventosamente in alto e in basso. [...] Questa è la storia del viaggio in mare: si comincia coi godimenti, si continua con la sorpresa del soffrire, si finisce come in un ospedale. E, eccezionalmente – è la morte l'ultimo incontro.»[23]

Pochi giorni dopo scrive nel diario: «Stanotte!... l'America. La traversata è finita, mi sembra di aver superato una battaglia; non ho avuto, è vero, il battesimo del fuoco, ma quello, pur sensibile, dell'oceano».[24]

---

23 Sabato 29 novembre, ivi, pp. 43-47.

24 Ivi, p. 57.

Arrivata quasi a destinazione, Maria si concentra sulle conferenze che dovrà tenere. Teme, come altre volte, di non essere capita e che si prendano in considerazione solo gli aspetti più affascinanti dei suoi insegnamenti, che non sono necessariamente quelli più importanti.

L'accoglienza di una celebrità

Maria sbarca il 3 dicembre 1913 e porta con sé la valigetta con i suoi preziosi tesori, le bobine dei filmati girati nelle Case dei Bambini di Roma. Nonostante i dubbi, l'accoglienza che le è riservata a New York le fa dimenticare la fatica del viaggio. In uno scambio epistolare con il padre, Maria gliene dà conto in dettaglio:

«Padre mio! Mai avrei immaginato ciò che è avvenuto! Io non sono più la solita persona; è straordinario quello che accade. Della gente è partita da lontano per venirmi a incontrare allo sbarco. E alle 6 del mattino molti e molti si sono imbarcati per raggiungere in mare il *Cincinnati*. Io ero ancora in mezzo al mare e una quantità di lettere e di telegrammi mi venivano consegnati. Cinque fotografi erano venuti lì con le macchine per prendermi il ritratto e dieci o dodici giornalisti. Ma oltre a ciò, ebbi comunicazione che ero attesa allo sbarco dal console italiano, da vari rappresentanti e signore; c'erano infatti il rappresentante della Dante Alighieri,[25] di un comitato d'emigrazione, un rappresentante del *board of education* di New York e una ventina delle mie ex-allieve del Corso venute anche da lontano. Un'automobile padronale maestosissima era messa a mia disposizione. Qui ti scrivo in un Grand Hotel circondata da giornalisti e fotografi [...] il presidente Wilson mi ha fatto comunicare che domani giovedì mi aspetta a Washington e con questa novella delle fate ti abbraccio in fretta».[26]

---

25 La Società Dante Alighieri, per la promozione della lingua e della cultura italiana, ha comitati in tutto il mondo.

26 Lettera datata dicembre 1913, citata in G. Alatri, *Maria Montessori e Maria Maraini Guerrieri Gonzaga*, cit., p. 144.

Ai giornalisti che le chiedono perché ha scelto di intraprendere il lungo viaggio, Maria risponde:

«Fuori dall'Italia, l'America è il paese che più di tutti ha mostrato interesse per il metodo. È in gran parte grazie alle maestre americane da me formate che ho capito il motivo di questo grande interesse. [...] Qui sembra che io abbia degli amici desiderosi di praticare un sistema che favorisce lo sviluppo del bambino. Qui desidero sviluppare e radicare in profondità le mie idee sull'educazione. All'inizio i principi alla base sono spesso messi in secondo piano mentre vengono privilegiati i dettagli più insignificanti. Vengo in America innanzitutto per un rapido progresso del mio lavoro e vorrei essere sicura che tale sviluppo avvenga in modo adeguato e senza intralci».[27]

Nelle tre settimane di permanenza negli Stati Uniti, Maria è sempre accolta con grande sfarzo. Non è semplicemente una donna, pioniera dell'educazione che promette di rivoluzionare la scuola, ma una celebrità che alcuni aspettavano di incontrare da mesi. I giornalisti la scrutano nei suoi minimi movimenti e alcuni la trovano «distante e fredda». Tra loro c'è chi parla addirittura della «misteriosa signora in nero»:[28]

«Essa ha una personalità a cui gli Americani non sono abituati e alla quale in genere non si associa il carattere latino... Non ha quel sorriso facile, luminoso, tipico del suo popolo: ha un sorriso discreto e l'espressione del suo viso cambia in modo impercettibile».

Lo stesso giornalista la osserva, perplesso, quando incontra alcune studentesse che avevano frequentato il corso a Roma. Le saluta «in modo curioso, dato che le conosce molto bene. Non c'è un segno evidente di riconoscenza, di attesa o di sorpresa. Non una sola parola di saluto, soltanto quel sorriso sereno e un bacio sulla guancia».[29]

---

27 *Dr. Montessori Talks of her Mode of "Auto education"*, «New York Times» (December 7, 1913), citato in G.L. Gutek e P.A. Gutek, *Bringing Montessori to America, S.S. McClure, Maria Montessori, and the Campaign to publicize Montessori Education*, The University of Alabama Press, 2016, p. 125.

28 Ivi, p. 124.

29 Ivi, p. 145.

Si creano malintesi non sono solo sul modo di fare, ma anche su ciò che dice. Se il lavoro delle allieve americane aveva dimostrato che «la nazionalità non era ostacolo all'applicazione del metodo»,[30] ciò non toglie che la presentazione della sua filosofia dell'educazione ai giornalisti di un'altra cultura possa dare adito a equivoci. Per quanto Anne George, che conosce perfettamente il lavoro di Maria, sia la sua traduttrice accreditata, alcuni giornalisti, per semplificare il suo pensiero per i loro lettori, le attribuiscono parole che non ha mai pronunciato e che sono agli antipodi delle sue convinzioni. Si possono leggere affermazioni quali: «Crediamo sia necessario allontanare il bambino dalla madre sin dalla nascita, perché essa non sa prendersene cura. I genitori hanno bisogno di molta preparazione prima che i figli siano loro affidati». E ancora: «Quando il mio metodo sarà applicato le scuole non saranno più necessarie».[31]

Alcuni giornalisti, talvolta, presentano la donna e non il pensiero rivoluzionario dell'educatrice. Le chiedono opinioni su questioni sociali e sull'ultima moda delle gonne pantalone. A quest'ultima domanda, perplessa, Maria si volta verso Anne George che le mima di che cosa si tratta. Aspetta un istante prima di rispondere:

«Tutto ciò che è confortevole è buono. Se la gonna che descrivete dà libertà e consente a colei che la indossa di camminare più facilmente, non c'è che da rallegrarsene. Ho pensato spesso che tutto ciò che indossano gli uomini è più confortevole, le donne, invece, sono obbligate a sacrificare la comodità alla bellezza. Guardate come un uomo alza facilmente il cappello grazie ai capelli corti. Non è ingiusto? L'uomo gode della comodità dei capelli corti e allo stesso tempo può ammirare i lunghi capelli delle donne».[32]

---

30 Ivi, p. 126.

31 Citato in R. Kramer, *Maria Montessori. A Biography*, cit., p. 191.

32 Ivi, p. 201.

Una tournée trionfale

La campagna mediatica per il suo soggiorno americano è enorme e costante. Ogni giorno si pubblicano articoli dedicati a Maria Montessori, con il resoconto delle sue conferenze. L'incessante pubblicità rischia forse di creare aspettative esagerate... Il «Washington Post» del 5 dicembre, per esempio, titola *Le sue riforme della scuola godono di una fama mondiale*, indicando il programma e i dettagli della sua tournée. Un programma a tappe serrate, che prevede conferenze in dodici grandi città della East Coast in meno di tre settimane.

All'indomani del suo arrivo, Maria prende il treno per Washington, accompagnata da Anne George e da Sam McClure, i suoi angeli custodi per tutta la permanenza sul suolo americano. Nella capitale Maria è ricevuta con lo stesso protocollo delle visite dei capi di Stato. La famiglia Bell è il perno di questa organizzazione minuziosa.

Il 6 dicembre Maria visita la Casa dei Bambini che la famiglia Bell[33] ha aperto il 15 ottobre. La scuola, diretta da Anne George, ospita sessanta bambini. Visita poi Washington in un'automobile della Casa Bianca, in compagnia di Margaret Wilson, appassionata del metodo Montessori. Come la figlia, anche il presidente Woodrow Wilson, ex professore di scienze politiche a Princeton, si interessa di questioni educative. Ma il colloquio privato con il Presidente viene annullato perché Wilson ha l'influenza.

Lo stesso giorno Maria tiene la sua prima conferenza in un affollatissimo tempio massonico. Gli intellettuali più influenti, l'élite politica e finanziaria, i diplomatici, tutti vogliono assistere alla conferenza della «donna più interessante d'Europa».[34] Maria presenta i principi generali del suo metodo, rivolgendosi al pubblico in modo diretto, senza leggere appunti. Come è stato annunciato, il momen-

33 Avevano cominciato nella loro casa, con i loro sette nipotini, poi si erano aggiunti alcuni loro amici.

34 Il 7 dicembre, il «New York Tribune» titola *The most interesting woman of Europe*.

to clou della serata è la proiezione, in prima mondiale, dei filmati realizzati nelle Case dei Bambini romane. Segue un grande ricevimento a casa dei Bell, dove sono state invitate tutte le personalità della capitale. Il «New York Times» pubblica addirittura la lista delle grandi celebrità presenti tra i quattrocento invitati.

Il giorno dopo, il 7 dicembre, i Bell organizzano un pranzo d'addio con le sue studentesse di Washington. Il ministro Claxton, che il giorno prima ha parlato a lungo con Maria, è di nuovo tra gli invitati. La sua presenza dà ulteriore credibilità al metodo Montessori. Per quanto ammetta di non aver avuto il tempo di studiarlo approfonditamente, egli dichiara che quel sistema può essere adottato su grande scala.[35]

Dopo il pranzo Maria riprende il treno per New York. L'8 dicembre pronuncia la sua prima conferenza alla Carnegie Hall. La sala è al completo e più di mille persone sono costrette a tornare indietro. Una seconda data è programmata per il 15 dicembre. I due interventi si concludono con una *standing ovation*. A differenza di Washington, qui il pubblico è composto da genitori, insegnanti e da molti professori universitari. John Dewey, il filosofo americano dell'educazione più in vista in quel momento, presenta la serata.

A Filadelfia, dove tiene una conferenza il 9 dicembre, Maria fa un importante incontro: quello con Helen Keller[36] e Anne Sullivan. All'epoca Helen Keller, sorda e cieca, è una celebre attivista socialista. Dopo l'intervista, mentre abbraccia Helen, Maria chiede che le sia detto «che è troppo commossa per esprimere ciò che prova». Helen, con le mani sulle spalle di Maria, risponde: «Che siano benedetti i

35 Il «Washington Herald» pubblica un articolo in prima pagina intitolato *Il metodo Montessori fa colpo su Claxton. Il ministro dell'Educazione pensa che il metodo potrebbe facilmente sostituire il metodo di Froebel.* Citato in G.L. Gutek e P.A. Gutek, *Bringing Montessori to America*, cit., p. 134.

36 Helen Keller (1880-1968) era diventata sorda e cieca all'età di 18 mesi a causa di una meningite. Anne Sullivan, sua governante e insegnante, l'aveva salvata dall'isolamento. Il film *Anna dei miracoli* racconta la sua infanzia.

piedi di colei che ha attraversato l'oceano portando un messaggio di libertà ai bambini d'America».[37]

Per Maria, Helen è il simbolo vivente del miracolo dell'educazione, un esempio meraviglioso di un fenomeno comune a tutti gli esseri umani: l'educazione sensoriale dà la possibilità di liberare lo spirito imprigionato nell'uomo.[38] Per rompere l'isolamento in cui era sprofondata da piccola, la sua insegnante Anne Sullivan scriveva le parole sul palmo della mano di Helen. Questo le aveva consentito di sviluppare una grande sensibilità sensoriale e di comunicare con le persone. Helen aveva imparato il braille e varie lingue straniere e aveva scritto anche le sue *Memorie*. L'esperienza vissuta da Helen dimostrava «il potenziale di un metodo educativo basato sui sensi».

Il «New York Times» dell'11 dicembre titola *La dottoressa Montessori ritorna*, per annunciarne il ritorno da Filadelfia e informare sul programma che l'attende prima della sua seconda conferenza alla Carnegie Hall. In ogni città si ripete lo stesso format di conferenze ed eventi mondani. La presentazione di circa due ore si conclude con la proiezione di filmati sul lavoro dei bambini, seguita da ricevimenti organizzati da personalità in vista, con i notabili locali. Maria parla anche all'Accademia di musica di Brooklyn e si reca a Providence per incontrare il Consiglio per l'Istruzione del Rhode Island, che già ha adottato il suo metodo. Il 13 dicembre Maria parte per Boston, dove tiene due conferenze in un giorno. Incontra anche Thomas Edison che le fa visitare il suo laboratorio. Dopo il secondo successo alla Carnegie Hall, sarà a Pittsburg e Chicago il 19 e il 20 dicembre: le sale sono piene e il pubblico è entusiasta.

Dopo questo *tour de force*, McClure ha previsto due giorni di riposo in una stazione termale a Battle Creek, nel Michigan, su invito

37 *When Montessori Met Helen Keller*, «The Literary Digest», vol. 48 (January 17, 1914), citato in G.L. Gutek e P.A. Gutek, *Bringing Montessori to America*, cit., p. 137.

38 M. Montessori (2016), *Le manuel pratique de la méthode Montessori*, Paris, Desclée de Brouwer, p. 9. Si tratta della prefazione scritta nel 1914 per l'edizione inglese di questo volume.

di J.H. Kellogg, il magnate dei cereali. Maria ritorna a New York il 22 dicembre per un ricevimento di addio al Club cosmopolita delle donne. Il 23 dicembre, all'alba, Maria sale a bordo del *Lusitania*. Le sue ultime parole prima della partenza testimoniano quanto sia attratta dal Nuovo Mondo, dalla modernità delle sue città e dei suoi elettrodomestici:

«Il vostro meraviglioso paese è una delle speranze del mondo civile. Si prova ovunque una sensazione di giovinezza. [...] Questo insieme di popoli della terra condurrà a una grande posterità. Nessun paese ha un'eredità da trasmettere ai suoi figli pari a quella del popolo americano. L'America è gloriosa! Gloriosa per le sue realizzazioni, naturalmente, ma ancor di più per la cura che dedica ai suoi bambini. M'inchino con umiltà davanti alla madre americana. È uno dei più grandi prodigi per voi giovani».[39]

... e una delusione in Italia

Al suo ritorno a Roma, Maria trova una brutta sorpresa. Nel gennaio 1914, un Regio decreto regolamenta l'organizzazione pratica degli asili,[40] prendendo chiaramente le distanze dai principi montessoriani.

«Pur non tralasciando di considerare i tentativi della Montessori e tenendo nel debito conto gli esperimenti del Pasquali e delle signorine Agazzi»,[41] la commissione delibera all'unanimità «che non sia possibile uscire dalle linee direttive del metodo froebeliano con applicazioni temperate e coordinate all'indole del bambino italiano. [...] Il bambino di tre o quattro anni non è ancora il fanciullo. L'asi-

39 Citato in R. Kramer, *Maria Montessori. A Biography*, cit., p. 202.

40 Regio decreto del 4 gennaio 1914: Istruzioni, programmi e orari per gli asili infantili e i giardini di infanzia. Citato in P. Trabalzini, *Maria Montessori da Il metodo a La scoperta del bambino*, cit., p. 82.

41 Rosa e Carolina Agazzi avevano adottato il metodo Froebel aggiungendovi attività di vita pratica. Negli anni Venti ci fu una polemica, quando rimproverarono a Maria di essersi ispirata a loro senza riconoscerlo.

lo non è quindi scuola. Il bambino [...] vive quasi solamente di senso e di fantasia. In lui non è ancora il bisogno di comunicare col mondo se non per mezzo del senso e dell'azione. [...] A lui non serve dunque il leggere e lo scrivere, a lui non serve il calcolare con le cifre [...] è errato, è pericoloso, è forse colpevole, occupare con qualunque sistema, precocemente, il bambino in esercizi del programma scolastico propriamente detto. Nei nostri istituti infantili resta vietato l'insegnare, con qualunque sistema, a leggere e scrivere, a recitare a memoria discorsetti, dialoghi e poesie.»[42]

Per Maria, che sperava in un riconoscimento ufficiale del suo lavoro, è una grande delusione, tanto più che il suo amico Luigi Credaro è ministro della Pubblica Istruzione. Traspare tra le righe un'accusa appena velata al suo metodo che anticipa la scuola elementare, una cosa insensata a una così tenera età. I bambini che frequentano le Case dei Bambini sono autonomi, lavorano e si concentrano sui loro compiti. Tale immagine contrasta con l'obiettivo che gli asili devono raggiungere, cioè limitarsi a formare bambini gioiosi, spensierati e che interagiscono tra loro.

Credaro assisterà comunque all'inaugurazione del secondo Corso internazionale che si svolgerà a Castel Sant'Angelo dal 23 febbraio al 30 giugno 1914. Gli ottantanove studenti provengono da quindici paesi.

Tra purezza e popolarità

Oltreoceano, dopo un folgorante successo, ben presto le cose si mettono male. Maria si ritiene danneggiata da McClure, che non ha ripartito i profitti secondo i termini del contratto. Capisce che è prima di tutto un uomo d'affari e non un mecenate, perciò interrompe ogni collaborazione con lui. Negli Stati Uniti, inoltre, si levano critiche in ambito educativo. Nel 1914 William Kilpatrick, profes-

42 Citato in P. Trabalzini, *Maria Montessori da "Il Metodo" a "La scoperta del bambino"*, cit., p. 83.

sore di pedagogia alla Columbia University, pubblica *The Montessori system examined*, che non risparmia dure critiche ai vari aspetti del metodo Montessori, affermando che quest'ultimo non ha portato niente di nuovo.

Maria, dal suo punto di vista, vuole salvaguardare a tutti i costi l'autenticità delle iniziative che portano il suo nome. Vive un vero dilemma: vigilare sulla purezza del metodo, preservando la sua popolarità in crescita esponenziale. Come conciliare le due cose di fronte all'immenso entusiasmo suscitato dalle sue conferenze, in un contesto in cui la distanza non le consente di avere un controllo su tutto? Teme anche che un'eccessiva semplificazione delle sue idee rischi di provocarne una cattiva comprensione e una pessima applicazione. Dorothy Canfield Fischer, celebre autrice di libri per bambini,[43] impara a sue spese che non si può fare tutto con i principi montessoriani. Dopo essersi recata a Roma per visitare alcune Case dei Bambini, nel 1912 aveva pubblicato *A Montessori Mother*, frutto delle sue osservazioni e degli incontri con Maria. Dopo questo primo successo, l'anno successivo pubblica il *Manuale Montessori*.[44] Lo stile semplice facilita la lettura. L'autrice cerca la semplicità per evitare ai suoi lettori le difficoltà che lei stessa ha incontrato leggendo gli scritti di Maria Montessori, traboccanti di termini tecnici difficilmente traducibili in inglese, nonché di riferimenti alla medicina e alla fisiologia sconosciuti al grande pubblico. Canfield Fischer espone dunque dei principi semplificati e concreti per praticare l'educazione montessoriana a casa. Se l'opera contribuisce sicuramente a rendere popolari tra le famiglie americane tali principi educativi, presenta però molte scorciatoie del pensiero di Maria Montessori, e quest'ultima ritiene che non siano rispettati i principi fondamentali

---

43 Una delle sue opere più conosciute è *Understood Betsy*, la storia di un'orfanella educata secondo i principi montessoriani.

44 *The Montessori Manual: In which Dr. Montessori's Teachings and Educational Occupations are Arranged in practical Exercices or Lessons for the Mother or the Teacher.*

del suo metodo. Inoltre Maria giudica la presentazione del materiale troppo rigida e meccanica. In risposta a tutto ciò, decide di pubblicare in inglese il *Manuale di Pedagogia Scientifica*,[45] che considera la guida ufficiale del suo metodo e che dedica a Helen Keller e Anne Sullivan. In una lettera al «Times Educational Supplement», scrive:

«Mi sono data cura io stessa di preparare un manuale per portare a termine con precisione l'impresa che il libro di Mrs. D. Canfield Fischer pretendeva di realizzare. Vi sarei riconoscente se potessi avere la possibilità di dire che non ho delegato ad altri, e che non intendo farlo, il lavoro di spiegazione semplicistica e pratica del mio metodo, dato che mi sono data molto da fare per elaborarlo io stessa. Spero che il mio sistema non sarà più considerato responsabile di un insuccesso che potrebbe invece prodursi utilizzando altri libri che non siano i miei, sul materiale Montessori».[46]

Le sta a cuore che lo spirito della sua proposta non venga alterato a vantaggio della forma. Il suo *Manuale di Pedagogia Scientifica* alterna perciò capitoli teorici a capitoli pratici, per non perdere di vista il nucleo del suo pensiero. Non si tratta di un efficace metodo di apprendimento, quanto piuttosto di una proposta di educazione alla pace interiore che favorisce anche la pace tra gli uomini.

In molte città americane sono nate varie associazioni senza prendere accordi e persino senza consultarla. A Washington, per esempio, Anne George tiene un corso di formazione per maestri senza l'autorizzazione di Maria. Mabel Belle le invia una lettera, il 25 maggio 1915, per sottoporre alla sua attenzione alcuni progetti nel caso decidesse di tornare nel continente americano. Maria non la riceve perché è già lì da più di un mese. Sembra che questa volta sia stata invitata da un gruppo di studentesse californiane del suo primo corso a Roma, nel

45 M. Montessori, *Manuale di Pedagogia Scientifica*, Napoli, Alberto Morano Editore, 1921..

46 M. Montessori, *Letter to the Editors*, «Times Educational Supplement» (London), September 1st, 1914, citato in R. Kramer, *Maria Montessori. A Biography*, cit., p. 174.

1913.[47] Si appresta a presentare il metodo in modo del tutto inedito nel quadro dell'Esposizione universale Panama Pacific International Exposition[48] organizzata a San Francisco. Al contempo si apre a San Diego la Panama-California Exposition, dove Maria presenta il suo metodo davanti al pubblico riunito per la Giornata dell'educazione. Ma prima era stato organizzato per i maestri un corso di formazione itinerante: dal 1° maggio al 30 giugno i corsi si tengono a Los Angeles, il mese di luglio a San Diego e in agosto a San Francisco.

Un secondo viaggio

L'11 aprile 1915 Maria si è imbarcata sul *Duca degli Abruzzi*, una nave italiana, con destinazione New York. Questa volta è accompagnata dal figlio diciassettenne Mario. Il giorno dopo il loro arrivo, il 20 aprile, Maria visita una Casa dei Bambini allestita in un edificio modello. Alla sera, i Montessori prendono il treno per Chicago. Dopo venti ore di viaggio, sono accolti da un gruppo di ex studentesse che approfitta delle tre ore di pausa del treno per organizzare un ricevimento in onore di Maria. Il viaggio da Chicago a San Francisco dura cinque giorni. Nelle lettere scritte al padre, Maria descrive i treni che sono «due volte più larghi che in Europa». Grazie alle piacevoli condizioni di viaggio, approfitta di qualche giorno in quel «palazzo a grande velocità» per riposarsi: fa colazione a letto e si alza a mezzogiorno. Le piace particolarmente il vagone panoramico. Distesa su un lettino, è incantata dalla vista «di pianure vaste come l'oceano», seguite dai «paesaggi sterili del

47 In particolare Katherine Moore, citato in C. Montessori, *Maria Montessori Writes to Her Father*, cit., p. VIII.

48 L'Esposizione si svolse da febbraio a dicembre 1915, mentre l'Esposizione Panama-California venne organizzata a San Diego da marzo 1915 a gennaio 1917 per celebrare l'apertura del canale di Panama. Numerosi congressi scientifici internazionali furono organizzati nel quadro delle due esposizioni. All'Esposizione di San Diego fu organizzata una Giornata dell'educazione durante la quale Maria tenne una conferenza prima di quella del ministro Claxton.

deserto, senza un campo, senza un albero, senza un solo animale» che sfilano per quasi quarantadue ore. Descrive anche l'apparizione di tre capanne di legno e di un donnone a cavalcioni sul suo cavallo al galoppo che annunciano l'uscita dal deserto. Racconta l'ultimo giorno del viaggio: «Ci siamo alzati per correre nel vagone panoramico; lì ci è apparso qualcosa di strano: un lago immenso, il Great Salt Lake, un mare chiuso in piena terra. Il treno attraversa il lago su un tracciato e su ponti costruiti dall'uomo. Incredibile!».[49]

Dopo questa lunga traversata del paese, pensando che la distanza che separa la costa Ovest dall'Italia faccia di lei un'illustre sconosciuta, Maria sembra poco consapevole della notorietà guadagnata dal suo metodo e dell'accoglienza che l'aspetta. Un toccante episodio è rivelatore della sua insicurezza, dovuta al fatto che non parla inglese. All'arrivo dei Montessori a San Francisco, i loro bagagli sono spediti direttamente alla destinazione finale, poiché devono compiere una breve visita all'Esposizione universale in giornata, prima di correre a Los Angeles. Quando scende dal treno, le si annuncia in modo del tutto informale un pranzo con una signora che non conosce affatto: la presidentessa del Comitato femminile. Maria racconta:

«Indossavo una camicetta sgualcita che era stata bianca e un vestito da viaggio spiegazzato, ero trasandata. In cima alle scale mi aspettava una signora elegante con Ernesto Nathan [in quanto commissario del padiglione italiano dell'Esposizione], che mi accolse ufficialmente. Fu servito un pranzo suntuoso: c'erano le rappresentanti di tutte le società femminili possibili e immaginabili. Avrei voluto sparire ogni volta che pensavo ai miei vestiti, alla mia camicetta sgualcita. Feci del mio meglio per far fronte a questa situazione inattesa. Mi batteva il cuore per l'angoscia all'idea che ci sarebbero stati dei discorsi. Fu servito l'arrosto... in silenzio. Cominciavo a riprendere il controllo su me stessa. È così difficile quando

49 Lettera del 24 aprile 1915, C. Montessori, *Maria Montessori Writes to Her Father*, cit., pp. 3-5.

non si conoscono le abitudini di un paese! Qui, dove regna la temperanza, l'arrosto era eccellente. Ma è all'arrivo del gelato che tutto ha cominciato ad animarsi. Mi dissero che dovevo rispondere al discorso del presidente dell'Esposizione a meno che non preferissi indirizzarmi al pubblico. Il pubblico? sussultai. Quale pubblico? E, temendo il peggio, risposi che avrei parlato rispondendo al presidente. Seguirono i discorsi ufficiali e Nathan (poveretto) dovette anche lui parlare del metodo Montessori. Disse che era stato sicuro del successo molto prima che le persone ne conoscessero l'esistenza in Italia. Non volevo contraddirlo in pubblico. Quando finii ebbi un'esagerata approvazione da parte sua, disse: "Brava, bel discorso". Quando penso che in Italia non ci rivolgiamo più la parola! Dopo il pranzo, sollevata, pensavo fosse finita. La presidentessa del Comitato femminile mi accompagnò, eravamo sole. [...] Papà, cerca di immaginare il magnifico ingresso dei padiglioni: ambienti immensi, divisi da colonne, con divani ovunque, tutti occupati. Ho capito che per raggiungere il gruppo era necessario che passassi in mezzo alle persone sedute. Ero imbarazzata. Se solo mi fossi potuta cambiare la camicetta! Mi consolai pensando che nessuno mi conosceva e che nessuno mi avrebbe visto. Arrivammo in fondo al corridoio, dal "nostro" gruppo. Che sorpresa! Eravamo in piedi in mezzo alla hall ed è successo qualcosa di incredibile: tutte le persone (sicuramente più di un migliaio) si alzarono in un istante e vennero verso di noi. Due poliziotti trattenevano la folla. Molti volevano stringermi la mano, mi mandavano baci... Mi chiesero di dire qualcosa (Ah, il famoso discorso pubblico!)».[50]

Che Natan abbia dovuto fare l'elogio pubblico del metodo sembra divertire Maria, che ne parla in un'altra lettera: «Ovviamente gli si allunga il naso quando è vicino a me e deve elogiare in pubblico il metodo Montessori».[51]

50 Lettera del 12 maggio 1915, ivi, pp. 13-15.

51 Lettera dell'8 maggio 1915, ivi, p. 9.

La controversia che aveva provocato tale tensione è certamente dovuta al modo in cui il Comune di Roma gestisce le scuole Montessori, senza coinvolgere Maria, come scrive in una lettera: «Il Municipio mi sta facendo delle poco buone azioni».[52]

Lo sguardo di un'antropologa

Il secondo soggiorno negli Stati Uniti si rivela molto diverso da quello del 1913. Per i primi due mesi è organizzato un corso a Los Angeles, dove Maria ha affittato una casa. Adelia Pyle l'ha raggiunta per farle da traduttrice e vive con loro. Maria decide di far venire Anna Fedeli, che è anglofona, per la supervisione dei lavori pratici degli studenti. Fino a quel momento Anna è rimasta a Roma per occuparsi del padre di Maria, ma è sostituita da un'altra allieva vicina a Maria.

La vita quotidiana, immersa nella realtà americana, consente all'antropologa Maria[53] di descrivere al padre ciò che la colpisce del nuovo contesto. Meravigliata dalla tranquillità del loro quartiere, «calmo come se fossimo in un deserto»,[54] spiega che ogni casa è aperta. Il postino lascia i giornali nel vialetto e «non c'è pericolo che qualcuno li prenda».[55] Una notte è svegliata da un terremoto.

«Sapendo come affrontiamo questi avvenimenti a Roma, mi aspettavo che i giornali segnalassero l'ora e la magnitudo. Pensa, non c'era la minima notizia. Reagiscono in un modo molto diverso dal nostro e per questa ragione attribuiscono un'importanza diversa alle cose.»[56]

---

52 Lettera di Maria Montessori a Madre Maria della Redenzione, 9 ottobre 1911, Fondo Montessori, AGFR.

53 In quel periodo Maria è ancora ufficialmente professoressa di antropologia, benché abbia più volte domandato un congedo per continuare a tempo pieno il suo esperimento con i bambini.

54 Lettera del 15 maggio 1915, C. Montessori, *Maria Montessori Writes to Her Father*, cit., p. 19.

55 *Ibid.*

56 Lettera del 20 giugno 1915, ivi, p. 41.

Le sue scoperte qualche volta assumono una veste aneddotica, come nella descrizione della lunga barba bianca del doganiere messicano incontrato durante una gita: «Una barba...! (È la prima cosa nuova che abbiamo visto: gli americani sono imberbi)».

Accenna rapidamente al combattimento di cani e galli, e dedica due pagine alla descrizione dettagliata dell'attrazione del giorno, la corrida, concludendo: «Confesso che abbiamo versato molte lacrime guardando quello spettacolo crudele».[57]

Maria non nasconde l'entusiasmo che le procura l'incontro con persone di etnie diverse: «In pochi giorni sono riuscita a studiare l'antropologia in una maniera più feconda che in tutti questi anni a Roma, con i crani vuoti di Sergi».[58]

Sono i messicani e i filippini quelli di cui descrive in dettaglio le caratteristiche fisiche. Ciò che rallegra Maria in modo particolare è l'incontro con gli Indiani d'America, «che cavalcano magnificamente: l'uomo e il cavallo sono una cosa sola! Tutti gli indiani si dipingono il viso rosso brillante ma la loro pelle è gialla; hanno un lungo naso aquilino e un corpo maestoso. Ho parlato con loro. Mi hanno spiegato la loro religione, le loro usanze e mi hanno fatto vedere le loro capanne».[59]

E non nasconde il suo stupore nello scoprire che tutte le donne hanno il diritto di voto: «qui tutte le persone sono uguali: non ci sono né padroni né servi; le donne, le domestiche incluse, hanno il diritto di voto».[60]

La famiglia Montessori si trasferisce in seguito a San Diego[61] dove il corso prosegue a luglio nell'ambito dell'Esposizione Panama-

57 Lettera s.d., probabilmente luglio 1915, ivi, p. 64.

58 Lettera dell'8 maggio 1915, ivi, p. 10.

59 *Ibid.* Maria li aveva incontrati all'Esposizione Panama-California di San Diego.

60 Lettera del 12 giugno 1915, ivi, p. 38.

61 Il corso cominciò il 5 luglio. Furono organizzate due classi di osservazione in un giardino con bambini che non avevano mai frequentato una scuola Montessori per consentire agli studenti di osservare le loro reazioni e il comportamento della maestra. I genitori e molti curiosi ammiravano ogni giorno quello spettacolo sorprendente.

California, per concludersi con un mese a San Francisco. Al suo arrivo negli Stati Uniti, anche se il programma era ancora abbastanza vago, era previsto che il soggiorno si concludesse alla fine di agosto. Ma una volta lì, Maria capisce che le opportunità sono tante. Viene a sapere che a Oakland si terrà un congresso internazionale di educatori, dove potrebbe presentare il suo metodo a quarantamila persone. Le si offre anche un'occasione unica, quella di tenere un corso internazionale nell'ambito dell'Esposizione universale di San Francisco, che sarà aperta fino a novembre, e di organizzarvi due classi: una nel padiglione italiano con italiani e l'altra nel palazzo dell'Educazione con gli americani. Il programma è appassionante e ben remunerato. Un comitato femminile accetta di organizzare il corso e il ministro Claxton sostiene il progetto. Un po' reticente, nonostante tutto, Maria scrive al padre:

«Temo che mi si dia dell'idiota se mi tiro indietro. Se rifiuto questo test si crederà che ho paura. Si tratta forse di una preparazione per un futuro magnifico. Il mio unico problema è che soffri per il fatto che non verrò per ancora due mesi. Ma se ciò non ti dispiace e se mi dai la tua benedizione, sarò forte e accetterò la sfida».[62]

Una volta presa la decisione, l'efficienza dell'organizzazione non si fa attendere. È allestito un ufficio e Maria scrive al padre su carta intestata: *International Montessori Training Courses. Los Angeles – San Diego – San Francisco.* Arrivano le domande e, cosa rara ma degna di essere ricordata, si iscrivono due uomini, uno dei quali è il sindaco di Berkeley.

Dato che molti paesi hanno dimostrato interesse, Maria decide di tenere una conferenza in ogni padiglione dell'Esposizione universale, un modo originale di fare il giro del mondo. Vuole che tutto sia organizzato al meglio, ma questo comporta molte spese. Fa stampare venticinquemila opuscoli di presentazione del suo metodo. Maria muove anche «i suoi primi passi negli affari» e «investe tutti i gua-

62 Lettera del 31 maggio 1915, C. Montessori, *Maria Montessori Writes to Her Father*, cit., p. 32.

dagni del corso di Los Angeles sperando che ciò porti dei frutti» rammaricandosi che un «certo paese [l'Italia] non sia interessato a esportare un nuovo approccio in altri paesi».[63]

Una scuola dalle pareti di vetro

Ma una delle attrazioni più spettacolari dell'Esposizione universale è senza dubbio l'aula di vetro,[64] con la grande scritta *Casa dei Bambini*, solo in italiano, come desidera Maria.

Il mobilio dalle linee essenziali, con tonalità di blu, grigio e bianco, è stato disegnato da Louise Brigham, già a quel tempo nota per l'uso di materiali riciclati. Il materiale Montessori è arrivato dall'Italia. La sala è decorata con tante rose fresche e anche la maestra, Helen Parkhurst,[65] che aveva seguito il Corso internazionale del 1914, è vestita di rosa. Maria non parla inglese e deve fidarsi di lei. Qualche volta entra nell'aula e si mette a osservare. Un giorno dice a Helen, da lei ribattezzata Margherita: «Lo sai, oggi, mentre ti guardavo, pensavo: quel bambino lì, se Margherita facesse così... e tu facevi esattamente quello che avrei fatto. Non mi era mai successo prima. È meraviglioso!».[66]

63 Lettera di inizio luglio 1915, ivi, pp. 49-50.

64 Contrariamente a quanto era stato previsto, fu organizzata una sola classe per ragioni economiche.

65 Helen Parkhurst (1887-1973), avendo un altro impiego, all'inizio si era impegnata solo per tre settimane. Maria non conosceva le altre maestre e le chiese di restare per tutto il tempo dell'Esposizione. Quando ripartì per l'Italia, chiese a Helen di occuparsi del National Montessori Promotion Fund. Ma nel 1918 Helen Parkhurst prese le distanze dal movimento Montessori: «Siamo arrivate a una svolta. Maria Montessori continuava con il materiale, ma io volevo approfondire la preparazione del contesto. Ho solo rivisitato le sue idee» (R. Kramer, *Maria Montessori. A Biography*, cit., p. 226). Helen Parkhurst creò il piano Dalton e lavorò soprattutto con bambini dagli otto ai dodici anni, organizzando un laboratorio per ogni disciplina. I bambini si muovevano liberamente dall'uno all'altro. Ogni bambino aveva un programma personale da seguire, doveva compilare un grafico e appuntare i suoi progressi. Nel 1922 pubblicò il risultato del suo esperimento, dal titolo *Education on the Dalton Plan*.

66 Citato in R. Kramer, *Maria Montessori. A Biography*, cit., p. 219.

La classe è frequentata da trenta bambini dai tre ai sei anni, provenienti da vari paesi. Sono stati selezionati in una lista di duemilacinquecento candidature, la sola condizione posta era di non essere mai andati a scuola prima. Dopo un mese, alcuni bambini scrivono. L'orario viene prolungato fino a sedici ore su richiesta dei bambini, che non vogliono andare a casa.

Migliaia di spettatori si fermano ogni giorno e osservano in particolare l'ora del pranzo. Alcuni arrivano prima dell'apertura della scuola per assicurarsi un posto da cui osservare bene, ma non tutti capiscono la portata di ciò che vedono. Come nel caso di una mamma che chiede a uno studente del corso: «Ha visto? Quella maestra non fa proprio niente. Sono stata a guardarla tutta la mattina, non si è mai avvicinata a mio figlio e non ha fatto altro che mettere quei pezzi di legno uno dietro l'altro, li toglieva e ricominciava, senza fermarsi».

Quando lo studente esclama: «Che madre fortunata! Suo figlio ha raggiunto lo stadio psicologico...», la madre resta sbalordita e alla fine dice: «Anch'io vorrei studiare, voglio seguire questo corso».[67]

Il successo è immenso e le due medaglie d'oro dell'Esposizione universale sono assegnate al «bambino nuovo».[68] Un evento tragico oscura il successo. Una bambina, la piccola Margaret Pershing, muore nell'incendio della sua casa, in piena notte. Maria assiste alla tragedia perché vive nella stessa strada. Descrive l'angoscia davanti alle fiamme, l'attesa che il fuoco si estingua, l'orrore nel vedere corpi senza vita trasportati dai pompieri.

«È per questa ragione che oggi siamo così tristi: siamo invasi da un senso devastante di orrore. Che sofferenza orribile! Adesso la paura del fuoco [che hanno gli americani] ci gela il sangue e il loro terrore nazionale diventa anche il nostro. Siamo diventati americani

67 Lettera del 9 agosto 1915, citata in C. Montessori, *Maria Montessori Writes to Her Father*, cit., pp. 69-70.

68 E.M. Standing, *Maria Montessori, sa vie, son œuvre*, cit., p. 45.

a causa del fuoco. [...] Pensavo al terremoto e agli incendi e ho capito quanto è fragile la vita.»[69]

È una delle ultime lettere che il padre può leggere. Le notizie sulla sua salute non sono buone e Maria decide di rimandare Anna Fedeli al suo fianco per assisterlo nelle ultime settimane. Alessandro Montessori muore il 25 novembre 1915. Maria non rientra subito in Italia perché teme che il figlio Mario sia inviato al fronte. Mario lavora in una Casa dei Bambini a Hollywood. Decide di restare negli Stati Uniti dopo la partenza della madre perché è innamorato di una studentessa del corso, Helen Christy, che diventerà sua moglie. Meno di un anno dopo, i giovani sposi raggiungono Maria a Barcellona. Da quel momento Mario si dedica interamente alla diffusione del metodo Montessori. Senza il suo dinamismo e il suo carattere determinato, Maria non avrebbe mai potuto fare il lavoro che ha fatto. Nel 1925 Mario M. Montessori è presentato ufficialmente come suo nipote e segretario nella rivista «The Call of Education», pubblicata ad Amsterdam.[70] Mario si firma sempre Mario M. Montessori.[71]

Maria raggiunge Anna Maria Maccheroni a Barcellona. È stata fatta richiesta di organizzarvi un corso internazionale al quale parteciperanno molti studenti latinoamericani. In quell'occasione sarà presentato il nuovo materiale elaborato per la grammatica, l'aritmetica e la geometria, destinato ai bambini maggiori di sei anni.

Maria fa tuttavia un terzo soggiorno di sei mesi negli Stati Uniti, dall'autunno del 1916 alla primavera del 1917. Ma questa volta l'accoglienza è decisamente più fredda. Il suo nome non gode più dell'aura che l'aveva avvolto nel 1910. Nel volume *Democrazia e edu-*

---

69 Lettera del 4 settembre 1915, citata in C. Montessori, *Maria Montessori Writes to Her Father*, cit., pp. 90-92.

70 Mario si occupò in particolare della rubrica sul lavoro nelle scuole Montessori nel mondo, si veda G. Honegger Fresco, *Maria Montessori, una storia attuale*, cit., p. 47, nota 15.

71 Nel 1950 un decreto del Presidente della Repubblica Enrico De Nicola lo autorizzerà a usare i due cognomi: Mario Montesano Montessori.

cazione, del 1916, John Dewey rimprovera al metodo Montessori l'individualismo e critica in particolare l'uso del materiale, che ritiene sopravvalutato perché non è collegato alle esperienze reali dei bambini. Maria è anche accusata di favorire le scuole private.

L'investimento dispendioso in termini di tempo e di denaro intrapreso da Maria nella sua «conquista dell'America» si rivela un parziale fallimento, in parte a causa, probabilmente, della reciproca gelosia esacerbata tra le diverse associazioni Montessori.[72]

Altrove in Europa

La vita di Maria continua a essere un viaggio permanente per i molti inviti che riceve. In Europa si reca soprattutto in Olanda, dove il suo metodo è ampiamente applicato. Nel 1920 tiene una conferenza all'Università di Amsterdam e parla del suo metodo per le scuole medie e i licei. Le sue idee si diffondono così rapidamente che nel 1930 ad Amsterdam apre le porte un liceo Montessori, grazie soprattutto alla famiglia Joosten. Anche l'Inghilterra è una meta privilegiata: tra il 1919 e il 1946 vengono organizzati dodici corsi internazionali ai quali, a differenza di quanto avviene in Italia, si iscrivono molti uomini. Maria si reca anche in Belgio, dove nel 1921 e nel 1922 sono organizzate varie conferenze per i genitori. Le presentazioni sono fonte di ispirazione per il libro *Il bambino in famiglia*. L'ispettore generale dell'insegnamento belga De Paeuw è conquistato dalla visita alle Case dei Bambini di Milano ed esprime le sue convinzioni in un libro sul tema.[73] Si augura che il metodo Montessori diventi ufficiale in Belgio, ma non sarà così. Le Suore di Notre-

---

72 Sarà necessario aspettare gli anni Cinquanta prima che il movimento Montessori conosca una vera diffusione negli Stati Uniti, grazie a Nancy Rambusch, fondatrice dell'American Montessori Society.

73 L. De Paeuw, *La Méthode Montessori telle qu'elle est appliquée dans les «Maisons des enfants», exposée et commentée à l'intention du public enseignant et des jeunes mères*, Office di publicité-libraire belge, 1921. Il libro riscosse molto successo e fu ristampato quattro volte.

Dame de Namur applicano tuttavia i principi montessoriani, con qualche leggero adattamento, nelle varie scuole materne della loro congregazione.

«Maria Montessori amava Parigi!».[74]

Soggiorna spesso in Francia[75] per partecipare a congressi e per vedere i suoi amici, in particolare la famiglia Bernard. La prima conferenza francese, «L'enfant nouveau», si tiene nell'aprile del 1931, in occasione dei dieci anni dell'associazione La Nouvelle Éducation. Mille persone vanno ad ascoltarla. Maria ha espresso il desiderio che un bambino sia presente a ogni conferenza affinché il pubblico abbia davanti agli occhi il «maestro d'amore». A Parigi, la scolaretta della Scuola di Sèvres che si avvicina lentamente per offrire un mazzo di fiori a Maria altro non è che Anne Marie Bernard, futura segretaria generale dell'Associazione Montessori di Francia, che viene fondata durante il soggiorno di Maria.[76] Georgette Bernard, la principale traduttrice dei suoi libri in francese, è l'anima dell'associazione prima che la figlia Anne Marie raccolga il testimone.

Durante il congresso è organizzata una visita all'École heureuse di Vaucresson, nei pressi di Parigi. I bambini hanno preparato uno spettacolino e un indovinello sulle parole «Vive Montessori». Dopo la merenda, preparata e servita sempre dai bambini, Maria li saluta così: «Avete dato un bel nome alla vostra casa!».[77]

Grazie alla rivista omonima, l'associazione La Nouvelle Éducation

---

74 G. J. J. Bernard, *Message de la présidente de l'Association Montessori de France*, in *Actes du Xe Congrès Montessori International*, Paris, 1953, p. 16.

75 Qui ci limitiamo solo a una breve sintesi del successo delle idee di Maria Montessori in Francia. Sulla prima diffusione della pedagogia Montessori in Francia si veda: M. Gilsoul, *Maria Montessori et la France. Genèse d'une histoire*, «Hecl. History of Education & Children's Literature», vol. IX, n. 2, 2014, pp. 379-398. Per approfondire questo argomento, gli studi di Bérengère Kolly e Laurent Gutierrez sono fondamentali.

76 «Le Lien», n. 60, 2020, rivista pubblicata dall'Association Montessori, Francia.

77 La scuola, diretta da Cécile Riedel e Mme Leroux, accoglieva bambini dai tre ai dieci anni. C. Riedel, *L'enfance heureuse de Vaucresson*, «La Nouvelle Éducation», n. 97, 1931/7, p. 138.

svolge un ruolo imprescindibile nella diffusione delle idee montessoriane. E grazie all'amicizia tra Maria ed Hélène Lubienska de Lenval,[78] e l'insistenza di quest'ultima, è organizzato per la prima volta in Francia il XX Corso internazionale Montessori, che si svolge a Nizza nel 1934. Ma non è un successo. Si iscrivono solo trentacinque francesi di cui ventuno sono membri della Nouvelle Éducation. Maria torna a Parigi nel novembre del 1936 per tre conferenze su «L'enfant, père de l'homme», che si tengono alla Sorbona davanti a tremila persone.

Alcuni principi montessoriani sono diffusi negli asili francesi, ma le scuole Montessori sono ancora poche. Sono scuole private e fondate da privati come, per esempio, l'École di Clamart di Mme Roubakine, la Maison des enfants di Mme Bernheim e la Joyeuse École di Mme Raghety a Boulogne-Billancourt.[79] Le famiglie Bernard e Weiss hanno fondato una scuola a Sèvres. Dopo il trasferimento a Rueil, la scuola diventa il Collège de la Jonchère, dove, per la prima volta, vengono applicati i principi montessoriani «a bambini che la loro età e il loro sviluppo intellettivo collocherebbe nel ciclo secondario dei licei».[80]

A Nizza il Cours Moulin, fondato da Carmen Pontremoli, applica la pedagogia Montessori nella scuola materna e organizza corsi di formazione per maestri tenuti da Hélène Lubienska. Quest'ultima esercita un'influenza determinante su Pierre Faure, che adatterà i principi montessoriani e fonderà l'Association Internatio-

78 Nata in Polonia nel 1895, Hélène Lubienska è amica e collaboratrice di Maria, che fu la madrina di suo figlio Félix Lubienski. Si vedevano ogni giorno e viaggiavano spesso insieme. Filosofa autodidatta, aiutò Maria ad approfondire la sua riflessione sul bambino. Tra le pubblicazioni di Hélène figura *Il metodo Montessori, una sintesi dei grandi principi montessoriani*. A lei si devono i dettati muti. Dopo il corso di Nizza le loro strade si separarono. Héléne morì in Belgio nel 1972 dopo aver dedicato molti anni al rinnovamento della catechesi.

79 Questa scuola era diretta da Marie-Aimé Niox Chateau, che collaborò anche con Miss Cromwell, come vedremo nel Capitolo 9.

80 M. Lancelin, *Application des principes montessoriens à l'enseignement secondaire*, «La Nouvelle Éducation», 1935/6, n. 136, pp. 104-111.

nale de Recherche et Animation Pédagogique (AIRAP) per diffondere il suo approccio all'insegnamento comunitario e personalizzato. Nel 1944, la scuola materna Sainte-Jeanne-d'Arc di Roubaix diventa progressivamente una scuola Montessori grazie a Suor Dominique, la giovane priora, appassionata di pedagogia attiva.

Michel e Fanny Lanternier,[81] invece, vengono a conoscenza del metodo Montessori grazie a Émilie Brandt.[82] Se ne appassionano e dopo la guerra aprono una scuola a Limoges. Nel 1950 partecipano al Corso internazionale di Perugia. Anche Marie Louise Pasquier segue questo corso. Confessa di non aver mai dimenticato la domanda che le aveva posto Maria Montessori, guardandola negli occhi, mentre le consegnava il diploma: «Ti senti pronta a impegnarti a fondo per la salvezza dei bambini?».[83]

Durante il corso, i Lanternier e Marie Louise Pasquier stringono una solida amicizia con Anna Maria Maccheroni, che trascorre vari mesi a Limoges per aiutarli. Nel 1955 la scuola si trasferisce a Rennes. Fanny è la direttrice della Maison des Enfants e Michel della scuola elementare. I Lanternier partecipano tutte le estati ai congressi organizzati da Mario Montessori, per approfondire vari temi (la storia della Terra, geometria e biologia, geografia e linguaggio) che poi mettono in pratica.

Anche in Svizzera le scuole Montessori non sono numerose, ma l'influenza di Maria è tutt'altro che trascurabile nel famoso Gruppo

81 G. Honegger Fresco, *Fanny e Michel Lanternier*, «Il Quaderno Montessori», XXV, 98, estate 2008, pp. 44-46. La coppia fondò un Centro Nascita, ispirandosi al lavoro di Adele Costa Gnocchi che avevano incontrato a Roma.

82 Nata nel 1879, Émilie Brandt svolse un ruolo importante nella diffusione della proposta montessoriana in Francia. «Froebeliana presto convinta dai precetti montessoriani», Émilie Brandt aprì vari giardini d'infanzia e una scuola di formazione per maestre giardiniere. Sul suo operato si veda F. Serina Karski, *La formation des jardinières d'enfants, une institutionnalisation conflictuelle (1910-1931)*, in *Éduquer dans et hors l'école*, PUR, pp. 171-183.

83 G. Honegger Fresco, *Marie Louise Pasquier*, «Il Quaderno Montessori», XXXII, 88, inverno 2005/2006, p. 50.

di Ginevra e nell'Istituto Jean-Jacques Rousseau, diretto alla sua creazione, nel 1912, da Pierre Bovet,[84] con il contributo di Édouard Claparède e Adolphe Ferrière. Questo centro forma educatori basandosi su una profonda riflessione psicologica e pedagogica. Al pari di Maria, il gruppo – cui partecipa anche il celebre Jean Piaget – desidera che i maestri abbiano una formazione sulla psicologia del bambino. All'istituto Jean-Jacques Rousseau si tiene un corso di ispirazione montessoriana. Jean Piaget e Maria condividono la visione del bambino costruttore del proprio apprendimento nell'interazione con l'ambiente che lo circonda. Lo psicologo partecipa al movimento Montessori in Svizzera diventando per un periodo presidente della Schweizerische Montessori Gesellschaft, poi membro onorario, pur con qualche riserva, perché ritiene che il materiale sia artificiale e presentato troppo presto ai bambini.

In Austria, una Casa dei Bambini è aperta in un quartiere operaio di Vienna da Lili Roubiczeck, studentessa di psicologia ed ex allieva di Maria, che si reca più volte a Vienna per farle visita. Lili organizza un incontro con alcuni psicanalisti viennesi, fra cui Anna Freud, che cita più di una volta i lavori di Maria. In quanto a Sigmund Freud, questi le invia una lettera di appoggio nel dicembre del 1917.

Maria attraversa l'Europa in lungo e in largo. Nel 1926 trascorre un mese in Argentina. Ovunque tutti sembrano pronti ad accogliere il suo metodo. Ma qual è la vera situazione nel suo paese natale?

84 Pierre Bovet aveva curato la prefazione del primo volume della *Pédagogie scientifique* in francese. Si veda C. Poussin, *La pédagogie Montessori*, Paris, PUF, «Que sais-je?», 2017.

8

MONTESSORI IN ITALIA

La celebre espressione «nessuno è profeta in patria» rappresenta bene la situazione di Maria Montessori in Italia. Talamo, le suore francescane Missionarie di Maria e il mondo cattolico del tempo, Nathan e i funzionari del Comune di Roma, sono stati tutti un sostegno sul quale Maria si è appoggiata, ma sono stati tutti effimeri. Maria si rammarica di quanto debolmente il suo metodo abbia messo radici in patria. Ritiene che ciò offuschi il successo internazionale della sua proposta. Forse per questo nel 1922 vede nell'ascesa al potere di Mussolini, che auspica «l'apertura delle scuole ovunque»,[1] una possibilità di migliorare la situazione.

Dal 1915 il centro nevralgico delle attività di Maria è Barcellona. In Italia trascorre solo brevi soggiorni. Ma nella primavera del 1922, poco prima dell'arrivo dei fascisti al potere, il ministro della Pubblica Istruzione Antonio Anile invita Maria a tenere un ciclo di conferenze a Napoli al cui successo segue la programmazione di un corso per la primavera del 1923, con il sostegno del Comune di Napoli, della Società degli Amici del Metodo Montessori e del Ministero della Pubblica Istruzione. Forse è giunto il momento di una rinascita italiana del metodo Montessori. Nel 1923 Giovanni Gentile, «filosofo ufficiale» del regime fascista e ministro della Pubblica

1 Citazione tratta da H. Leenders, *Der Fall Montessori. Die Geschichte einer reformpädagogischen Erziehungskonzeption im italianischen Faschismus*, Bad Heilbrunn, Julius Klinkhardt, 2001, p. 245.

Istruzione, propone una riforma scolastica che privilegi la formazione classica e umanistica. Viene inoltre attribuita una maggiore importanza alla scuola materna, da quel momento inserita nell'insegnamento elementare. Si mette l'accento anche sulla formazione morale dei bambini, intesa come mezzo per favorire la riforma sociale e politica del paese. Maria intravede una possibilità di modificare il panorama generale delle scuole che portano il suo nome in terra italiana. Dal canto suo, Benito Mussolini sa bene che il sistema educativo deve essere modernizzato. È necessario, infatti, lottare contro l'analfabetismo, ancora elevato nonostante la legge Coppino del 1877 abbia reso obbligatoria l'istruzione elementare. Non è la convinzione di un tecnocrate ma quella di un uomo pragmatico con esperienza nel campo: Mussolini in gioventù era stato maestro. Dopo qualche supplenza negli anni 1906 e 1907, era diventato insegnante di una classe di seconda elementare composta da quaranta «ragazzetti vivaci, taluni dei quali anche incorreggibili e pericolosi monelli». Mussolini non ha un buon ricordo di quell'esperienza, come dirà più avanti: «Feci tutto il possibile per tirare innanzi la scuola ma con scarso risultato poiché non ero stato capace di risolvere sin dal principio il problema disciplinare».[2]

Questo potrebbe spiegare l'attrazione che Mussolini proverà in seguito per l'ordine che regna nelle classi Montessori. Ma per lui la disciplina deve essere imposta dall'esterno, mentre nelle Case dei Bambini è il risultato di un lungo percorso personale del bambino, facilitato dalla libera scelta delle attività in un ambiente adatto in cui l'intervento dell'adulto è limitato. Questo gli sfugge: non capisce che si tratta di autodisciplina e non di disciplina imposta. Mussolini ha scoperto la scuola Montessori nel suo periodo socialista, a Milano, alla Società Umanitaria, quando era giornalista. Molti anni dopo Maria si ricorderà della visita «di un oscuro ed austero gior-

2 Citato in J. Meletti, *Mussolini, cattivo maestro, e i bambini di Tolmezzo*, www.repubblica.it (4/1/2010).

nalista, il cui nome doveva diventare famoso e fatale nel mondo, Benito Mussolini».[3]

La promessa di un sostegno

All'inizio del 1924, Benito Mussolini riceve una lettera di Mario Montessori che lamenta l'assenza di interesse in Italia per il metodo, a differenza di quanto invece accade in altri paesi come la Cina e la Nuova Zelanda. Dopo aver sentito l'opinione di un alto funzionario del governo che sostiene che «nelle metropoli inglesi, l'Italia si riassume nel telegrafo di Marconi e nel metodo Montessori», Mussolini vuole approfondire seriamente la questione per tramite dei consolati italiani. Il risultato dell'inchiesta conferma la fama mondiale di Maria Montessori. Mussolini le dà udienza nella primavera del 1924. Secondo la stampa fascista Maria avrebbe affermato di «aver bisogno di un uomo forte e energico» per andare avanti con il suo progetto. Mussolini avrebbe risposto: «Farò io». Le promette di fare tutto ciò che è in suo potere per la diffusione del metodo in Italia.[4] Genio della propaganda, Mussolini intravede un canale ideale per diffondere un'immagine positiva del regime all'estero, dato che Maria Montessori è così conosciuta.

Mussolini, fine stratega, sa sfruttare le debolezze che percepisce nei suoi interlocutori per convincerli e raggiungere i suoi scopi. «Povera Signora», «martire pronta a sacrificarsi per le sue idee», queste sono le parole «piene di bontà»[5] che Mussolini rivolge a Maria in occasione di una visita a una Casa dei Bambini a Milano. Maria lo ringrazia per la sua comprensione:

---

3 Le parole sono tratte dal paragrafo "Analisi delle condizioni del primo esperimento", aggiunto nell'edizione italiana del 1950 di M. Montessori, *Il Metodo della Pedagogia Scientifica applicato all'educazione infantile nelle Case dei Bambini*, edizione critica a cura dell'Istituto superiore di ricerca e formazione dell'Opera Nazionale Montessori, Roma, 2000, p. 134.

4 Si veda M. Schwegman, *Maria Montessori*, cit., p. 104.

5 Lettera di Maria Montessori a Benito Mussolini, 27 maggio 1928, citato in H. Leenders, *Der Fall Montessori*, cit., p. 246.

«La mia opera colta dalla sua personale protezione rappresenta un avvenimento che empie di entusiasmo tutti coloro che hanno aspettato l'ora del suo trionfo ma specialmente rianima la sua autrice. Io ho ancora pochi anni di energia fattiva: e solo la sua protezione, che allontani gli ostacoli, e dia mezzi e difese a questa opera grande, può far sì che le mie energie rimaste riescano a compiere il disegno, che certo la provvidenza di Dio ha tracciato».[6]

La prima iniziativa di Mussolini, presa con la mediazione di Gentile, è la trasformazione della Società degli Amici del Metodo Montessori in Opera Nazionale Montessori, assegnandole, per questa via, una struttura giuridica ufficiale.[7] Nel consiglio d'amministrazione della nuova organizzazione siedono un rappresentante del Ministero della Pubblica Istruzione e uno del Comune. L'obiettivo è raccogliere ulteriori fondi, da aggiungere a quelli stanziati dal governo, per aprire nuove scuole Montessori e dare una più ampia diffusione alla conoscenza del metodo. Il primo presidente onorario è Maria Montessori, finché non è sostituita dallo stesso Mussolini nel 1926. La direzione è affidata a Giovanni Gentile e Maria Maraini. Numerose personalità del mondo della scuola e della cultura sostengono il movimento. Il successo sembra assicurato.

Il corso del 1926

Mussolini vuole «che l'Italia, che è il suo pensiero, abbia non solo il primato civile e artistico, ma anche il primato scolastico».[8] Per lui, il fatto che i bambini delle scuole Montessori imparino a leggere e a scrivere dall'età di quattro o cinque anni è la soluzione ideale per combattere l'analfabetismo che colpisce soprattutto la campagna.

---

6 Lettera del 27 maggio 1928, citata in L. Lama, *Maria Montessori nell'Italia fascista. Un compromesso fallito*, in *Il volo tra le genti di Maria Montessori oltre ogni confine*, a cura di L. De Sanctis, cit., pp. 119-120.

7 La decisione fu presa l'8 agosto 1924.

8 Citato in A. Scocchera, *Maria Montessori. Quasi un ritratto inedito*, cit., p. 57.

Decide perciò di favorire l'espansione delle Case dei Bambini, nella fattispecie nelle zone paludose che ha fatto bonificare, come l'Agro Pontino. A tale scopo è necessario formare del personale. Viene pertanto istituito per Regio decreto, e subito organizzato a Milano, il primo corso nazionale Montessori. Il programma è dettato dal Ministero della Pubblica Istruzione, che invia sessanta insegnanti della scuola pubblica su centottanta partecipanti. Vi si contano una ventina di uomini e una ventina di religiose. Giuliana Sorge, che diventerà in seguito una celebre montessoriana, frequenta il corso di sua iniziativa.

L'organizzazione è stata affidata alla Società Umanitaria, ma è necessario sottolineare che la Società è molto cambiata rispetto agli anni che l'hanno vista nascere, tanto da essere irriconoscibile: i suoi valori fondativi sembrano dimenticati. Il regime avrebbe potuto smantellarla ma l'Umanitaria, per i servizi che fornisce alla popolazione, è troppo legata al tessuto cittadino e chiuderne i battenti non sembra ipotizzabile. Ecco perché il regime aveva optato per una trasformazione interna. Erano stati nominati nuovi dirigenti, la gestione collettiva aveva ceduto il passo a un comitato imposto dal governo e tutti i programmi erano stati modificati. Una delle conseguenze di questi cambiamenti è quella che nel 1908 vede le scuole Montessori, gratuite sin dalla loro creazione, diventare scuole a pagamento. È introdotta una tassa di iscrizione di 15 lire e una somma di 26 lire mensili per i pasti. Nel 1926 i nipotini Montessori, Marilena e Mario, figurano nella lista dei «paganti morosi».[9]

Il corso è inaugurato il 21 febbraio 1926, in presenza dei rappresentanti del governo, del Comune di Milano e della Società Umanitaria. Maria resta in disparte. Per quanto avesse dato prova del suo talento oratorio in circostanze molto più importanti e quei saloni le fossero familiari, sta in guardia e manifesta un certo riserbo. Pronun-

9 C.A. Colombo e M. Beretta Dragoni, *Maria Montessori e il sodalizio con l'Umanitaria*, Milano, Raccolto edizioni, 2008, p. 76.

cia poche parole, adducendo come scusa l'emozione, dimenticando anche il saluto alle autorità:

«Che dovrei dire per rispondere alle parole che mi sono state rivolte? E che dovrei dire per l'azione grandiosa che è stata compiuta qui in favore dell'opera mia? Io non posso dir niente che sia adeguato a tanta grandezza. Lasciate che taccia. Veramente, noi siamo qui non per opera di una persona né per l'autore di un'opera. Ma non è forse vero che noi siamo qui venuti da più o meno lontano, riuniti *solo* nella speranza di fare maggiormente bene ai bambini, dalla fede di poter veramente riuscire con pratiche buone e pazienti a portare una miglior vita ai bambini? *Non è forse vero* che da decenni noi siamo compresi da nuovi doveri?».[10]

Il fatto che Maria abbia ridotto il suo intervento ai minimi termini, scegliendo le parole con prudenza per timore che siano intese come professione di fede fascista, dimostra la volontà di non limitare il suo lavoro all'ambito del regime italiano. Ma si sente presa in una morsa tra il rischio di essere pubblicamente identificata con il regime fascista e l'impossibilità di sviluppare le sue scuole in Italia senza l'avallo del governo. Maria non vuole soprattutto che il suo metodo sia visto come una realizzazione del disegno educativo del Duce, ma non riesce a rinunciare all'opportunità di diffondere il suo progetto. Convinta che l'onestà l'avrebbe salvata, nonostante i suoi timori accetta di raccogliere la sfida e contrae un «matrimonio d'interesse» con il regime.[11] Il compromesso è rischioso, certo, ma a suo avviso necessario per il bene dei bambini.

Un rischioso compromesso

Pur avendo sempre rivendicato una certa forma di indipendenza, Maria sembra pronta a lasciarsi usare dal governo italiano. Nel 1926

---

10 A. Scocchera, *Maria Montessori. Un ritratto inedito*, cit., pp. 58-59.

11 L'espressione è di A. Scocchera, *Introduzione*, in *Introduzione a Mario M. Montessori*, a cura di A. Scocchera, cit., p. 45.

ottiene persino la tessera del Partito fascista come membro onorario. Sin da giovane Maria si è sempre impegnata nella società civile. È la prima volta che è membro di un partito, anche se si è sempre detta apolitica, come affermavano anche le sue allieve più fedeli. Per Maria conta solo la causa dei bambini, superiore a qualsiasi progetto di parte. Dichiarava di essere pronta a parlare con chiunque del suo metodo: «Per me c'è solo la libertà. Faccio come voglio. Non voglio che mi si presenti come una accanita antifascista. La politica non m'interessa».[12]

Mario, nello stesso ordine di idee, nel 1951 dichiarerà che «i nostri sentimenti non sono ombreggiati dagli avvenimenti politici, [...] cerchiamo di poter apportare il benessere reale ai popoli»[13] quando se ne offre loro l'opportunità.

Il regime prende di mira in particolare il lavoro delle donne, a cominciare dall'insegnamento. Il Regio decreto 2480 del 9 dicembre 1926 stabilisce l'esclusione delle donne dalle cattedre di letteratura e filosofia nei licei. Alcuni insegnamenti sono loro negati anche negli istituti tecnici e nelle scuole medie, ed è vietato loro dirigere una scuola. Infine, per scoraggiare le famiglie a sostenere gli studi delle figlie, vengono raddoppiate le tasse di iscrizione per le studentesse. Queste decisioni sono prese venti anni dopo il *Proclama alle donne italiane*, ma Maria non reagisce. Ha ormai altre priorità rispetto alle questioni femministe. Tace, come la maggior parte degli italiani, e decide di non prendere posizione per non buttare via le opportunità che il regime le offre. Già un anno prima Giovanni Gentile, al termine di un congresso sulla cultura fascista, aveva pubblicato *Il manifesto degli intellettuali fascisti*.[14] Benedetto Croce, filosofo liberale, gli aveva risposto con un invito agli intellettuali a opporsi pubblica-

12 Da un'intervista rilasciata in Italia nel 1947. Si veda R. Kramer, *Maria Montessori. A Biography*, cit., p. 353.

13 *Oltre la politica, la pace*, in *Introduzione a Mario M. Montessori*, cit., p. 169.

14 Il manifesto venne pubblicato il 21 aprile 1925.

mente al fascismo. Giuseppe Montesano firma l'appello di Croce. Maria non prende alcuna posizione.

Un clima oppressivo

Per dimostrare l'importanza del metodo Montessori e spingere il governo ad adottarlo, i Montessori pongono sempre l'accento sulla fama internazionale di Maria, sui tanti riconoscimenti ufficiali ricevuti dalle università straniere nonché sull'interesse di molti governi. È evidente che un tale metodo educativo «libertario e pacifista», che tanto piace ai «teosofi anglosassoni, buddisti, protestanti e gesuiti»,[15] non può essere il prodotto del regime fascista, che considera valido soltanto ciò che scaturisce dalla nazione italiana. Maria deve perciò dimostrare che il suo metodo è italiano non solo perché ha visto la luce in Italia, ma anche perché incarna la specificità della nazione. Molte voci si levano contro tale pretesa origine. Maria ha perso tutti gli appoggi sui quali aveva contato fin qui. È isolata. Il clima culturale è pesante e l'Italia si chiude sempre di più in se stessa.

In questo contesto asfissiante Maria decide di pubblicare la terza edizione italiana del suo primo lavoro. La decisione, che non risponde a esigenze editoriali ma a una manovra politica, si rivela disastrosa. Maria percepisce questo malessere? Fatto sta che inizia la nuova introduzione con queste parole:

«Alla ristampa della III edizione Italiana di questa opera, mi sono trovata innanzi alla grave difficoltà di dover conservare un libro che annunzia un'opera, mentre l'opera già da tempo fu compiuta e determinata. Un altro libro dovrebbe sostituire questo: tuttavia è difficile cancellare il documento primo, che ha diffuso la fondazione di scuole in tutto il mondo. [...] Per questo e per il fatto che l'opera educativa ha trovato tanti amatori, non mi sono creduta in diritto di farla

15 Citato in A. Scocchera, *Maria Montessori. Quasi un ritratto*, cit., p. 63.

sparire. Quel libro che esiste oggi in tante lingue, e che ha in molti paesi più edizioni che in Italia, non poteva dileguarsi nella sua patria di origine, per opera della stessa autrice».[16]

Alcuni passaggi dell'introduzione sono tuttavia modificati. Diversi nomi sono cancellati, come quelli dei suoi maestri (Credaro, Lombroso, Sergi) e della sua generosa amica Alice Hallgarten Franchetti. Una scelta dettata dall'urgenza di far passare sotto silenzio le frequentazioni legate al positivismo e al modernismo, non visti di buon occhio nel clima culturale del periodo. Ma invece di rendere meno pesante l'atmosfera, l'iniziativa suscita polemiche e Maria è accusata di ingratitudine. Fatto sta che Maria ha appena dichiarato la dimensione internazionale del suo metodo perché non diventi *il* metodo educativo del fascismo. Ha avuto cura di aggiungere in appendice la lista completa delle traduzioni del volume, di elencare i paesi in cui è adottato il suo metodo nonché le personalità che la sostengono, come Tatiana Tolstoj e Rabindranath Tagore, grandi ammiratori della sua opera.

Affinità?

Lo stesso anno il governa presenta il suo programma per l'infanzia, l'Opera Nazionale Balilla,[17] che offre attività per i giovani, ripartiti in vari gruppi secondo il sesso e l'età. Il progetto forse induce Maria a pensare che il fascismo sia veramente interessato al miglioramento delle condizioni dell'infanzia. Vede nei Balilla un'iniziativa

---

16 M. Montessori, *Il Metodo della Pedagogia Scientifica applicato all'educazione infantile nelle Case dei Bambini*, cit., p. 64.

17 Il nome Balilla proviene dal soprannome di un diciassettenne genovese che nel dicembre 1746 avrebbe innescato la rivolta della sua patria contro l'occupazione austriaca. Il culto del regime e del Capo veniva inculcato sin dalla più giovane età ed era prevista anche un'educazione fisica paramilitare. I «figli della lupa» riunivano i bambini dai sei agli otto anni; i «Balilla» raggruppavano in due sezioni separate i maschi e le femmine dagli otto ai quattordici anni mentre gli «Avanguardisti», sempre in sezioni separate, i giovani e le giovani dai quattordici ai diciotto anni.

di valorizzazione sociale dei bambini grazie ad attività che li proteggono dall'influenza talvolta nociva della famiglia.[18]

Maria, a quanto pare, non vede il vero obiettivo dell'educazione mussoliniana che vuole fare dei bambini tanti soldatini da preparare a combattere per la patria. L'errata interpretazione spiega come Maria arrivi a porre l'accento sulle affinità tra il suo metodo e i principi fascisti. A un funzionario che esprime dubbi su tali punti in comune, Maria risponde:

«Il mio metodo prepara caratteri forti, menti equilibrate, intelligenze sveglie; dà fiducia in se stessi, accende il fuoco dell'entusiasmo, ravviva in modo sorprendente l'amore per il lavoro, la passione per la conoscenza. Offre lo straordinario spettacolo di una disciplina perfetta. Grazie ad esso lo studio è godimento, l'intelligenza può lavorare a lungo senza stancarsi. Un popolo così preparato renderà la sua Patria superiore e dominante. [...] Per tutte queste ragioni, molti paesi hanno adottato il mio metodo che continua a diffondersi sempre di più. [...] Il mio metodo è dunque degno di collaborare con il fascismo: permette di riunire grandi energie spirituali; è una vera igiene psichica che, applicata alla nostra razza, può valorizzarne la magnifica forza e, ne sono certa, superare quella delle altre razze».[19]

Maria sembra pronta a tutto per promuovere il suo metodo: silenzio, assenza di prese di posizione, «oblio» di alcune amicizie, affermazioni del tutto opposte a quelle fatte in passato e che farà fino alla fine dei suoi giorni. I Balilla educano alla competizione, nutrono sentimenti nazionalisti e insegnano ai più grandi una vera e propria cultura militare. I principi montessoriani, invece, sono chiaramente

---

18 P. Trabalzini, *Le dimensioni di Maria Montessori nelle riviste italiane, 1927-1934*, in G. Cives e P. Trabalzini, *Maria Montessori tra scienza, spiritualità e azione sociale*, Roma, Editoriale Anicia, p. 51, nota 15.

19 Maria non precisa chi sia il suo interlocutore, ma si tratta certamente di un alto funzionario del regime. La citazione è tratta da H. Leenders, *Der Fall Montessori*, cit., pp. 249-250.

democratici, impregnati di libertà al servizio della pace. Si capisce che l'apparente condiscendenza di Maria abbia dato luogo a equivoci: il suo metodo, grazie alle doti che consentiva di sviluppare nei bambini, poteva in effetti favorire la grandezza dell'Italia a detrimento delle altre nazioni. La strategia adottata da Maria per proteggere e promuovere la sua opera darà dei frutti, certo, ma a sua volta le nuocerà...

La Regia Scuola Montessori

Mentre Maria si prepara a partire per Londra per tenere un corso per futuri maestri, scrive a Mussolini chiedendogli di prendere le misure necessarie per consentirle di organizzare un corso di formazione in Italia:

«Sono certa che [gli studenti] con maggiore soddisfazione sarebbero venuti a Roma, centro a cui tendono le aspirazioni di tutti nel mondo, specialmente in questo momento di grande rinascita e speranza. Sono dunque doppiamente triste di dover recarmi laggiù, cioè dovermi allontanare dalla mia patria, per insegnare questo metodo che si sa notoriamente sorto a Roma e di dare con la mia presenza una disillusione a quelli che son venuti così da lontano per incontrare solo la persona e non il suo ambiente, per studiare in scuole così lontane dal paese meraviglioso in cui furono originate. Ecco cosa provo nel momento della mia partenza, ma nel mio cuore risplende la grande fede che il Duce fa nascere in tutti gli italiani che hanno qualcosa da dare. Prima di partire, voglio esprimere la mia speranza che presto sia Roma il centro di tali studi. Sono certa di interpretare il desiderio e le aspirazioni di tutti coloro che condividono con me la fede nella persona del Duce d'Italia. Con tutta la mia devozione fascista».[20]

---

20 Lettera a Benito Mussolini, 4 aprile 1927, citata in L. Lama, *Maria Montessori nell'Italia fascista*, in *Il volo tra le genti di Maria Montessori oltre ogni confine*, a cura di L. De Sanctis, cit., p. 118, e H. Leenders, *Der Fall Montessori*, cit., p. 245.

Maria non è solita usare questo tono quasi lacrimevole, proprio lei a cui è sempre piaciuto viaggiare. Ma cerca di persuadere Mussolini. E sembra riuscirci perché, nell'aprile del 1927, il governo chiede al podestà di Roma di allestire un luogo dove ospitare una scuola per la formazione di maestri Montessori. La Regia Scuola Montessori[21] viene inaugurata un anno dopo in via Monte Zebio. Essa offre una formazione innovativa, della durata di tre anni, ma rivolta esclusivamente alle donne. Per facilitare l'osservazione delle studentesse, è prevista una scuola con due classi di materna e una di elementari. Maria è nominata direttrice dal governo. Felice, dichiara che la scuola «viene a coronare il lungo mio lavoro a favore di un sistema educativo squisitamente italiano, che ha portato in onore pel mondo il nome della Patria, e viene ad esaudire uno dei miei più ardenti voti: quello di veder fiorire in Roma una scuola a me affidata, dove possa applicare a completare il mio metodo. E ardisco chiedere che mi sia concesso l'onore di essere ricevuta dalla Eccellenza Vostra, accompagnata da S.E. il Ministro della Pubblica Istruzione: per manifestare la gratitudine del mio animo a Colui che, dando nuova vita all'Italia, ha voluto accogliere e dar valore anche all'opera mia. Nella fiduciosa attesa di ottenere l'alto onore di essere ancora una volta ammessa alla Sua Presenza, rinnovo all'E.V. i miei sentimenti di devozione profonda».[22]

Maria ottiene dunque ciò che desidera da tanto tempo. Vengono aperte in tutto il paese quasi settanta scuole, materne ed elementari. Ma è un successo destinato a durare o soltanto un'illusione?

Nella sua veste di direttrice, Maria ha elaborato un programma ispirato alla sua concezione del ruolo della maestra, ma la sua libertà di azione è solo sulla carta. Deve accettare che siano impartiti

---

21 L'istituzione della Regia Scuola di Metodo Montessori fu sancita dal Regio decreto n. 781 del 5 febbraio 1928.

22 Lettera a Benito Mussolini, 9 febbraio 1928, citata in G. Marazzi, *Montessori e Mussolini: la collaborazione e la rottura*, «Dimensione e problemi della ricerca storica», 2000/1, p. 181.

corsi di religione e di cultura fascista, vero e proprio indottrinamento politico imposto agli insegnanti, e non è libera di scegliere il corpo docente. La dotazione finanziaria si rivela inconsistente, i mezzi promessi non arrivano e i locali sono in uno stato pietoso. Maria vede deluse le sue speranze. A poco a poco prende coscienza della sua ingenuità e capisce di essersi ingannata pensando che Mussolini avrebbe agito in modo diverso. Come ha potuto negare che il regime controllava tutto, senza mai delegare, e che non avrebbe fatto nessuna eccezione per lei, nonostante la su fama internazionale?

Questo periodo di collaborazione ha permesso a Maria di creare una rete di scuole ma è chiaro che, in definitiva, anche lei è stata una vittima del sistema. La relazione intessuta sull'interesse, guidata dall'obiettivo quasi ossessivo di istituire scuole nel suo paese, si conclude con un fallimento, una scommessa persa di cui non è la sola a subire le conseguenze.

Il rapporto di Mario

Nel giugno del 1930, Mario invia a Mussolini un rapporto dettagliato sulla situazione del metodo Montessori. È la prima volta che è il firmatario[23] di un documento ufficiale, forse per proteggere il nome di sua madre ed evitare un suo coinvolgimento diretto in un confronto. La lista delle lagnanze è lunga:

«Per la nuova scuola non furono dati mezzi adeguati e così durante questi due anni scolastici essa ha funzionato come una qualunque scuola comune, essendo però priva perfino di comuni mezzi dati a una scuola secondaria. [...] Per una convenzione stipulata all'atto della fondazione, i locali devono essere forniti dal Governatorato di

23 La lettera inviata a Mussolini nel 1924 non compare nella documentazione dell'Archivio Centrale dello Stato relativa alla Presidenza del Consiglio, poiché i fascicoli Montessori iniziano nel 1926. Solo Rita Kramer menziona questa lettera nella sua biografia. Il rapporto è perciò la prima lettera di Mario conservata nell'Archivio Centrale di Stato, citata in *Cittadino ed esule*, in *Introduzione a Mario M. Montessori*, cit., p. 55.

Roma. [...] Durante questi due anni scolastici la R. Scuola di Metodo è stata ospitata in una scuola elementare. Il Governatorato di Roma ha deciso di creare un edificio ad hoc per la Scuola di Metodo. Chiedo a V.E. che anche per questo Ella dia l'impulso del Suo interessamento».[24]

Mario chiede concretamente a Mussolini di aiutarli a ottenere la cooperazione delle autorità governative «a quest'opera di valore nazionale», affinché venga diffusa in modo adeguato. Sottolinea il fatto che i costi per creare nuove scuole Montessori non sono maggiori di quelli delle scuole tradizionali. Assicura che è persino possibile fare delle economie poiché il programma di studio delle scuole Montessori può essere abbreviato di due anni rispetto al programma classico. Chiede infine a Mussolini di approvare una legge che «stabilisca che le scuole di nuova fondazione in Italia, d'ora in avanti sorgano col Metodo Montessori».

È un anno che Mario ha fondato l'Associazione Montessori Internazionale, nel 1929, per centralizzare le iniziative internazionali e controllare la fedeltà della pratica che si diffonde rapidamente con il nome Montessori. Si pone allora il problema di sapere dove creare il centro.

«Per un punto di vista nazionale (che sappiamo come V.E. abbia apprezzato) vorremmo che il Centro del Movimento Montessori Internazionale e quindi della Società preposta allo scopo, sorgesse in Italia. [...] Fondare il centro in Italia significa attirare nel nostro paese una folla di studiosi da ogni parte del mondo e valorizzare il nostro paese in un'opera scientifica e sociale altamente apprezzata.»[25]

Mario si spinge fino a proporre a Mussolini la presidenza del comitato italiano dell'Associazione Montessori Internazionale.

Il rapporto si conclude sottolineando il fatto che Maria ha rifiutato di recarsi in altri paesi, come l'India e il Giappone, per privilegiare il suo impegno in Italia.

---

24 Ivi, pp. 61-62.
25 Ivi, p. 57.

«La Dottoressa è attesa e ripetutamente invitata nell'India e nel Giappone. [...] Ai suoi rifiuti (dati per gli impegni del lavoro in Italia) le varie associazioni si sono rivolte al nostro Ambasciatore e recentemente la Dottoressa ha avuto la stessa preghiera dal Ministero degli Affari Esteri. Faccio notare che l'India, mentre tenta di emanciparsi da ogni influenza europea, chiede e desidera quest'opera italiana, la quale pertanto tocca direttamente la radice della Società essendo una opera educativa e sociale.»[26]

I corsi internazionali

Mario non sembra capire che ricorrere ad argomenti «internazionali» può solo peggiorare una situazione già tesa. Mussolini è intrappolato in un clima politico, da lui stesso creato, impregnato di conferme patriottiche e nazionaliste in ogni ambito, a cominciare dal Ministero dell'Educazione nazionale. Molti gerarchi fascisti hanno decretato che il metodo Montessori non è italiano, e gli preferiscono quello delle sorelle Agazzi, di ispirazione froebeliana più convenzionale. Mussolini non può dunque sostenere apertamente il metodo Montessori, contrario ai principi fondativi del fascismo, né chiedere ai suoi ministri, talvolta più intransigenti di lui, di prendere disposizioni per consentirne la diffusione. Per la prima volta dopo la guerra, i corsi internazionali Montessori si tengono di nuovo a Roma. Mario chiede che i podestà si impegnino a inviarvi i futuri maestri. Sollecita poi a Mussolini un chiaro gesto di sostegno al corso di formazione, evitando azioni «contraddittorie e paralizzanti» come era successo prima del corso del 1930. Nel luglio del 1929, il ministro trasmette una circolare in cui si annunciano i corsi e si chiede ai podestà di inviarvi degli insegnanti. Un'altra circolare del ministro ai prefetti ottiene lo stesso risultato. Mario tuttavia rileva una vistosa contraddizione nel discorso delle autorità:

26 Ivi, p. 56.

«L'ultima circolare ai podestà – che da quanto mi hanno riferito porterebbe la data del 15 gennaio u.s. (10 giorni prima dell'apertura del Corso) – proibiva ai podestà di incorrere in qualsiasi spesa per l'invio di maestri al Corso Internazionale Montessori».[27]

Si fa sapere a Mario che Mussolini ha letto la sua lettera. Ma agirà in modo efficace?

Il 30 gennaio 1930 si tiene finalmente il XV Corso Montessori Internazionale. I partecipanti, poco più di un centinaio, vengono da ventuno paesi. Gli italiani sono molti ma tutti venuti di loro iniziativa. Mario è il direttore del corso, la prima volta di una lunga serie. L'inaugurazione ha luogo nel prestigioso salone del Campidoglio, in presenza di alcuni ministri e di numerosi ambasciatori stranieri. Il nuovo ministro dell'Educazione nazionale,[28] Balbino Giuliano, si affretta a disporre le procedure necessarie perché Mussolini riceva i partecipanti per la tradizionale fotografia ufficiale. Un gesto simbolico minimo, il solo gesto concreto del ministro Giuliano "a favore" del metodo Montessori, poiché non contribuirà affatto alla diffusione del metodo in Italia, rispondendo sempre negativamente a ogni richiesta dei Montessori.

Nonostante l'apparizione ufficiale, Mussolini non sembra pronto a incoraggiare la partecipazione degli insegnanti italiani dato che, il 21 dicembre 1930, poco prima dell'inizio del XVI Corso internazionale, Maria gli scrive:

«Sono sommamente grata per il continuato interesse che l'E.V. dimostra alla mia opera in Italia: e ciò che mi spinge a disturbarla ancora con questa lettera è l'imminenza dell'inizio del nuovo Corso Internazionale indetto a Roma, sotto gli auspici del governo italiano, e nel nome di V.E.».[29]

---

27 Ivi, p. 60.

28 Con un Regio decreto del 12 settembre 1929, il Ministero della Pubblica Istruzione è diventato il Ministero dell'Educazione nazionale.

29 Lettera di Maria Montessori inviata a Mussolini da Budapest, 21 dicembre 1930, citata in M. Montessori, *Il metodo del bambino e la formazione dell'uomo. Scritti e documenti inediti e rari*, cit., p. 262.

Maria lamenta la totale assenza degli italiani nel nuovo corso, mentre tra gli iscritti si contano molti stranieri, giunti anche dall'India. La lettera rimane senza risposta. Si tratta di un vero e proprio boicottaggio da parte del ministro dell'Educazione nazionale, del tutto ostile al metodo Montessori.

Un ultimatum

In un ultimo disperato tentativo di diffondere il movimento in Italia, i Montessori fondano la rivista «Montessori»,[30] pubblicata a Roma dal gennaio del 1931. Il primo numero si apre con una maestosa dedica a Mussolini «padrino dell'*italianissimo* metodo pedagogico», cui seguono il ritratto di Maria e una citazione esaustiva della sua visione: «L'uomo chi lo ha fatto? Lo ha fatto il bambino. Solo il bambino forma l'adulto. (A quest'opera) gli adulti non possono partecipare che offrendo al bambino gli aiuti necessari a compierla senza ostacoli».[31]

Il primo articolo si intitola *La pagina bianca*. È un estratto de *Il bambino in famiglia*, a quel tempo ancora inedito. Il libro esce nel 1936 in Svizzera, nel Canton Ticino, a causa del clima culturale italiano, ostile a Montessori. Maria stila un vero e proprio atto di accusa: «Mai schiavo fu tanto proprietà del padrone, come il bambino lo è dell'adulto».[32]

---

30 Maria spiegava con queste parole che cosa l'aveva spinta a scegliere questo nome per la rivista: «Il giornale ha una finalità che per noi significa 'contributo alla costruzione reale di un nuovo mondo di civiltà'. Il nostro contributo [...] è una vera e propria 'ricostruzione' cominciata con l'educazione dei bambini e l'organizzazione pratica di un ambiente di sviluppo, che ha dato risultati rivelatori. Se questa è la finalità, il giornale si può chiamare *Montessori*, perché come molti hanno detto questo è un 'nome comune' che in breve indica un insieme di azioni e di idee d'ordine educativo e sociale ben chiaro e definito», in «Montessori», 1932, pp. 67-68 citata in P. Trabalzini, *Le dimensioni di Maria Montessori nelle riviste italiane. 1927-1934*, in G. Cives e P. Trabalzini, *Maria Montessori tra scienza, spiritualità e azione sociale*, cit., pp. 49-50.

31 Citato in C. Tornar, *Maria Montessori durante il fascismo*, «CADMO», 2005/2, p. 18.

32 M. Montessori, *Il bambino in famiglia*, Milano, Garzanti, 2000, p. 9.

Denuncia l'oppressione dell'adulto sul bambino come «l'alleanza dei forti contro i deboli» e descrive la scuola come un luogo di «lavoro forzato e [di] dura disciplina, che pongono il delicato germoglio umano, in cui è il seme della più pura vita spirituale, in un ambiente estraneo e nocivo. [...] Quasi tutta l'azione cosiddetta educativa è pervasa dal concetto di provocare un adattamento diretto e perciò violento, del bambino al mondo adulto: adattamento basato sopra una sottomissione indiscutibile ed una obbedienza illimitata, e che conduce alla negazione della personalità infantile. Negazione per cui il bambino diviene oggetto di giudizi ingiusti, di ingiurie, di castighi che l'adulto non si permetterebbe mai con l'adulto, anche se si trattasse di persona a lui sottoposta».[33]

In poche frasi, Maria denuncia chiaramente la concezione dell'educazione fascista. Un approccio che propugna l'adattamento diretto del bambino alla società degli adulti. Maria non è disposta a fare alcuna concessione sulla sostanza delle sue idee. Ma il lancio della rivista non ottiene i risultati sperati e la pubblicazione cessa dopo un anno. Mario tenta allora il tutto per il tutto. Il 6 maggio 1931 invia a Mussolini un secondo rapporto dai toni di un ultimatum.[34] Nel frattempo il governo ha dichiarato che i corsi internazionali, seppure organizzati sotto gli auspici di Mussolini e istituiti per decreto ministeriale, sono illegali perché preparano i maestri al metodo Montessori seguendo i criteri troppo da vicino, laddove questi sono incompatibili con la concezione fascista dell'educazione. Il diploma degli insegnanti italiani non è perciò riconosciuto dalle autorità. E le trenta sezioni Montessori che erano state previste non aprono i battenti. Mario attribuisce al governo la responsabilità dell'incoerenza di tale situazione:

«In Italia ogni straniero ha trovato molto meno (relativamente all'organizzazione per il Metodo) di quello che non fosse nel proprio

33 Ivi, pp. 9-10.

34 Lettera su carta intestata «Corso Internazionale Montessori, Sotto gli auspici del governo italiano», citata in A. Scocchera, *Introduzione a M. Montessori*, cit., pp. 63-68.

paese; ma noi abbiamo sempre ripetuto che le organizzazioni più degne e più grandiose si sarebbero presto effettuate, poiché lo stesso Capo del Governo le voleva e le patrocinava. Veramente, però, in questi tre anni, oltre a un teorico interessamento, non si è fatto un passo avanti. Esistono leggi che vigilano e organizzano le vecchie situazioni e nelle quali non è possibile stabilire la riforma».[35]

Mario lamenta inoltre di aver ricevuto una lettera offensiva da parte del ministro dell'Educazione nazionale, che dichiara di aver chiesto all'organo di sorveglianza scolastica di verificare se Maria stia effettivamente ottemperando ai suoi obblighi di direttrice della Regia Scuola. Mario sottolinea che «il misero stipendio» corrisposto non le consente di vivere e che «rimanendo in Italia, fedele a una speranza di riconoscimento da parte del suo paese, essa abbandona la gloria e il guadagno offerto dall'estero». Precisa che sono invece le conferenze tenute in occasione dei corsi internazionali che le permettono di vivere. Afferma di aver nascosto l'esistenza di questa lettera alla madre, che l'avrebbe interpretata come un attacco del regime e non avrebbe esitato «a lasciare immediatamente l'Italia e per sempre l'Italia», cosa che avrebbe significato «riportare nell'esilio tutto l'impero spirituale che con tanta fede e letizia essa ha offerto all'Italia».[36] Dopo aver stilato un bilancio dei paesi in cui è adottato con successo il metodo Montessori,[37] Mario pone la fatidica domanda:

«E l'Italia, come considera il lavoro della Dott. Montessori? Effettivamente finora poco offre oltre incomprensione ed ostacoli. [...] Resto in attesa della decisione della E.V. che ci dica se dobbiamo o no seguitare in Italia il nostro lavoro in favore dell'infanzia e della Patria».[38]

---

35 Ivi, p. 64.

36 Ivi, p. 66.

37 Oltre ai numerosi paesi europei, Mario citava anche l'Australia, il Cile, il Siam (Thailandia), la Russia, l'India. Dava anche conto di alcuni paesi dell'America Latina che volevano creare un'Unione educativa Montessori, ivi, p. 67.

38 Ivi, pp. 67-68.

Intanto il regime fascista continua ad ampliare il proprio consenso. L'8 ottobre 1931, una legge stabilisce che tutti i professori universitari devono giurare fedeltà al Duce, al Re e ai suoi fedeli successori. Dopo un periodo di confusione, gli oppositori sono soltanto dodici, mentre duecento prestano giuramento alle autorità. Maria sfugge a tale dilemma perché non insegna più all'università. Ma la morsa si stringe sempre di più.

I Montessori sotto sorveglianza

Dal mese di luglio del 1932, i Montessori e le loro più fedeli collaboratrici sono sorvegliati dall'OVRA (Opera vigilanza repressione antifascismo), che ricorre anche alle intercettazioni telefoniche.[39] Del fascicolo Montessori è incaricato l'agente segreto Santorre Vezzari, nome in codice "Torre". È uno degli informatori più attivi, il numero 235.

I rapporti peggiorano ulteriormente nel luglio del 1932 quando Giuliana Sorge, professoressa di pedagogia scelta da Maria e direttrice esecutiva della scuola di metodo, è coinvolta in uno scandalo. La si accusa di aver usato un linguaggio offensivo nei confronti del Duce sul luogo di lavoro. Viene arrestata e rimossa dall'incarico. Riceve una lettera di ammonizione e le viene confiscato il passaporto.[40] Sorge proclama la propria innocenza e afferma di essere vittima di un complotto. Scrive a Mussolini per invocare la clemenza:

---

39 La documentazione relativa ai Montessori, corredata di molte fotografie inviate dalle spie, è custodita nel dossier *Montessori Maria*, Ministero dell'Interno div. Polizia politica, n. Inventario 13-157-5, pacco 859, fasc. n. 52, Montessori, n. 22, Archivio Centrale dello Stato, Roma. Alcuni estratti di questi documenti sono stati pubblicati da I. Cacciotti, *Carte di famiglia*, Fondo Segreteria particolare del Duce, Carteggio ordinario; R. Foschi, *Maria Montessori*, Roma, Ediesse, 2012; H. Leenders, *Der Fall Montessori*, cit.; *G. Marazzi, Montessori e Mussolini: la collaborazione e la rottura*, cit.

40 L'articolo 133 del T.U. n. 577, votato dalla commissione provinciale, stabiliva che gli insegnanti le cui affermazioni erano incompatibili con le direttive politiche del regime dovevano essere licenziati.

«Quella frase, Eccellenza, aveva una forma dialettale meridionale, mentre io sono milanese! – e questa è la più evidente prova che non fui io a pronunciarla. [...] Una sola persona, nelle inchieste ha deposto contro di me – e questa persona, che dice di aver udito, è sorda [...] la dottoressa e quelli che mi conoscono non sono stati ascoltati. [...] La polizia mi ritiene colpevole e mi condanna "all'ammonizione" – lasciando sul mio nome una macchia e mettendo un ostacolo alla vita, che sostengo col mio lavoro. [...] allontani da me l'umiliazione di essere ammonita, per averla insultata: io, che l'ho soltanto amata!».[41]

Mussolini dà alla fine disposizioni perché Giuliana Sorge sia inviata a Milano, ma rimanga sotto sorveglianza.

Si presenta dunque la necessità di trovare una nuova direttrice. Maria propone la sua cara collaboratrice Adele Costa Gnocchi ma una delazione anonima, pervenuta alla polizia politica, afferma che Maria vuole rinnovare tutto il personale perché ritiene che nessuna insegnante sia capace di applicare i principi montessoriani. Maria è anche accusata di essere troppo spesso assente. E le maestre fedeli al regime, temendo di perdere il lavoro, insistono per l'allontanamento di Maria. Alla fine cala la mannaia, con la nomina di un nuovo direttore nella persona del professor Rivara, un fascista che non sa nulla del metodo Montessori.

Tutto l'affare è solo un pretesto. Nei rapporti della polizia politica, è sempre più evidente la volontà di creare un nuovo movimento Montessori senza i Montessori. «Poiché qualunque soluzione prospettata dalla Montessori non potrà garantire la fede della scuola, è necessario avere il coraggio di trasformare la Scuola Montessori in scuola "tipo Montessori", eliminando la dottoressa».[42]

41 Lettera di Giuliana Sorge a Benito Mussolini, 17 luglio 1932, citata in G. Marazzi, *Montessori e Mussolini: la collaborazione e la rottura*, cit., p. 185.

42 Citato in C. Tornar, *Maria Montessori durante il fascismo*, cit., p. 20.

Alcuni mesi dopo, il 30 ottobre 1932, Giuliana Sorge invia un rapporto al Duce sulla situazione del movimento Montessori in Italia, che definisce una «ferita sanguinante», perché non gode della protezione delle autorità scolastiche.

Nessun rappresentante è mai andato a visitare la scuola di Roma. Se lo avessero fatto avrebbero visto che:

«I bambini da noi preparati danno risultati di coltura e di preparazione del carattere che nessuna altra scuola del mondo può ottenere. [...] I bambini di età di scuola elementare hanno una conoscenza di nozioni equivalente a quella di ragazzi che abbiano terminato la scuola media inferiore».[43]

Sorge ritorna soprattutto sui problemi della Regia Scuola, ricordando che l'unica scuola di formazione per gli insegnanti era stata «teatro di passioni personali [...] che hanno disgregato tutto quanto noi avevamo costruito». Riconosce che la scuola, nonostante gli ottimi risultati, è stata «avvilita e debilitata» a causa dello scandalo legato alla sua persona. Alla fine implora il Duce:

«Alzi ancora, Eccellenza, la Sua Mano protettrice: e apra di nuovo il cuore della dottoressa e dei suoi seguaci [...]. Non permettete che per una ingiustificabile opposizione subdola, si chiudano le porte ad un'opera tanto meritoria e che facili voci disgregatrici circolino per offendere e per stroncare».[44]

In realtà è soprattutto l'insegnante di cultura fascista, Orazia Belsito Prini, all'origine di tali voci. Dichiarandosi «fascista al 100 per 100», ritiene fondamentale che le maestre montessoriane «comprendano e amino il Fascismo e il duce per il bene del paese».[45] Afferma anche che il metodo «tutto è fuorché italiano e fascista».[46] La polizia politica, inoltre, sa che quando gli insegnanti parlano del-

43 Citato in G. Marazzi, *Montessori e Mussolini: la collaborazione e la rottura*, cit., p. 185.

44 Ivi, p. 186.

45 *Ibid.*

46 Rapporto del 29 settembre 1932, cit. ivi.

la patria in senso strettamente nazionalistico, Maria ribatte che «come patria non abbiamo che la patria universale».[47]

Maria alla fine è invitata con lettera ufficiale a liberare la sola stanza che le è stata messa a disposizione, dove ha lasciato alcuni libri. Il mobilio a misura di bambino è sostituito con i vecchi banchi e le poche maestre formate al metodo sono inviate nelle scuole italiane in Africa e in America.

Maria è inorridita. Lamenta con un'amica l'aberrazione di una scuola che deve formare maestre Montessori senza il metodo Montessori.

«Che il Governo Italiano si contenti di una scuola di preparazione di maestre Montessoriane, da cui viene effettivamente respinta per sostituirla con incompetenti, l'autrice, e insieme cacciate le persone competenti nel metodo, *e perciò abolita la conoscenza del metodo stesso*, è possibile: come tutto è possibile in casa propria. Ma quando si vuole attirare da tutte le parti del mondo gli interessati al metodo, non tenendo conto del Metodo stesso, né dell'autrice, né delle persone sue collaboratrici, è altra cosa.»[48]

Dimissioni

Dal 1931 Emilio Bodrero, un fascista dalla carriera emblematica, è presidente dell'Opera Nazionale Montessori. Nel 1932 Bodrero invia un rapporto a Mussolini in cui critica alcune decisioni di Maria. I Montessori ricevono una copia della lettera e sono scandalizzati dalle calunnie di cui è oggetto Maria. Quest'ultima, dal canto suo, rimprovera a Bodrero di non tener conto del suo parere nella gestione internazionale delle associazioni Montessori, rammaricandosi del fatto che si siano abusivamente appropriate del metodo «cambiandolo sia con le idee di alcuni psicologi locali, sia mescolandolo ad altri metodi: Froebel, Decroly, Cousinet ecc. Mentre l'Ope-

47 Citato in M. Schwegman, *Maria Montessori*, cit., p. 107.

48 «Carissima Signorina. Lettera da Barcellona», 6 dicembre 1932, in *Cittadino ed esule* in *Introduzione a Mario Montessori*, cit., p. 70. Non si conosce l'identità dell'amica.

ra Montessori fu invece creata per sostenere il metodo Montessori puro, cioè tutta l'italianità di un metodo Italiano! Immagina lei il Governo d'Italia elargire grandi somme per far trionfare non il metodo Nazionale, ma le sue contraffazioni straniere, escludendo l'autrice e la purità del Metodo?».[49]

La reazione ufficiale di Maria al rapporto di Bodrero non si fa attendere. Gli scrive:

«Signor Presidente dell'Opera Montessori. Ho preso visione della lettera da Lei scritta a S.E. Chiavolini per informazioni al Capo del Governo. In essa esistono insinuazioni e false affermazioni contro di me, tali che rendono incompatibile la mia adesione ad un operare nettamente dannoso all'"Opera Montessori" ed a me, personalmente. Con questa lettera dichiaro perciò di ritirarmi dall'Ente Montessori ch'Ella dirige».[50]

Il giorno successivo è Mario a dimettersi:

«Desiderando non formar parte di un Ente che, nella sua azione negativa, è arrivato – col memoriale pieno di false affermazioni inviato a S.E. Mussolini – fino a calunniare la persona che gli ha dato vita, nome e fama, mi permetto pregare l'E.V. di voler far cancellare il mio dalla lista dei nomi che figurano nel Comitato dell'Opera Montessori».[51]

Forse la situazione infastidisce Mussolini, che dice al suo segretario: «Questa Montessori sembra che sia una grande rompiscatole».[52]

Il 21 febbraio Maria invia un'altra lettera di dimissioni al direttore della Regia Scuola Montessori.

«Avevo creduto già da molto tempo di essere stata dimessa dal posto di direttrice della R. Scuola di Metodo Montessori in Roma: ed è per questo che non ho creduto di dover presentare le mie di-

49 Ivi, p. 71.

50 Lettera da Barcellona, 15 gennaio 1933, ivi, p. 68. Mario inviò una copia di questa lettera a Mussolini. Bodrero darà le sue dimissioni dopo qualche giorno.

51 Lettera da Barcellona, 16 gennaio 1933, ivi, p. 78.

52 Le parole rivolte da Mussolini al suo segretario nel gennaio 1933 sono citate in M. Schwegman, *Maria Montessori*, cit., p. 108.

missioni. [...] Avrei volentieri aiutato, anche da lontano, la scuola stessa coi miei consigli se, almeno nell'insegnamento montessoriano, fosse preposta una persona competente, come sarebbe stata la Prof. Costa Gnocchi. Ma il fatto che una persona del tutto sconosciuta a me e ignara del mio metodo, lo insegni, e diriga tutta la scuola, è tale estremo che per se stesso la distrugge. [...] Prego V.E. di voler togliere il nome "Montessori" a questa scuola che è oramai assurdamente lontana, anzi contrastante con lo spirito e con la tecnica del metodo stesso al quale s'intitola.»[53]

Un'altra questione irrita profondamente Maria: non sopporta che i bambini debbano subire le conseguenze delle decisioni degli adulti, come nel caso dell'incidente che descriviamo. L'estate precedente, il governo aveva organizzato il viaggio della scuola elementare annessa alla Regia Scuola, al Congresso dell'Educazione Nuova, per fornire un esempio dal vivo del metodo. Élise Freinet, in una delle sue opere, ricorda la loro presenza:

«Il Congresso fu interamente dominato dal prestigio della signora Montessori. Un treno speciale aveva portato il suo materiale a cui erano state riservate molte sale nel vasto Palais de la Méditerranée. Bambini bravi e belli, almeno a livello ideale, apparentemente di un'altra età, avviluppati in fronzoli rococò, si muovevano in mezzo a questo lussuoso materiale che li sollecitava. Li osservavamo con una sorta di stupore mentre in silenzio maneggiavano con abilità le superfici, i cubi e tutti questi oggetti dell'immobilità che a volte permettono virtuosismi di radice quadrata o di radice al cubo».[54]

Élise Freinet aggiungeva che gli osservatori avevano la sensazione di avere davanti delle «scimmie ammaestrate». In ogni caso appena pochi mesi dopo, in pieno anno scolastico, con «un atto brutale e

---

53 Lettera da Barcellona, 21 febbraio 1933, citata in M. Montessori, *Il metodo del bambino e la formazione dell'uomo*, cit., p. 268.

54 Citato in Ph. Meirieu, *Una scuola per l'emancipazione*, Roma Armando Editore, 2019, p. 99.

inqualificabile, quegli stessi bambini sono stati mandati in scuole comuni e le classi montessoriane abolite mentre nella scuola tornano a comparire pagelle, voti, e altre conseguenze dei vecchi metodi». Maria ritiene che siano andati «perduti i bei frutti ottenuti con quattro anni di lavoro».[55]

In Spagna

Quando i Montessori capiscono che la situazione politica non permette loro di dare al metodo solide radici, si trasferiscono a Barcellona.[56] Tra il 1932 e il 1936 sono seguiti nei loro spostamenti, anche minimi, in Europa.

La rete europea di informatori dell'OVRA è molto sviluppata. Ci sono infiltrati anche nelle file della sinistra spagnola, antifascista, laica e repubblicana, dove, nel 1933, Mario ha spesso incontrato Francesc Macià i Llussà, rivoluzionario repubblicano che ha fatto di Barcellona la capitale di uno Stato nello Stato.

Nel marzo del 1933 si è già svolta in Spagna una «Settimana Montessori», con il sostegno di psicologi e pedagogisti delle Università di Barcellona e Madrid. Il modello della scuola Montessori è riconosciuto come quello della scuola repubblicana. Maria allestisce una piccola scuola a casa sua, di cui si occupa Maria Antonietta Paolini.[57] Nella sede della Generalitat de Catalunya, a Montjuïc, i Montessori organizzano una scuola per i bambini degli operai, dei disoccupati e dei poveri della Federazione anarchica spagnola: tutte prove per gli informatori del regime fascista che i Montessori sono veri antifascisti.

---

55 Lettera da Barcellona, 21 febbraio 1933, citata in M. Montessori, *Il metodo del bambino e la formazione dell'uomo*, cit., p. 268.

56 La loro casa si trova in Calle Ganduxer, 22.

57 Maria Antonietta Paolini aveva frequentato il XV Corso internazionale. Dopo aver seguito, l'anno successivo, anche il XVI corso, Maria le aveva affidato una scuola a Roma e poi in Egitto, per bambini italiani. Maria Antonietta raggiunse i Montessori a Barcellona e visse diversi anni con loro.

Il IV Congresso Montessori

Stranamente il IV Congresso internazionale Montessori, intitolato «Il problema spirituale, scientifico e sociale dell'educazione», è organizzato a Roma, sotto il controllo del regime, dal 3 al 10 aprile 1934. Per precauzione, Mario si reca al consolato italiano di Barcellona per accertarsi di non essere arrestato durante il soggiorno in Italia. Il Congresso si svolge sotto stretta sorveglianza. Il ministro dell'Interno impone la presenza dell'insegnante Orazia Belsito Prini, la stessa che ha contribuito all'estromissione di Giuliana Sorge dalla Regia Scuola. Quando Maria viene a sapere della sua presenza, reagisce con fermezza e le vieta l'accesso alla sala conferenze.

Per aiutare Santorre Vezzari, un informatore del regime, è presente e redige il rapporto quotidiano del congresso Luciana Grimaldi (informatrice n. 10), peraltro autrice di libri per bambini. Entrambi prendono nota delle conferenze, ma anche delle persone con le quali i Montessori parlano. I Montessori sono seguiti nei minimi spostamenti, fino all'hotel in cui soggiornano. La sorveglianza si rivela «un compito non facile dappoiché la Dottoressa Montessori sa di essere tenuta d'occhio, ed adopera una prudenza illimitata sia nel parlare, sia nell'avvicinare persone in odore di fascismo».[58]

Jean Piaget interviene al congresso sul tema dello sviluppo del concetto di spazio nei bambini. Il programma prevede anche quattro conferenze di Maria su «Deviazione e normalizzazione». Durante la sua terza conferenza, Maria definisce il fascismo «forza nuova, motore di energie».[59] Parole quantomeno sorprendenti, dopo tutto quello che ha vissuto. Forse è un'ultima, disperata tattica. Comunque sia, il clima è teso, come racconta un articolo della stampa fascista.

«Siamo stati colpiti da una atmosfera curiosa. L'uditorio, composto prevalentemente da quel solito pubblico femminile in estasi in-

---

58 Rapporto del 6 aprile, citato in C. Tornar, *Maria Montessori durante il fascismo*, cit., p. 21.

59 Citato in P. Trabalzini, *Le dimensioni di Maria Montessori nelle riviste italiane. 1927-1934*, cit., p. 55.

torno ai teosofi, alle femministe, ai vegetariani, ai proclamatori dell'universale fratellanza e della protezione degli animali è apparso visibilmente inquieto.»[60]

Il rapporto sulla serata dà un'idea dell'atmosfera pesante che regna tra le collaboratrici di Maria. Eccone un estratto:

«Ieri sera, com'è noto, ha avuto luogo nella sala Borromini, in corso Vittorio Emanuele, una conferenza tenuta dalla D.ssa Montessori sul tema: Deviazione e Normalizzazione. La sala era affollatissima e attenta. L'argomento era quanto mai vecchio, somministrato quante centinaia di volte ai vari pubblici delle varie città europee dalla Ditta Montessori & Figlio. Trovo perciò superfluo riassumerlo. [...] Dopo circa 45 minuti che la Montessori parlava, è entrato nella sala un gruppo di giovani, fra cui uno che era chiamato dagli altri "onorevole" e che non mi è stato possibile conoscere. Costoro, rimasti in piedi al fondo della sala, molestavano alquanto la conferenza per il loro parlare forte ecc. tanto che il pubblico si voltava continuamente verso il gruppetto. Dopo una decina di minuti taluno ha protestato a voce alta ed allora i sette od otto giovani si sono ritirati dalla sala, lanciando un paio di fischi. La Dottoressa turbata ha cessato di parlare attendendo il ritorno di suo figlio che, attraversata la sala, si era recato a vedere di che si trattasse. Dopo un istante il figlio Dr. Mario è tornato, ha detto due parole a sua madre, dopo di che la Dottoressa ha ripiegato le sue cartelle, e con quattro parole ha concluso la conferenza evidentemente turbata e seccata. Molti commenti hanno seguito nella sala specie fra il pubblico femminile. Ho potuto avvicinarmi ad un gruppo di signore fra cui vi era la Signorina Spargella, segretaria del Congresso Montessori, e ho udito pronunciare da lei queste parole: "È una vera indecenza che vi siano sempre estranei e perturbatori che disturbano le nostre riunioni" – e poi rivolta alle altre Signore dell'Istituto Montessori: "Ricordatevi

60 Citato in C. Tornar, *Maria Montessori durante il fascismo*, cit., p. 21.

che nessuna persona, anche se munita di tessera, deve entrare nella sala se non è conosciuta da voi o da me"; ciò lo diceva e ripeteva con evidente ira. In un altro gruppo poi ho sentito parlare dell'espulsione della Prini avvenuta alcune ore prima in Campidoglio. Fuori della sala – poi – mentre un gruppo di signore attendeva l'autobus (ore 22,45) ho sentito ripetere dalla Spargella l'avvertimento e cioè che "le persone partecipanti ai lavori del Congresso debbono essere da essa conosciute", altrimenti essa ne ritirerà la tessera.

La Spargella salì nell'autobus diretto a S. Silvestro-Porta Pia ed io seduto vicino a lei ho potuto vedere nell'interno della sua borsetta una tessera azzurra che sarà stata quella tolta alla Prini poche ore prima».[61]

I segnali dell'opposizione del regime ai Montessori sono chiari. Dopo il Congresso, i Montessori lasciano definitivamente il suolo italiano, su cui rimetteranno piede dopo la Seconda guerra mondiale, più di dieci anni dopo e per soggiorni relativamente brevi. Nel 1936 il regime chiude la Regia Scuola Montessori e tutte le altre scuole Montessori sul territorio. L'Opera Nazionale Montessori è smantellata. Le scuole Montessori condivideranno lo stesso destino in Germania e in Austria, dove la foto di Maria sarà bruciata «sul rogo dei suoi libri».[62] Tuttavia la costante ricerca del sostegno di Mussolini negli anni Venti li perseguiterà per lunghi anni, senza che sia tenuto in debito conto il prezzo che avevano dovuto pagare. Alla fine, ciò che Mussolini e il regime non hanno mai perdonato a Maria è la conferenza sulla pace tenuta a Ginevra nel 1932. Un testo «impregnato di pacifismo e di buddismo» del tutto contrario all'etica fascista. Maria, che è profondamente pacifista, parla di una causa alla quale dedicherà le proprie energie negli ultimi anni della sua vita.

---

61 Fondo Polizia Politica-fascicolo personale di Maria Montessori, 6 aprile, 1034, Sorveglianza politica durante la conferenza Deviazione e normalizzazione, citato in I. Cacciotti, *Il rapporto Mussolini tra pubblico e privato*, www.cartedifamiglia.it/didattica.

62 E.M. Standing, *Maria Montessori. Sa vie, son oeuvre*, cit., p. 58.

9

MILITANTE PER LA PACE

Scrive Renilde Montessori: «Credo che vivendo [mia nonna] si sarebbe dedicata quasi interamente al problema dell'uomo e della pace. Il suo pensiero dominante era il destino dell'umanità. Per il quale temeva seriamente».[1] Una presa di coscienza che a partire dagli anni Trenta segna un'autentica svolta nella carriera di Maria. Da allora in poi incentra i suoi interventi sulla promozione della pace, poiché «costruire la pace è l'opera dell'educazione; la politica non può che evitare la guerra».[2] Il suo impegno a favore di questa causa durerà per tutta la vita e sarà riconosciuto al punto da essere proposta per ben tre volte per il premio Nobel per la pace. A sostegno della sua candidatura, nel 1949, si raccolgono e poi pubblicano, con il titolo *Educazione e pace*, le sue conferenze su questo tema. Si tratta di interventi tenutisi in giro per l'Europa in favore di una «scienza della pace». L'editore Garzanti così concludeva la sua introduzione:

«Se volete sapere perché Maria Montessori è stata proposta per il premio Nobel per la pace e perché nel mondo intero suscita un consenso plebiscitario, scoprirete in questa raccolta di discorsi il cammino progressivo del suo pensiero, così come l'azione da lei condotta. [Questi discorsi] rivelano le prime tracce del solco profondo che il suo potente spirito [ha tracciato]».[3]

1 Intervista a cura di A. Scocchera, *Renilde Montessori. Una tradizione e un impegno*, cit., p. 7.

2 M. Montessori (1996), *Educazione e pace*, Milano, Garzanti, 1949.

3 Ivi., pp. 17-18.

Il suo impegno a favore della pace inizia tuttavia molto prima delle sue conferenze europee.

Conversazioni sulla pace

Da giovane medico, quando affrontava i problemi dell'infanzia in difficoltà, Maria metteva in evidenza le terribili conseguenze che la guerra produce sulle donne incinte, indebolite dal punto di vista fisico ed emotivo, e *a fortiori* sui figli che nascevano in tali circostanze. Nel 1917, mentre Maria è a San Diego per un corso destinato ai futuri maestri, alcune collaboratrici, fra le quali Adelia Pyle e Blanche Weill,[4] vogliono approfittare del suo soggiorno per organizzare quattro incontri informali.[5] Maria accetta con piacere: «Avete suggerito di ritrovarci qui la domenica per parlare di idee generali. Utilizzerò con piacere questa occasione per parlare degli argomenti che, secondo me, hanno un legame diretto con la nuova educazione e con l'ambiente».[6]

Il tono di questi scambi è quello di una riflessione ad alta voce e non quello di una prolusione. D'altra parte, Maria cominciava ogni incontro pregando il pubblico «di non accordare troppa importanza a quello che diceva perché era la prima volta che parlava [di questi argomenti]», aggiungendo che «era felice di farlo in compagnia di amici, in un piccolo gruppo».[7]

Queste quattro chiacchierate si focalizzano sul tema della pace e sul modo in cui l'educazione può favorirne lo sviluppo. Maria evoca i tre flagelli della fame, della peste e della guerra, deplorando il fatto che gli uomini abbiano imparato a reagire ai primi due senza

4 Si tratta di una giovane donna «che ha assistito Alfred Adler durante le sue conferenze».

5 Questi incontri furono organizzati il 17 febbraio, l'11, il 18 e il 25 marzo 1917.

6 M. Montessori, *Peace Lecture 1. The First of Four Special Lectures Delivered on the 1917 San Diego Training Course February 18, 1917*, «AMI Journal», 2013/1-2, pp. 32-36.

7 E. Moretti, *Teaching Peace in a Time of War. Maria Montessori's 1917 Lectures*, «AMI Journal», 2013/1-2, p. 19.

aver trovato soluzioni per la terza. Ritiene che le cause della guerra necessitino della costruzione di una disciplina a pieno titolo, al fine di evitarla. Maria contesta aspramente le alleanze internazionali che trasformano il conflitto fra due paesi in un disaccordo mondiale. Si esprime anche contro i movimenti pacifisti che si limitano a denunciare la guerra invece di trovare delle soluzioni. Propone di ricorrere all'educazione e al rispetto delle «leggi della vita», strumenti che avrebbero permesso ai giovani di vivere in pace, rispettandosi reciprocamente, a partire dalla loro più tenera età. Sottolinea l'urgenza di impegnarsi in una riflessione più approfondita, basandosi su uno studio serio dello sviluppo della forza vitale del bambino, al fine di predisporre un ambiente adeguato e rispondente ai suoi bisogni fondamentali. Dichiara anche che per far nascere una società nuova, è necessario che l'educazione si basi su queste leggi vitali e che il bambino sviluppi un sentimento di appartenenza alla sua comunità, sollecitandolo a rispettare la società. Maria conclude queste chiacchierate abbozzando i quattro piani di sviluppo del bambino, tema che avrebbe approfondito alcuni anni più tardi. È certamente vero che il contesto internazionale influenza le riflessioni proposte in occasione di questi incontri, ma va detto che Maria è stata segnata anche da una visita compiuta in Francia l'anno precedente.

La Società della Croce Bianca

La visita memorabile è quella a una scuola «speciale» in cui i suoi principi pedagogici e il suo materiale sono stati messi a disposizione di numerosi bambini profughi di guerra, grazie alla generosità di Miss Cromwell, una facoltosa americana. Quest'ultima conosceva le scuole Montessori di Roma ed era convinta che questi bambini traumatizzati vi avrebbero potuto trarre dei benefici. Miss Cromwell aveva fornito tutto il necessario, mobilio e materiali, per mettere in piedi tre ricoveri nell'area parigina, a Saint-Sulpice, a Sèvres e a Fontenay-aux-Roses.

Dopo la guerra, Miss Cromwell rievoca il progetto in questi termini:

«I fanciulli vivevano in una continua attività. I loro giuochi erano sempre questi: mettere uno sull'altro degli oggetti, anche i più pesanti; ed accatastarli, come se quei bambini fossero assillati dal desiderio di ricostruire... Nei loro atti si riflettevano le scene vissute nei villaggi invasi! Con le piccole sedie e coi tavoli improvvisavano delle cantine dove nascondersi per molte ore del giorno ed i ragazzi, con grande entusiasmo si trastullavano impugnando, come fucili, le lunghe sbarre destinate ai primi esercizi di aritmetica. Per più settimane si ebbe la ripetizione di queste agitate giornate. Ma, in mezzo a tali e tante diverse scene che erano un po' come l'eco degli orrori da loro veduti, ebbi campo di constatare in essi delle curiose disposizioni. Un bimbo non strappava mai via all'altro il materiale didattico, né rovesciava a terra un mobile, per il solo desiderio di rovesciare. Il risultato delle ore trascorse nel turbinio bellico fu questo: un istinto accentuato di ricostruzione individuale e cooperativa ad un tempo».[8]

La situazione di questi bambini non può non ricordare a Maria quella degli orfani del terremoto di Messina. I piccoli profughi hanno anch'essi «una forma speciale di disturbi mentali, che costituisce una vera ferita mentale, una lesione che è altrettanto seria, se non di più, di quelle del corpo. Questi fanciulli sono giunti in uno stato di stupefazione, incapaci di comprendere, tremanti all'approssimarsi di chicchessia, paurosi del giorno come della notte. [...] [Nondimeno] cominciavano a ritrovare la gioia della fanciullezza».[9]

Giorno dopo giorno i bambini si tranquillizzano grazie all'atmosfera serena, dove tutto è adeguato alla loro statura e alla ripe-

8 M. R. Cromwell, *Il metodo Montessori in Francia durante la guerra*, «La Coltura popolare», IX, n. 1, gennaio 1919, p. 51.

9 M. Montessori, *La scuola e la guerra. La Croce Bianca*, «La Coltura popolare», VII, n. 9, settembre 1917, p. 661.

tizione di semplici esercizi. Un giornalista che visita le strutture di accoglienza non può nascondere la sua sorpresa:

«Il bambino normalmente ha fretta di lasciare la scuola per ritrovare i suoi giocattoli. Qui succede il contrario. La classe per lui è una continua ricreazione. Maneggia queste cose scintillanti con dei gridi di gioia, di stupore e di ammirazione. [...] I bambini erano disponibili ai compiti più sorprendenti: uno annaffiava una pianta, un altro si divertiva con dei bastoni variopinti, un terzo sovrapponeva dei cubi, un altro ancora rotolava delle sfere di creta con le sue maldestre manine. Allora io domandai: È sicuramente la ricreazione, stanno giocando? – Niente affatto, mi si rispose, sono in pieno lavoro».[10]

La metamorfosi spinge la Croce Rossa a sostenere l'iniziativa a sua volta, destinandole dei fondi.

Maria Montessori è convinta che «il problema dei ragazzi è uno dei più gravi della guerra [...] Questi disturbi, che si possono considerare fenomeni di degenerazione, consistono in un indebolimento di tutto il sistema nervoso, che importa una perdita di energia e di intelligenza e che influisce talmente sulla vita dell'individuo da trasmettere queste tendenze degenerative anche alle successive generazioni. [...] dopo un grande disastro, il numero dei ragazzi degenerati, deficienti, deboli intellettualmente e moralmente, degli adolescenti delinquenti, è, lo sappiamo tutti, molto maggiore che in tempi normali».[11]

È la ragione per cui Maria è convinta che per aiutare questi bambini si debba combinare un trattamento medico con un'educazione specifica. Nella primavera del 1917, in occasione di un ricevimento organizzato dalle associazioni femminili a San Diego,

10 A. Fage, *La méthode Montessori aux Refuges de Saint-Sulpice et de Fontenay-aux-Roses. Une curieuse expérience d'enseignement sur les petits réfugiés*, «Bulletin des réfugiés des départements du Nord» (29/11/1916), pp. 1-2.

11 M. Montessori, *La scuola e la guerra. La Croce Bianca*, cit., p. 662.

Maria lancia un appello per una «nuova crociata», affinché la giovane generazione superi questi grandi pericoli. Nasce il progetto della Società della Croce Bianca. Si tratta di un'assistenza educativa e di primi soccorsi per i bambini dei paesi devastati dalla guerra. Il nome simboleggia le innumerevoli piccole vittime della nuova generazione, nata in un contesto di grande sofferenza: «La croce è il loro segno, una croce senza macchia; bianca, in campo rosso di sangue».[12]

L'appello è rivolto «specialmente alle donne e agli scienziati; a coloro che vorrebbero salvare il futuro dell'umanità e guarire le ferite nel cuore di quei fanciulli, arrestando quel flotto sfuggente di energia, in modo che la forza di generazioni future non sia perduta».[13]

Maria sollecita la collaborazione di medici e di psichiatri, da un lato, e di educatori, dall'altro. Ai primi chiede di studiare e di osservare i differenti fenomeni psicologici che vivono i giovani profughi. Auspica anche che condividano le loro scoperte con i secondi, in modo che questi possano assistere al meglio i giovani e svolgere presso di loro il duplice ruolo «di maestro e d'infermiere che dovrebbe specializzarsi nel trattamento dei disturbi nervosi».[14] Sono gli educatori che si recano nei luoghi di accoglienza, dove esercitano un lavoro curativo ed educativo per ricostruire e fortificare la personalità psichica dei bambini «danneggiati».

Alla ricerca di sostegno

Per Maria il tempo stringe. «Non aspettiamo la fine della guerra! L'opera che possiamo fare già ora è d'importanza suprema. Noi

12 *Ibid.* In una lettera indirizzata al prof. Ferrari, Maria interpreta in un altro modo questo simbolo, dove «il colore bianco rappresenta il sistema nervoso e il rosso il sangue».

13 M. Montessori, *La scuola e la guerra. La Croce Bianca*, cit., p. 663.

14 Lettera al prof. Ferrari da San Diego, 21 agosto 1917, citata in M. Montessori, *Il metodo del bambino e la formazione dell'uomo*, cit., pp. 246-247.

non sappiamo quando la pace giungerà, ma dobbiamo trovarci pronti al suo richiamo.»[15]

Con grande determinazione scrive numerose lettere in Europa per esporre il progetto e chiedere aiuto.

Si rivolge in particolare al professor Giulio Cesare Ferrari, medico della Società Umanitaria e celebre psichiatra, il quale le aveva fatto conoscere i lavori di James sulla concentrazione. Gli presenta la Croce Bianca che, alla stregua della Croce Rossa, avrebbe dovuto essere attiva a livello mondiale e in modo permanente. A tempo debito, d'altra parte, Maria spera che si realizzi una collaborazione fra i due organismi.

«I medici specialisti delle malattie nervose dovrebbero avere nella Croce Bianca l'importanza e la dignità che hanno i chirurgi nella Croce Rossa: delle maestre preparate con metodi speciali di educazione dovrebbero essere parallele alle infermiere della Croce Rossa.»[16]

Maria propone al professor Ferrari di diventare il responsabile dell'aspetto scientifico, con l'obiettivo di raccogliere e studiare le perizie psichiche dei bambini presi in carico «in modo tale che la psicologia speciale dei bambini di guerra venisse a costituire una conoscenza ben precisata nei suoi caratteri e nelle sue possibili conseguenze nella razza».[17]

Maria ritiene che la Società Umanitaria sia l'organismo ideale per inquadrare e sostenere la Croce Bianca. L'organizzazione ha già un'esperienza nel campo: tre Case dei Bambini raccolgono i figli dei coscritti a Milano e un'altra accoglie piccoli profughi a Monza. Scrive ad Augusto Osimo per chiedere aiuto, esponendogli anche l'urgenza di questo lavoro poiché le cure psichiche di cui questi bambini hanno bisogno sono altrettanto essenziali delle operazio-

15 M. Montessori, *La scuola e la guerra. La Croce Bianca*, cit., p. 663.

16 Lettera al professor Ferrari da San Diego, 21 agosto 1917, citata in M. Montessori, *Il metodo del bambino e la formazione dell'uomo*, cit., p. 247.

17 Ivi, p. 248.

ni chirurgiche dei soldati feriti al fronte. Chiede che la Società Umanitaria «coordini le iniziative che mirano a raccogliere gli innocenti sui campi di battaglia per salvarli e preparare i frutti della pace». Propone anche che il giornale della Società Umanitaria, «La Coltura popolare», divenga «l'organo ufficiale di questo appello e di questo movimento scientifico diretto ai medici».[18] Di fronte a un'impresa tanto ampia, esorta Osimo a un gesto di coraggio:

«L'appello deve essere lanciato. Dobbiamo fare il nostro dovere. Benché la realizzazione immediata sia considerevole e complessa, non dobbiamo allarmarci. I mezzi finanziari devono provenire principalmente dal Commissariato generale per l'assistenza civile, dall'Alto Commissariato per i rifugiati e dall'Opera nazionale degli orfani di guerra».[19]

Quanto alla preparazione pratica dell'aspetto educativo, affinché si realizzi nelle migliori condizioni e il più rapidamente possibile, Maria propone di organizzarla nelle Case dei Bambini della Società Umanitaria, con una programmazione che ha messo a punto.

«L'idea qui è di cominciare formando piccole squadre di sei maestre: una è il capo, una è la segretaria, quattro sono maestre che insegneranno ai bambini. Esse hanno disciplina speciale e stabilita e indossano una uniforme. Supponiamo una squadra di sei americane che vanno in Francia. Esse entrano nei semplici ricoveri dei bambini rifugiati: prendono quaranta bambini per ognuna delle quattro maestre, e fanno quattro classi con un ambiente lieto, colorito, piacevole – impiantando una specie di "Casa dei Bambini", con esercizi di vita pratica. Ogni classe riceve dieci donne belghe o francesi – ragazze o vedove di guerra – e le fa stare lì, ad assistere, allineate e silenziose, da una parte. A poco a poco qualcuna

18 C.A. Colombo, M. Beretta Dragoni, *Maria Montessori e il sodalizio con l'Umanitaria*, cit., p. 67.

19 La lettera inviata a Osimo è pubblicata con il titolo *Salviamo i bambini*, «La Coltura popolare», VIII, 2, febbraio 1918, p. 83.

comincia a dare un piccolo aiuto e così via. Dopo sei mesi, ciascuna di queste donne mette insieme una classe di quaranta bambini, e così si è provveduto dopo sei mesi a 1600 bambini.»[20]

In seguito, propone che le quattro americane assicurino la continuazione del progetto, diventando ognuna ispettrice di dieci classi. Maria non esita a scrivere a papa Benedetto XV come ad altre personalità del Vaticano per ottenere il loro sostegno morale, e un aiuto finanziario che avrebbe permesso la creazione di questo organismo. Ma monsignor Umberto Benigni, che non sopporta le idee di Maria Montessori, da lui giudicate pericolose in quanto non conformi ai valori cristiani, intercetta le sue missive che non giungono mai a destinazione.

Malgrado i numerosi consensi, la Croce Bianca non va oltre lo stadio di progetto. Ciò non impedisce a Maria di studiare le conseguenze disastrose dei conflitti sulla società e, in particolare, sui bambini. Agisce allora in tutt'altro modo.

L'educazione è l'arma della pace[21]

Nel 1925 a Ginevra un gruppo di pedagogisti (fra i quali Édouard Claparède, Pierre Bovet, Adolphe Ferrière e Jean Piaget) ha costituito un Bureau International d'Éducation (BIE), il cui obiettivo è promuovere la pace per mezzo dell'educazione.[22] Nel 1932 Maria prende per la prima volta la parola in pubblico per esporre il suo pensiero, molto strutturato, sulla questione. Lo fa in una sede prestigiosa, poiché il BIE è il centro europeo del pensiero pacifista dell'epoca. In effetti la Società delle Nazioni ha chiesto al BIE di organizzare corsi per gli insegnanti per divulgare lo spirito di cooperazione internazionale. Jean Piaget vi tiene conferenze sulla pace fra il 1930 e il 1934, presentando i suoi studi sullo

20 *Ibid.*

21 M. Montessori, *Educazione e pace*, cit., p. 53.

22 Dal 1969 questo organismo fa parte dell'Unesco.

sviluppo del giudizio morale del bambino. A differenza di Maria Montessori, tuttavia, si mostra piuttosto perplesso quanto all'efficacia dell'educazione in questo campo, come attesta il tono dubitativo della sua ultima conferenza del 1934: «È possibile un'educazione per la pace?».

Maria, dal canto suo, non ha perso il suo modo franco di parlare:

«Invitare qualcuno a parlare della pace potrebbe sembrare del tutto inconsueto per il nostro tempo, poiché si pensa oggi che nessuno sia qualificato a parlare su un determinato soggetto a meno che non sia uno specialista della materia. Per questioni di importanza molto minore si ha la consuetudine di scegliere soltanto gli oratori che dimostrino in proposito una speciale competenza. Chi si sognerebbe di chiedere a un matematico di fare una critica dell'arte moderna o a un uomo di lettere di esporre la teoria della relatività? E tuttavia se si paragonano questi problemi a quello della pace, quale valore possono avere anche i più sublimi rami della scienza? È dalla pace che dipende la vera vita delle nazioni; forse dalla pace dipendono il progresso o la decadenza dell'intera nostra civiltà».[23]

Maria approfondisce le questioni sorte in occasione delle chiacchierate di San Diego, sviluppando in particolar modo il tema del flagello che la peste ha rappresentato per secoli, nonché il modo in cui l'uomo ne è venuto a capo. Quello che però colpisce è la sua intuizione visionaria riguardo ai pericoli che attendono l'umanità, come quello della bomba atomica, mentre molti altri respingono la possibilità che l'Europa possa diventare il teatro di una nuova guerra.

«Se le forze siderali sono utilizzate da uomini che le conoscono male, a scopo di distruzione, questo scopo sarà raggiunto rapidamente poiché le forze a disposizione dell'uomo sono illimitate.

---

23 Citato in G. Honegger Fresco, *Maria Montessori, una storia attuale*, cit., p. 144. Questo passo è ripreso dall'opera *Educazione e pace*, ma è stato modificato lo stile diretto.

[...] L'umanità d'oggigiorno somiglia a un bambino perduto nella notte, spaventato dalle ombre, dai rumori e dalle forze misteriose dell'oscurità. Gli uomini non capiscono chiaramente quali sono le forze che li trascinano verso la guerra; è per questo motivo che sono senza difesa.»[24]

Aver conosciuto il fascismo molto da vicino le ha permesso di aprire gli occhi sui pericoli insiti in un'istruzione che esalta lo spirito di competizione e prepara psicologicamente i bambini, dalla loro più tenera età, a impregnarsi di una «mentalità bellicosa che fa sì che saranno pronti quando i politici [li] chiameranno alle armi».[25]

Si può immaginare a che punto questa conferenza, pubblicata in forma di libro con il titolo *Educazione e pace*, abbia irritato più di un gerarca fascista, proprio mentre l'Italia si appresta a lanciare la sua campagna militare in Etiopia, con mire imperialiste. Emilio Bodrero, allora presidente dell'Opera Nazionale Montessori, dal canto suo invia a Mussolini un aspro resoconto a proposito di questa conferenza, tenuta davanti a «quasi tutte le personalità importanti d'ogni paese residenti a Ginevra, e specialmente tutte quelle signore, prevalentemente nordiche o anglosassoni, che dirigono le numerose associazioni femminili mondiali od internazionali, desiderose di sfruttare la Società delle Nazioni per i loro fini. Si occupano esse del voto alle donne, della nuova educazione, della cittadinanza delle donne maritate, della protezione degli animali, del Buddismo e soprattutto della pace. [...] L'applicazione del suo metodo [di Maria Montessori] alla pace è giustificata dall'occasione del discorso, ma risulta grottesca e puerile. C'è il solito motivo rousseauiano, con equivoci grossolani: ci sarebbe per esempio da

24 Rita Kramer data questo discorso nel 1926, errore ripreso da Standing, mentre si tratta del suo discorso del 1932. Citato in E.M. Standing, *Maria Montessori. Sa vie, son œuvre*, cit., p. 55.

25 *Résolution proposée par Mmes Montessori et Rotten et adoptée à l'unanimité par le VIe Congrès Montessori International*, «Pour l'Ère nouvelle», 1938/1, p. 28.

domandare all'oratrice se è capace di trovare od inventare un gioco per bambini che non contenga in sé l'embrione della guerra [...] o se saprebbe togliere dalla scuola, cioè dalla cultura umana, il sentimento dell'emulazione, che contiene già anch'esso un principio di guerra. D'altra parte nel colloquio che giorni or sono mi fece l'onore di accordarmi, V.E. si è dimostrato così perfettamente al corrente delle dottrine montessoriane che è del tutto superfluo illustrarle ancora. Anche in questo discorso è svolto il solito tema dell'avversione dell'adulto per il bambino, con accenti mistici pieni di biblico dolore».[26]

Maria pubblica, tuttavia, la versione integrale della conferenza, in italiano, nella «Rivista Montessori», con il titolo *Educazione sociale*. L'anno successivo il testo è ripubblicato con il titolo *Educazione alla guerra o educazione alla pace? La pace e l'educazione*, nella «Rivista pedagogica», la sola rivista che osi ancora opporsi alla politica educativa del regime fascista, diretta dal professor Credaro, con il quale Maria è rimasta in contatto dopo gli studi universitari.

La proposta pedagogica di Maria si evolve. Non tratta più, come la maggior parte degli altri pedagogisti, temi legati all'apprendimento da un punto di vista strettamente scolastico. Si colloca invece in una nuova prospettiva, quella dell'educazione che si dà per missione innanzitutto favorire la nascita di un «uomo nuovo». Al Congresso dell'Educazione Nuova, che si svolge a Nizza nell'agosto del 1932, tiene una conferenza dal titolo «Nuova mobilitazione». Propone «una nuova possibilità di liberare l'anima infantile dagli ostacoli che impediscono il suo pieno sviluppo, [per] vedere l'uomo sotto un differente aspetto».[27] Ai suoi occhi le Case dei Bambini sono dei luoghi simili a santuari dove i bambini com-

---

26 Lettera di Emilio Bodrero a Mussolini, 7 agosto 1932, citata in I. Cacciotti, *Carte di famiglia*, cit., pp. XIV-XVI. Nella stessa lettera Bodrero informa Mussolini della presenza di Maria Montessori al Congrès de l'Éducation nouvelle di Nizza.

27 M. Montessori, *Mobilisation nouvelle*, «Pour l'Ère nouvelle», 1932/8-9, 80, p. 206.

piono l'esperienza della pace. È grazie all'armonia, all'ordine e alla tranquillità che vi regnano, che può svilupparsi il loro equilibrio interiore. Vivono così la collaborazione, la solidarietà e la condivisione, concretamente, giorno dopo giorno, laddove altri approcci educativi farebbero emergere la competizione, l'aggressività e l'individualismo.

Una profuga

In Spagna il ministro della Pubblica Istruzione, ex allievo di Maria, le chiede di tenere una serie di conferenze radiofoniche per diffondere più ampiamente le sue idee. Il successo è tale che sulla scia della prima serie ne viene programmata una seconda, sulla «Questione sociale del bambino».

Mentre predica la pace, però, è essa stessa vittima della guerra civile, scoppiata nel luglio del 1936. Maria fugge da Barcellona a bordo del *Douglas*[28] della marina militare inglese. Maria Antonietta Paolini, rimasta con le figlie di Mario, si ricordava molto bene «di dieci miliziani che vennero al portone. Andavano in tutte le case e perquisivano senza riguardo alcuno, eppure ci rispettarono quando dissi loro che era la casa di Maria Montessori».[29] Sulla porta della loro casa è affisso un cartello: «Comitato centrale della CNT e delle milizie antifasciste. Si ordina a tutti gli affiliati che rispettino e facciano rispettare questo edificio perché appartiene alla Escuela Nueva Unificada».[30]

Mario, dal canto suo, racconta una versione dei fatti leggermente diversa, poi riferita dalle figlie. Queste ultime sono al balcone quando vedono scendere lungo la via i miliziani che sparano. Si dirigono direttamente verso la porta di casa e si fermano senza

28 La maggior parte delle fonti menzionano il *Man of War.*

29 G. Honegger Fresco, *Il centro internazionale di Studi Pedagogici e l'asilo "Santa Croce" (Montessori) di Perugia*, «Il Quaderno Montessori», VII, 26, estate 1990, p. 92.

30 Documento della polizia politica, citato in R. Foschi, *Maria Montessori,* cit., p. 94.

suonare. Uno di loro ha un pennello e comincia a scrivere sulla porta. Una volta finito, i miliziani salutano i bambini con un gesto della mano e se ne vanno. Loro scendono giù e vedono la scritta: «Rispettate questa casa. Ospita un'amica dei bambini». In un caso come nell'altro sembra evidente che Maria si è guadagnata il rispetto di un certo pubblico spagnolo.

Un rapporto di Vezzari menziona il fatto che Mario si è impegnato a fianco del noto antifascista Carlo Rosselli,[31] nella sezione italiana creata da quest'ultimo. Il rapporto indica che Mario è con lui a Huesca, ma questo fatto non è certo.[32] L'unica soluzione che Maria Antonietta Paolini trova per lasciare Barcellona con le due figlie di Mario[33] è di imbarcarsi sulla nave *Conte Verde*, in direzione di Genova, anche se non possono restare in Italia a causa del regime fascista. Le bambine raggiungono quindi la nonna a Londra, dove tiene un corso di formazione. Alla fine del corso sono raggiunte da Mario, ma non possono restare nel Regno Unito perché privi di permesso di soggiorno. Mario e Helen sono ormai separati. È proprio in questo frangente che interviene Ada Pierson, una giovane donna che ha già seguito tre formazioni di Maria. Ada chiede ai suoi genitori, una ricca coppia di banchieri, di accogliere i Montessori presso di loro a Laren, una cittadina a nord di Utrecht. Tutta la tribù Montessori vi trova accoglienza per qualche anno.

«Eravamo cinque profughi, ma la dottoressa, malgrado la precarietà della situazione, e i suoi sessantasei anni non perdeva l'entusiasmo e il coraggio di ricominciare daccapo.»[34]

---

31 Carlo Rosselli è arrestato e condannato a cinque anni di prigione nel 1926. Riesce a evadere e va in esilio a Parigi, dove fonda un movimento antifascista. È assassinato nel 1937 per ordine di Mussolini.

32 Questo rapporto è menzionato da R. Foschi, *Maria Montessori*, cit., p. 94.

33 Sembrerebbe che Marilena fosse già a Londra. Renilde, la figlia più giovane, rimase con la madre a Barcellona prima di raggiungere il padre in Olanda.

34 G. Honegger Fresco, *La Scuola Montessori di Laren (1936)*, «Il Quaderno Montessori», VII, n. 25, primavera 1990, p. 109.

A sessantasei anni, Maria comincia a fondare una scuola a cui, per la prima e unica volta, attribuisce il suo nome: *M. Montessori School.* Auspica di «approfondire personalmente il concetto di educazione come aiuto alla formazione umana»,[35] convinta che nel periodo di crisi che conosce l'Europa ci sia un bisogno urgente di uomini e di donne dalla personalità equilibrata e solida. Vuole anche lavorare per il riconoscimento dei diritti del bambino, in modo che venga considerato un cittadino a pieno titolo con gli stessi diritti di un adulto.

A Laren, la Casa dei Bambini all'inizio viene allestita al pian terreno della loro dimora, prima di trasferirsi in uno spazio più grande,[36] a lungo rimasto vuoto e il cui canone d'affitto è incredibilmente basso. Il quadro d'insieme è ideale: un grande giardino con tanti alberi e uno stagno, uccelli e una capra. Al primo piano si trova la scuola elementare, con una sezione per i bambini con difficoltà nella scuola tradizionale. Una classe di formazione accoglie ragazze a partire dai quattordici anni, alle quali viene impartita una formazione pratica per diventare maestre alla Casa dei Bambini. Maria Montessori spera di fare di Laren il centro nevralgico del movimento Montessori in Europa.

Un congresso pacifista

Maria partecipa come relatrice al primo congresso dell'Incontro universale per la pace a Bruxelles, nel settembre del 1936. L'OVRA dal canto suo redige un rapporto sulla sua presenza a un evento organizzato da un'associazione palesemente antifascista, cui partecipano diverse migliaia di delegati europei. La conferenza di Maria reca il titolo «Per la pace». Di fronte all'ascesa di Adolf Hitler, che ha fatto chiudere tutte le scuole Montessori in Germania a partire

35 È qui che vengono creati strumenti pedagogici come i triangoli costruttori, il planisfero a incastro e la nomenclatura delle foglie. Ivi, pp. 108-111.

36 Groenendaal, Naarderstraat 49.

dal 1934, Maria propone di concepire l'umanità come una «nazione unica». Dice:

«Abbiamo già visto che nella guerra europea i vincitori non hanno tratto nuove energie e benefici dalla vittoria, come avveniva nei tempi passati. Un fenomeno del tutto nuovo si è verificato: i popoli vinti sono divenuti un pericolo, un peso, un ostacolo per i vincitori, i quali hanno dovuto occuparsi di risollevarsi e di aiutarli. Un popolo vinto è oggi una malattia per l'umanità intera. L'impoverimento di uno non fa la ricchezza di un altro, ma il decadimento di tutti. Distruggere una nazione sarebbe come amputare una mano nell'illusione che l'altra mano raddoppierebbe così la propria forza. Tutti formiamo un solo organismo, una Nazione unica».[37]

Il Partito sociale del bambino

«Viva la Danimarca, generosa e grande nell'offrire ospitalità alla pace del mondo!»[38]

La Danimarca accoglie il VI Congresso internazionale Montessori, che si tiene dal 1° al 10 agosto 1937, sul tema «Educate per la pace». I partecipanti provengono da ventisei paesi e sono presenti numerose delegazioni ufficiali.[39]

L'accoglienza è calorosa in questo paese che «ha ed ebbe in ogni tempo il culto della pace e dei tesori dell'intelletto».[40] D'altronde per l'occasione il governo ha messo a disposizione le sale del Parlamento. Per i Montessori si tratta anche di un ritorno in un luogo

37 *Educazione e pace*, cit., p. 30.

38 Ivi, p. 51.

39 Il Belgio, la Catalogna, il Cile, la Cecoslovacchia, la Francia, la Grecia, Haiti, in Canton Ticino, la Lettonia, il Messico, la Romania, la Russia, gli Stati Uniti d'America e l'Egitto hanno inviato una delegazione o chiesto al loro rappresentante diplomatico in servizio in questa capitale di onorare il congresso assistendo personalmente alla sessione di apertura. *Ibid.*

40 Ivi, p. 49.

carico di promesse, perché è proprio a Helsingør che nel 1929 è stata fondata l'AMI.

Maria tiene sei conferenze, oltre alla presentazione dell'evento che ha fatto a maggio. Precisa che, quando evoca la guerra, lo fa secondo una prospettiva umanistica e non politica. Deplora la mancanza di educazione che spinge gli individui a isolarsi e a coltivare solo i propri interessi personali:

«Io non discuto sull'opportunità degli armamenti meccanici, non entro nella questione politica; dico soltanto che la vera difesa dei popoli non può poggiare sulle armi: giacché le guerre si succederanno sempre l'una all'altra, e non potranno mai assicurare la pace e la prosperità di nessun popolo, finché non si ricorrerà a questo grande "armamento per la pace" che è l'educazione. [...] Oggi l'educazione è rimasta troppo indietro rispetto alle esigenze attuali. Si potrebbe dire che l'educazione è rimasta al livello del lancio della freccia, rispetto all'armamento bellico: come è possibile combattere a mezzo di frecce contro cannoni potentissimi e bombardamenti aerei?».[41]

Poiché la negazione dei diritti del bambino prepara alla guerra, Maria propone l'istituzione di un ministero per proteggere l'umanità, da chiamarsi Ministero del Bambino. A suo parere il bambino, fino ad allora, non è stato ancora considerato come un cittadino a pieno diritto. Benché in tutti i paesi del mondo esista un Ministero della Pubblica Istruzione, si occupa solo del bambino in età scolare e non della «questione sociale del bambino anche da un lato legale e pratico, e bisogna preoccuparsi del bambino sin dalla nascita».[42]

Nella conferenza di chiusura, Maria annuncia un atto concreto: la fondazione del Partito del bambino. Non si tratta di un partito in senso stretto, ma di un grande movimento sociale in favore dei bam-

41 Ivi, pp. 37-38.
42 Ivi, p. 112.

bini. Maria considera che «la protezione del bambino è un'opera nuova e grande che valorizzando una parte dell'umanità potrà condurci a realizzare un mondo migliore: e questo è il cammino verso la pace».[43] Opera affinché venga riconosciuta la dignità dei bambini e sia assicurato loro un posto, legittimo, nella società. Si rivolge non solo agli educatori, ma anche al grande pubblico e a tutti quelli che sono consapevoli dell'importanza del loro ruolo di genitori, e auspica l'unione di tutti per difendere i diritti dei bambini. Maria pensa che la collaborazione degli adulti in un movimento mondiale costituisca il miglior mezzo per far progredire la civiltà.

Qualche mese più tardi conferma questo progetto ribattezzando il movimento Partito sociale del bambino.[44] Lancia allora un appello agli organismi che si occupano di educazione, invitandoli a esaminare seriamente la proposta e sottoporla alle loro rispettive autorità. Ogni società nazionale Montessori è invitata a verificare la fattibilità del progetto e a inviare una relazione all'AMI.

In seguito Maria svilupperà con più concretezza l'oggetto di studio di questo movimento. Constatando che in certi paesi sono state create cattedre per «alimentare e mantenere lo spirito di guerra», l'AMI vara una campagna per «studiare e diffondere una scienza della pace». Il primo atto di questa operazione consiste nel creare un Istituto internazionale col compito di «coordinare gli studi esistenti e intraprenderne di nuovi, per mettere in luce le leggi ancora sconosciute che presiedono alla crescita psichica dell'uomo [così come] i mezzi che assicurano le buone condizioni psichiche e fisiche della sua crescita». Tutte queste condizioni convergono verso il Diritto dell'infanzia, che da principio si declina come il «diritto di vivere in un mondo pacifico». Il Partito sociale del Bambino è lo strumento che si dà come missione quella di «illustrare, propagare e imporre» questo diritto.

---

43 *Ibid.*

44 *Résolution proposée par Mmes Montessori et Rotten...*, cit., pp. 28-29.

Maria chiede anche alle università di impegnarsi a studiare scientificamente la scienza della pace, poiché si tratta di identificare e analizzare le condizioni in cui emerge uno spirito pacifista e collaborativo. Maria parte dal principio che «un nuovo bisogno richiede una scienza nuova», se si vuole evitare che «la pace resti un concetto vago» e se ci si vuole assicurare che ciascuno possa prendere le misure necessarie per la sua realizzazione. Questa scienza secondo lei deve poggiare su conoscenze pluridisciplinari: la biologia, che dimostra che il combattimento non è un istinto nell'uomo, che vi fa ricorso solo quando è spinto dalla paura; la storia, che presenta esempi in cui si è affermata la vera pace; e la psicologia, che ci insegna che il soffocamento delle capacità umane a partire dalla prima infanzia può generare e far emergere forze brutali. Deplora il fatto che, al momento, tutte queste conoscenze siano disperse. Vuole quindi creare collegamenti fra di esse, approfondirle e farle conoscere a tutti i «futuri professori, preti, medici, uomini di legge, operatori sociali, scrittori [e soprattutto] uomini politici».

Maria sviluppa la sua riflessione sulla scienza della pace in tre conferenze organizzate ad Amersfoort, presso l'École internationale de philosophie, nel dicembre del 1937. Il professore che l'ha invitata le ha chiesto di condividere la sua esperienza con i bambini. Maria parla della prima fase della vita del bambino e di quella dell'«embrione spirituale», e del bambino «non più come il figlio dell'uomo, ma come il creatore e il padre dell'uomo». Considera il bambino come il solo che ci può rivelare i segreti della vita dell'uomo spirituale. Maria dichiara che i bambini che lavorano instancabilmente nelle sue scuole le hanno rivelato che «il lavoro è l'istinto fondamentale dell'uomo» e che essi sono spinti ad agire dall'«amore per il loro ambiente».[45]

Nel luglio del 1939 Maria interviene a Londra al World Fellowship of Faiths (Fraternità mondiale delle fedi), il cui fine è

45 *Educazione e pace*, cit., pp. 129-134.

«mettere le fedi in armonia, di mostrare che esse desiderano la stessa cosa ed amano nello stesso modo. [...] Far sentire che tutti gli uomini che vivono sulla terra, qualunque siano le loro idee, abitudini o credenze religiose, sono tutti nell'intimo concordi e potrebbero chiamarsi fratelli o amici».[46]

Per le questioni rimaste senza risposta (come quella di sapere perché più cresce lo spirito degli uomini, grazie allo studio, alla scoperta o alla creazione di capolavori, più si combattono fra di loro...), Maria propone il modello di bambino come «maestro d'amore», il solo che possa insegnarci la pace. Il bambino è « Un essere puro, parimenti libero dall'una e dall'altre delle idee filosofiche o dai partiti politici [che possiede] il mistero di una bontà che esiste nel fondo».[47]

La voce di Maria è però debole e isolata, soffocata dai colpi e dall'eco dei cannoni che minacciano di nuovo l'Europa. Si prepara a partire per l'India per sei mesi, ma ancora una volta la guerra ostacolerà i suoi piani e sarà costretta a rimanervi per sette anni.

46 Ivi, p. 173.

47 Ivi, p. 175.

10

GLI ANNI IN INDIA

«Questo meraviglioso paese»[1] ha uno spazio particolare nella vita di Maria e del figlio Mario, che vi trascorrono quasi nove anni nel corso di due soggiorni. In India formano migliaia di insegnanti in sedici sessioni. Il successo dell'approccio Montessori è tale che ancora oggi l'India pullula di scuole Montessori. Non è raro perfino sentir dire dai genitori che i loro figli vanno «alla Montessori», quando invece si tratta di una scuola materna tradizionale privata, a dimostrazione di quanto siano famosi i Montessori nel paese. Si può addirittura affermare, senza esagerare, che Maria ha svolto un ruolo importante nello sviluppo della moderna istruzione indiana. Nelle foto di questo periodo Maria appare come rappacificata. I suoi abiti neri sono ormai un ricordo. È sorridente, malgrado i problemi di salute dovuti all'età e alle condizioni di vita rese difficili dalla calura. Niente sembra fermarla: né gli spostamenti lunghi e disagevoli, né l'ostacolo della lingua, né le costrizioni impostele dal governo inglese[2] in questa fase della Seconda guerra mondiale. Malgrado le circostanze, il suo temperamento positivo le fa riconoscere che il prolungamento forzato del suo soggiorno a causa del conflitto mondiale è una «occasione della Provvidenza» che le per-

1 Dalla prefazione della versione italiana di *Educazione per un mondo nuovo*: «Alla memoria di George Sydney Arundale, il quale, invitandomi in India, mi ha offerto la possibilità di incontrare questa grande personalità e di conoscere questo meraviglioso paese».

2 Quando l'Italia entra in guerra a fianco della Germania, gli inglesi trattano i cittadini italiani come nemici. Mario è tenuto prigioniero per tre mesi e Maria è agli arresti domiciliari.

mette di concentrarsi sul suo lavoro. In effetti, il pensiero montessoriano si sviluppa e si definisce più chiaramente a contatto con la cultura indiana. Maria approfondisce in modo particolare lo sviluppo dei bambini in tenera età, dei più piccoli che in India vivono a contatto permanente con gli adulti, aspetto quest'ultimo che faciliterà la sua osservazione. Inoltre, per lei come per Mario, la natura lussureggiante e la ricchezza della cultura indiana favoriscono lo sviluppo di quella che avrebbero poi chiamato l'educazione cosmica, ossia l'educazione all'osservazione dell'universo.

L'origine di un soggiorno

Nell'inverno del 1937 una coppia anglo-indiana, George Sydney Arundale e sua moglie Rukmini Devi, si trovava in vacanza ad Amsterdam. Appassionato di pedagogia, esattamente come la sua consorte, Arundale era una personalità rinomata; era stato ministro indiano dell'istruzione,[3] ma è come presidente della Società Teosofica che sogna di incontrare Maria Montessori. Quando vengono a sapere che la celebre dottoressa si trova, in quel momento, non lontano da Amsterdam, decidono di recarsi subito a Laren, dove vengono accolti con gran semplicità.

La simpatia è immediata e reciproca. Espongono a Maria il loro desiderio di organizzare una formazione in India. Per Arundale è di primaria importanza che i bambini possano beneficiare di una educazione di qualità, con insegnanti indiani. Si tratta di una vera e propria sfida, poiché negli anni Trenta solo il 30% dei bambini indiani è scolarizzato, nonostante la scuola elementare sia stata resa obbligatoria nel 1933. Si tratta quindi di modernizzare la scuola per istruire milioni di bambini, permettendo loro di accedere a migliori condizioni di vita.

3 In precedenza George Sydney Arundale era stato direttore di una scuola a Benares e rettore dell'Università di Madras. Dal 1934 era presidente della Società Teosofica.

In realtà in India esistono scuole Montessori già dal 1915, nello stato del Gujarat. Un solo indiano, Paul Chinnappa,[4] ha partecipato a Roma al primo Corso internazionale del 1913, poi ne sono seguiti altri che al loro ritorno in patria hanno aperto delle scuole. A partire dal 1917, Annie Besant, presidente della Società Teosofica, ha lanciato l'idea di un corso montessoriano per formare insegnanti in India.[5]

Alla fine degli anni Venti, un'edizione di *Pedagogia scientifica* è già disponibile nelle lingue gujarat e hindi.

Nel 1932 l'Università di Calcutta ha invitato Maria a tenere un ciclo di conferenze. Per preparare questo viaggio viene istituita una commissione che però non ottiene alcun risultato. Per definire le date del suo arrivo si deve attendere il 1938 nonché un secondo incontro con Arundale. La sola condizione posta da Maria è di avere il tempo per studiare la situazione dell'educazione in India, e adeguare così il suo metodo ai bisogni dei bambini di quella parte del mondo. Si decide infine che Maria avrebbe tenuto un corso iniziale di tre mesi per poi dedicarsi a numerose visite.

La partenza è fissata per l'ottobre del 1939. Maria e suo figlio Mario decidono di partire nonostante l'invasione della Polonia da parte della Germania hitleriana, evento che hanno seguito con ansia da Loguivy-de-la-Mer, in compagnia della famiglia Bernard. Maria Antonietta Paolini li accompagna a Napoli dove si imbarcano per Bombay.

Sarebbero dovuti partire per sei mesi, ma la Seconda guerra mondiale avrebbe deciso diversamente per loro. I Montessori avrebbero rimesso piede sul suolo europeo solo sette anni più tardi, il 30 luglio 1946.

---

4 Paul Chinnappa venne inviato a Roma dal governo di Mysore per studiare il metodo Montessori, poi andò a Chicago per fare un dottorato sull'influenza del sistema inglese sull'insegnamento indiano.

5 Tutte le scuole sotto la sua responsabilità applicarono i principi montessoriani a partire dal 1931.

Un avvenimento nazionale

L'arrivo di Maria Montessori è un evento di rilevanza nazionale. J.R.D. Tata, il più importante industriale del paese e unico indiano in possesso del brevetto di pilota, è al comando dell'aereo che, il 4 novembre 1939, la conduce da Hyderabad a Madras. Malgrado l'età e la durata del viaggio, molto impegnativo all'epoca, Maria scende dall'aereo con passo svelto e mostra vivo interesse per tutto ciò che la circonda. L'accoglienza tributata è grandiosa, al punto che cinquant'anni dopo quelli che all'epoca erano molto giovani si ricordano ancora delle lunghe file di bambini festanti lungo il percorso che conduce alla sede della Società Teosofica.

Giunta a destinazione, Maria non sente il bisogno di riposarsi e si preoccupa immediatamente dell'organizzazione del corso.

Due personalità indiane di primo piano, Rabindranath Tagore[6] e Gandhi, patrocinano il corso Montessori, con i loro nomi in bella vista sugli opuscoli.[7]

Tagore ha incontrato Maria a New York nel 1925. D'altronde, Maria ha citato Tagore nell'introduzione alla terza edizione italiana del suo *Il Metodo della Pedagogia Scientifica*, del 1926: «Il famoso poeta indiano Rabindranath Tagore ha voluto unire al suo concetto poetico la praticità del mio metodo, diffondendo nell'India e nell'isola di Giava le scuole Tagore-Montessori».[8]

---

6 Rabindranath Tagore (1861-1941). Poeta, scrittore e filosofo, è il primo non europeo a essere insignito del premio Nobel per la letteratura nel 1913. Ha una concezione integrale dell'educazione e accorda molta importanza al lavoro manuale e all'attività all'aria aperta. È particolarmente legato alla scuola che ha fondato nei pressi di Calcutta.

7 Tagore ha accettato di patrocinare il corso in questi termini: «Sono lieto di sapere che Lei si sta interessando al viaggio della Dottoressa Montessori in India e che sta organizzando un seminario per insegnanti a Adyar durante la sua permanenza a Madras. Volentieri aderisco alla Sua richiesta di fungere da patrono a questo seminario e non ho nulla in contrario a che il mio nome appaia come tale nel Suo materiale informativo», citato in P. Giovetti, *Maria Montessori…*, cit., p. 97

8 *Il Metodo della Pedagogia Scientifica applicato all'educazione infantile*, cit., p. 64.

In seguito si erano rivisti nel 1929 al Congresso della Lega Internazionale per l'Educazione Nuova, la LIEN, a Helsingør. Tagore scrive a Maria nel 1940, quando lei è in India:

«È per me una gioia ricevere le Sue notizie. Come Lei sa, io sono un grande ammiratore del Suo lavoro nel campo dell'educazione e insieme ai miei connazionali penso che sia una grande fortuna per l'India poter avere in questo tempo la Sua guida. Ho fiducia che l'educazione dei giovani, che dovranno sostenere tutto il lavoro della ricostruzione nazionale, troverà nella Sua presenza una nuova e durevole ispirazione».[9]

Gandhi, invece, ha incontrato Maria per la prima volta nel 1931, a Londra, in occasione della sua partecipazione alla Conferenza della tavola rotonda[10] in concomitanza con il XVII Corso internazionale Montessori. È intervenuto anche alla sua inaugurazione:

«Fu nel 1915, giungendo in India, che per la prima volta ebbi sentore della Sua opera. E speravo di trovare qui, a Londra, Lei e i suoi bambini. È per me una gioia indicibile il vedere come questi bambini vengano guidati alla virtù del silenzio e in quale profumata pace essi rispondano, avanzando, alla lieve chiamata del maestro. Mentre segue quei movimenti, il mio cuore si porta milioni di bimbi nei poveri villaggi affamati dell'India e io mi chiedo: "Potrò dare a quei bambini quella educazione che il Suo metodo è capace di dare?"».[11]

Poco tempo dopo Maria si reca a Manchester a un raduno che ha lo scopo di sostenere la causa di Gandhi. Lo accompagna anche durante la visita in una Casa dei Bambini a Londra, esperienza che rinnova in seguito a Roma. Gandhi apprezza i principi filosofici delle scuole Montessori, ma prega Maria di non dimenticare i

9 Lettera del 6 gennaio 1940, citata in «Vita dell'Infanzia», 2017/3-4, p. 39.

10 Tra il 1930 e il 1932 il governo del Regno Unito organizzò tre conferenze (Round Table Conferences) per discutere delle riforme costituzionali nell'India britannica.

11 P. Trabalzini, *Montessori e Gandhi in immagini e parole*, «Vita dell'Infanzia», LIII, 10, dicembre 2004, p. 5.

bambini poveri. Lei promette a Gandhi che, se avrà l'occasione di recarsi in India, lavorerà con i bambini del suo ashram.[12] In seguito restano in contatto epistolare. L'influenza di Gandhi ha certamente svolto un ruolo per il suo viaggio in India, come poi scriverà: «Sono lieto di essere stato in grado di indurla a consentire di donare all'India sei mesi».[13]

Adyar

L'accoglienza ricevuta da Maria è degna di una regina. Viene fatto di tutto affinché lei e Mario possano vivere nelle migliori condizioni possibili. È messo loro a disposizione un autista[14] per accompagnare «*Madam* [che] era solita comprare molte cose da Spencer. Spencer teneva allora molti cibi prodotti in Inghilterra e lei faceva acquisti lì. Non beveva mai acqua, beveva sempre limonata. Le piaceva molto anche il caffè italiano, ne beveva spesso durante il giorno, ma in piccole quantità».[15] Un'allieva dell'epoca ricorda: «Amava i gioielli e gli scialli indiani, apprezzava la nostra cucina vegetariana ma non l'adottò mai completamente. Ci chiamava *rabbit* perché eravamo vegetariani, ci diceva: "You rabbit, are you happy?" Spesso veniva a casa nostra e gustava volentieri i nostri piatti».[16]

Il quartier generale della Società Teosofica, situato ad Adyar, è un'oasi di pace. Il grande parco sulle sponde del golfo del Bengala ospita numerosi animali e una vegetazione lussureggiante, fra gli altri il Great Banyan Tree, un albero di cinquecento anni la cui cir-

---

12 C. Trudeau (2003), *Montessori's years in India*, Archivi generali delle suore di Notre-Dame de Namur, p. 15.

13 Lettera a George Sydney Arundale, 21 maggio1939, citata in P. Giovetti, *Maria Montessori. Una biografia*, cit., p. 97.

14 L'autista si chiamava Swami Nachiappan. Diventerà il direttore della casa editrice Kalakshetra Publications, creata durante il soggiorno di Maria per diffondere i suoi libri in India.

15 P. Giovetti, *Maria Montessori. Una biografia*, cit., pp. 99-104.

16 Ivi, p. 108.

conferenza totale raggiungeva i 250 metri. Si organizzano eventi all'ombra delle sue chiome, dove Maria e Mario amano passare del tempo a conversare con diverse persone. Nel parco è disseminata una trentina di edifici, fra i quali un luogo di culto per ogni religione.

I Montessori vivono all'Olcott Bungalow, un grande edificio elegante di stile coloniale, un po' appartato, in mezzo alla vegetazione. Il loro appartamento è situato al primo piano, mentre la scuola, da loro fondata, si trova al pianterreno. È costituita da grandi vani con numerose porte che permettono ai bambini di passare facilmente all'esterno, nella veranda o nel giardino, per godere della natura e lavorare all'aria aperta. La scuola accoglie i bambini delle famiglie della tenuta e dei villaggi poveri dei dintorni. Una vecchia allieva della scuola Olcott racconta:

«Era dolce, piacevole, amichevole, ci dava tanti consigli su come dovevamo essere. Lei però non insegnava, lei sedeva, guardava, osservava. Non usciva fuori con noi. [...] Con Mario prendevamo le foglie, i fiori e li descrivevamo. Mario ce li faceva disegnare, ci insegnava i nomi botanici e noi imparavamo facilmente, anche se eravamo piccoli. Ci insegnava anche geografia, con grandi mappe, tutto era molto pratico con lui. Ci raccontava tante storie e voleva che noi raccontassimo a lui quelle indiane. Era molto amichevole, molto gioioso, ci portava sulla spiaggia, giocava con noi, ci invitava a casa sua, ma teneva molto alla disciplina. Era severo ma gioioso e sapeva rendere facile anche ciò che era difficile. Abbiamo imparato molto da lui. Madam e Mario non ci scoraggiavano mai».[17]

È previsto che il primo corso (dal novembre del 1939 al febbraio del 1940) accolga cinquanta studenti. Alla fine saranno trecento, non solamente insegnanti, ma anche medici e professori provenienti da diversi Stati indiani. Per accoglierli si costruiscono capanne con foglie di palma, così come una grande sala conferenze che ha funzioni di aula. Gli studenti sono seduti per terra mentre

17 Ivi, p. 107.

Maria è sistemata su una poltroncina, con un tavolo davanti a sé. Mario le sta accanto per assicurare la traduzione inglese. Siccome Maria comprende l'inglese solamente se parlato lentamente, lo corregge con un sorriso malizioso sulle labbra, quando a suo parere la traduzione non è abbastanza precisa.

Maria inizia la lezione con una preghiera e parla con un tono di voce piuttosto basso. Un silenzio completo accoglie le sue parole. La sua presenza e il suo talento come oratrice segnano gli studenti: «Non ci annoiavamo mai», «ogni lezione era un'occasione piacevole di apprendimento». Altri studenti ricordano il suo senso dell'umorismo o il suo sguardo espressivo.[18] Alla fine di ogni lezione ringrazia il pubblico: «Vi ringrazio di aver seguito con tanta attenzione, ho molto affetto per voi. Mi avete dato grande soddisfazione e consolazione e vi ringrazio dal profondo del cuore».[19] Subito dopo gli studenti vanno a salutare la loro professoressa, toccandole rispettosamente le mani e i piedi. In India, come altrove, Maria s'impregna della cultura del suo pubblico, utilizzando un linguaggio concreto che permette di comunicare le sue idee in modo efficace, come testimonia questo esempio:

«Mahatma Gandhi vi dice: "Filate e tessete" e io vi dico: "Aiutate i bambini perché sono i figli della vostra nazione". È grazie ai bambini che si costruirà la vostra nazione. Filate, filate, filate. Questo deve essere un simbolo per voi, poiché non potete tessere finché non avete filato... La prima parte in questa costruzione è la pulizia e la preparazione della matassa, in seguito verrà la tessitura dei fili che formeranno, un giorno, il futuro della società».[20]

Per assorbire la dimensione pratica della pedagogia Montessori, gli studenti osservano il lavoro dei bambini della scuola Olcott e della Besant Memorial School. Pur essendo numerosi, tuttavia,

---

18 C. Trudeau, *Montessori's years in India,* cit., p. 10.

19 P. Giovetti, *Maria Montessori. Una biografia*, cit., p. 110.

20 U. Ramani (2016), *Montessori in India, Éducateurs sans Frontières Assembly, p. 15.*

dispongono solo di tre set di materiale con cui esercitarsi nella manipolazione. La sera, una volta finito il corso ufficiale, Maria resta in compagnia degli studenti e fa delle passeggiate con loro sulla veranda o sulla spiaggia. Ama guardare il mare, che sia calmo o agitato, mentre discute con gli studenti di problematiche legate all'infanzia. Quando siede in giardino, gli studenti si precipitano verso di lei e, sebbene non abbiano nessuna lingua in comune, è più che evidente che riescono a capirsi.

Fin dal suo arrivo Maria si sente profondamente compresa, come in nessun altro luogo:

«Per molte decadi il bambino mi ha rivelato qualcosa che è nascosto nella profondità della sua anima. Ma quale mancanza di comprensione, quanti malintesi ho trovato in tanti paesi, perché la gente pensava che io parlassi di un metodo pedagogico, mentre io parlavo di una rivelazione che mi è stata data dall'anima. Qui da voi mi sento compresa fino in fondo. [...] Il bambino è il tesoro supremo, dal quale possiamo attingere forza. Noi dobbiamo considerare il bambino il nostro collaboratore. Lui ha una parte del lavoro, noi un'altra. Il suo compito è donarci la prima luce del vero amore. La società può cambiare solo se adulti e bambini collaborano. Fare ciò non è facile, e questo è il compito dell'educazione. La vera educazione coinvolge non solo il bambino che viene educato, ma anche l'adulto che si trasforma».[21]

C'è una bella collaborazione fra Maria e Rukmini Devi, la moglie di George Arundale, esperta di danze tradizionali. Ai margini della tenuta della Società Teosofica, Rukmini ha fondato il centro Kalakshetra, con l'obiettivo di trasmettere l'immenso bagaglio culturale indiano alle giovani generazioni. Secondo Maria si tratta di

---

21 Passo da un discorso pronunciato ad Adyar, nel 1939, dal titolo «The Child, the eternal Messiah», citato in P. Giovetti, *Maria Montessori in India. Rapporti con la Teosofia e la Società Teosofica*, in *La cura dell'anima in Maria Montessori. L'educazione morale, spirituale, e religiosa dell'infanzia*, a cura di L. De Sanctis, Roma, Fefè Editore, 2011, cit., p. 90.

un esempio concreto di educazione cosmica, cosa a lei particolarmente cara. La bellezza occupa uno spazio preminente nella loro visione condivisa dell'educazione. Sembra loro fondamentale offrire ai giovani la possibilità di contribuire alla costruzione di un mondo migliore. Questa complicità fra Maria e Rukmini sfocia nella creazione di una Casa dei Bambini e di una scuola elementare montessoriana nel campus di Kalakshetra. Sharada Hoffman, ballerina di Kalakshetra, aveva dieci anni quando arrivarono i Montessori. Questi sono i suoi ricordi: «La signora Montessori amava molto la danza e quando teneva i corsi io danzavo per dare dimostrazione. Aveva una bellissima voce musicale e muoveva le mani e le dita in un modo che mi colpiva. [...] Amava molto i bambini e mi chiamava *my little friend*».[22]

Prigionieri degli inglesi

Con l'entrata in guerra dell'Italia a fianco della Germania, il 10 giugno 1940, i Montessori sono considerati nemici. Mario, come tutti gli italiani, è internato in un campo ad Amednagar. Maria avverte questa decisione come un tradimento da parte degli inglesi, i quali sanno perfettamente che era stata costretta all'esilio per i suoi problemi con Mussolini. Dal canto suo lei è autorizzata a restare nella sede della Società Teosofica e le è concesso far visita al figlio ogni quindici giorni. Si ammala, senza dubbio a causa dello *choc* emotivo. Numerosi amici la circondano con il loro affetto. Gandhi le scrive per assicurarle la sua simpatia.

L'imprigionamento di Mario provoca molto clamore in Inghilterra. Claude Claremont, direttore del movimento montessoriano inglese, pubblica una lettera aperta sul «Times», nella quale auspica che il *Raj* britannico ritrovi «un senso delle proporzioni e del dovere, almeno un ritorno del senso dell'umorismo, e che non pon-

---

22 P. Giovetti, *Maria Montessori. Una biografia*, cit., pp. 105-106.

ga più restrizioni alla dottoressa Montessori che possano ostacolare il suo arduo ed incessante lavoro educativo, con un gesto che sarebbe degno dell'Inghilterra».[23] Il giorno del suo compleanno, il 31 agosto 1940, Maria riceve un telegramma del viceré delle Indie: «Abbiamo pensato a lungo a cosa regalarle per il Suo settantesimo compleanno. Abbiamo pensato che il miglior regalo che le avremmo potuto fare fosse renderle suo figlio».[24]

Era la prima volta che Mario veniva ufficialmente riconosciuto come suo figlio.

Gli spostamenti dei Montessori, tuttavia, sono limitati a un'area di cinque miglia intorno alla loro residenza. Muniti delle autorizzazioni necessarie, possono recarsi nelle città di loro scelta per organizzare corsi di formazione e osservare il lavoro dei bambini nelle scuole fondate dai loro studenti, a condizione di non avvicinarsi alle zone di combattimento. Questa restrizione di libertà è spiacevole per una donna della tempra di Maria, come lascia intendere a una studentessa: «Pensi un po'. Non so dove dovrò andare. Sono fra le mani del governo inglese e della Società Teosofica».[25]

Malgrado queste difficoltà, alle quali si aggiunge la lontananza dalla loro famiglia, i Montessori beneficiano di condizioni privilegiate. Presi completamente in carico dalla Società Teosofica e dalle famiglie degli amici, non hanno la minima preoccupazione sul piano economico, una sorte molto diversa da quella toccata agli europei nella stessa epoca.

Ahmedabad

È ad Ahmedabad (Gujarat), città in cui si è stabilita la sede del Movimento di liberazione di Gandhi, che Maria ritrova un pubblico simile a quello di San Lorenzo. Ahmedabad è anche la città di

---

23 M. Schwegman, *Maria Montessori,* cit., p. 114.

24 P. Giovetti, *Maria Montessori. Una biografia,* cit., p. 10.

25 C. Trudeau, *Montessori's years in India,* cit., p. 40.

Ambalal e Saraladevi Sarabhai, una coppia di ricchi imprenditori del settore tessile che conoscevano bene il metodo Montessori, grazie alle opere che avevano riportato in patria da un viaggio in Inghilterra. Uno dei precettori dei loro sette figli è Edwin Mortimer Standing, amico e futuro biografo di Maria. La loro figlia, Leenhaben, partecipa al primo corso ad Adyar e lavora in seguito nella scuola materna ed elementare Shreyas Institute and Foundation, insediatasi sulle loro proprietà per accogliere degli orfani. Mario è il direttore della scuola e ha seguito i lavori di costruzione per assicurarsi che siano rispettati i criteri stabiliti da Maria. Si instaura un legame affettuoso fra Maria e Saraladevi: quest'ultima chiama Maria *Mother* e la prega di considerare la loro famiglia come la sua famiglia indiana. I Montessori soggiornano a più riprese presso di loro e, grazie ai suoi contatti altolocati, Ambalal Sarabhai svolge un ruolo determinante per la liberazione di Mario.

I Sarabhai sono anche molto vicini a Gandhi, nonostante una visione differente della società, in particolare in termini di gerarchia economica. È proprio questa amicizia improbabile che, per esempio, fa spesso sorridere Standing alla vista dell'esile silhouette di Gandhi che scende dall'auto di grossa cilindrata messagli a disposizione dai Sarabhai. Tuttavia, quando Gandhi decide di accogliere bambini di famiglie «intoccabili» nella scuola materna dell'Harijan Ashram, mentre numerosi industriali, in segno di disaccordo, scelgono di ritirargli il sostegno economico, Ambalal Sarabhai aumenta invece il suo, impedendo così la chiusura della scuola.

Nell'estate del 1941 si tiene un corso di formazione ad Ahmedabad, per onorare la promessa fatta a Gandhi. Il corso è organizzato in modo tale che Maria dedichi la stessa quantità di tempo agli insegnanti incaricati dell'educazione di tutti i bambini, quale che sia la loro classe sociale. I corsi del mattino sono organizzati in un liceo dove sono scolarizzati bambini di famiglie agiate, quelli del pomeriggio si svolgono nella scuola dell'ashram, frequentata anche da bambini di famiglie di «intoccabili». Maria subisce il fascino di questi ultimi e assicura ai suoi studenti che essi reagiscono e lavorano come tutti gli altri bambini che ha avuto occasione di osservare. Il programma dei due corsi proposti è identico e completo, che sia rivolto a insegnanti delle scuole con studenti più ricchi o a quelli che lavoravano con i bambini poveri.

Oggi nel museo dell'ashram un pannello illustrato presenta diversi amici di Gandhi e alcune personalità da lui ammirate. Maria Montessori è l'unica donna del gruppo[26].

Kodaikanal

Dal 1942 al 1944 i Montessori sono confinati a Kodaikanal, cittadina situata in collina, sulle rive di un lago, a cinquecento chilometri da Madras. Il clima è più fresco e numerosi occidentali vi si rifugiano per sfuggire al monsone. Probabilmente la Società Teosofica ha scelto questo luogo a causa della salute di Maria e della sua difficoltà nel sopportare la calura. Pare che alla fine del corso di Adyar le autorità avessero decretato che tutti gli stranieri dovessero abbandonare la città entro quarantotto ore, adducendo come motivo i bombardamenti giapponesi. Ciò contraddice leggermente quanto riportato da Mario, il quale afferma che sarebbero rimasti ad Adyar se la salute della madre non avesse richiesto questo trasferimento. Si sistemano in una casetta chiamata *Rose bank*, che Mario giudica perfetta: è dotata di un caminetto che riscalda il salotto, bisogna salire solo pochi scalini per entrarvi, mentre il giardino sul lato posteriore è allo stesso livello della casa. Questo dettaglio è molto importante, poiché Maria ha difficoltà motorie.

È un periodo di studi, come Maria scrive alla sua cara amica Maraini:

«Durante tutti questi anni qui abbiamo lavorato intensamente e l'idea si è completata: credo che abbia raggiunto un completo

26 *Sui passi di Maria Montessori. Lettera da San Francisco*, «Il Quaderno Montessori», XIV, 53, primavera 1997, pp. 4-5.

svolgimento. Bella nella interpretazione del Bambino, con la sua mente assorbente, con la sua preparazione dell'adattamento, e infine il piano di tutti gli studi con la Educazione Cosmica che è un coronamento e un completamento... Il materiale, che prima era limitato, adesso è ricchissimo. Per il linguaggio, per la matematica, per la biologia, la geografia, la storia, la preistoria, la geologia, è stato preparato un materiale sintetico e scientifico, che abbrevia di tre anni il corso delle scuole secondarie. Vorremmo adesso scrivere dei libri, ma ci occorre la collaborazione di molti tecnici per tutte queste nuove presentazioni delle materie scientifiche. Questo è il punto a cui siamo arrivati».[27]

Questi buoni risultati non devono però far dimenticare come questo sia stato un periodo angosciante. Sono entrambi preoccupati per la loro famiglia in Olanda, di cui non hanno notizie. Sua nipote confiderà più tardi che per ingannare questa inquietudine, Maria faceva dei solitari immaginando che il loro esito positivo fosse di buon augurio per i suoi cari rimasti in Europa. Soffre di solitudine, proprio lei che era stata sempre circondata da persone. Le capita persino di sentirsi inutile; le sembra difficile organizzare un corso per i maestri in questa cittadina. Per fortuna Lena Wikramaratne, una studentessa del corso di Adyar, entusiasta di quanto vi aveva appreso, li ha seguiti a Kodaikanal. Maria propone di spiegarle l'uso del materiale e i principi pedagogici del suo metodo. Due madri di bambini dai due ai quattro anni, troppo piccoli per frequentare la scuola, assistono a questi incontri quotidiani. Maria è curiosa di scoprire la reazione di bambini di due anni di fronte al suo materiale. Viene quindi aperta una piccola scuola per questi quattro bambini in una stanza della casa di Lena. Dopo due settimane i bambini sono già quindici e, tre mesi dopo, sessanta. In effetti i genitori decidono di inviarvi anche i figli dai sei ai dodici

---

27 Lettera a Maria Maraini da Adyar, 31 dicembre 1945, citata in G. Alatri, *Il volo tra le genti di Maria Montessori,* cit., p. 44.

anni d'età, che hanno difficoltà nella scuola tradizionale. In un primo tempo vengono accolti nel pomeriggio, ma ben presto frequentano la scuola tutto il giorno. A quel punto il padre di Lena prende in affitto una casa più grande per accoglierli. Vi sono riunite numerose nazionalità: americani, svedesi, francesi, greci, inglesi e indiani di famiglie meno agiate. Ricche famiglie cinesi e thailandesi, in fuga dai bombardamenti giapponesi, vi inviano presto i loro figli. All'inizio i bambini inglesi sono un po' altezzosi verso i loro piccoli compagni indiani, ma con il tempo cambiano atteggiamento.

Ogni sera Lena fa il resoconto della sua giornata a Maria. A causa della guerra non c'è a disposizione materiale adeguato. La carta è una merce rara, bisogna quindi arrangiarsi. Il materiale di lingua è realizzato in inglese e in panjir con l'aiuto di due maestri falegnami. Le serate sono consacrate alla realizzazione delle schede con disegni della fauna e della flora. Lena teme di non essere all'altezza al momento dell'arrivo dei bambini più grandi. Maria la rassicura: «Lei ha il miglior libro del mondo, il libro della natura. Non abbia paura, se ne serva! Per la lettura e la scrittura può trovare del materiale inglese. Padre Gauthier[28] ha detto che ci darebbe dei libri del seminario.»[29]

Una volta di più la natura si rivela una risorsa infinita. A Kodaikanal si apre un nuovo universo per Mario. Arriva a scuola a mezzogiorno e accompagna i bambini a fare una passeggiata o a pescare sulle sponde di uno stagno. Con tutti gli elementi naturali raccolti, costruiscono un erbario, un terrario e un acquario, per osservare i differenti modi di vita presenti in natura, così come le strutture in cui rocce, legno e argilla rappresentano la formazione delle montagne o le reazioni al sole dei diversi tipi di suolo. L'obiet-

28 Padre Gauthier è un missionario francese, antropologo, che aiuta i Montessori a sistemarsi.

29 D. Kahn, *The Kodaikanal Experience: Chapter I. Kahn-Wikramaratne Interview*, «The NAMTA Journal», vol. 38, 1, 2013, p. 86.

tivo di Mario è quello di preparare i bambini a osservare con precisione la natura e a classificare gli elementi naturali. Ne approfitta per porre le basi delle classificazioni per la geografia, la storia, la zoologia e la botanica. La natura diventa la loro aula.

Infine a Kodaikanal sono organizzati due corsi di formazione per insegnanti, cui assistono studenti provenienti da diversi Stati. Per la prima volta Maria espone le sue idee sull'educazione cosmica e presenta le esperienze realizzate con i bambini più grandi: «La zoologia era presentata all'esterno con delle dimostrazioni pratiche. Anche la botanica era molto presente in questo corso. Gli studenti realizzavano cartelloni e immagini che poi coloravano tenendo presenti le differenti classificazioni, l'anatomia degli animali e delle piante. In corrispondenza dei cartelloni venivano realizzate delle rappresentazioni concentriche e colorate dei regni vegetale e animale».[30]

Queste lezioni andranno a costituire il libro *Educare il potenziale umano*. La Società Teosofica assume al servizio di Maria una giovane americana, Norma Makey, che la aiuta a rivedere e a tradurre alcuni dei suoi manoscritti. Il lavoro sfocia in nuove pubblicazioni: *La scoperta del bambino* e *La mente del bambino*, che riprende alcune conferenze tenute nell'ambito dei suoi corsi ad Ahmedabad.

Il soggiorno a Kodaikanal si conclude nel marzo del 1944, allorché i Montessori ottengono il permesso di spostarsi dal governo britannico. Anche se si potevano muovere dopo aver informato le autorità dei loro spostamenti, ci si può immaginare con quale sollievo sia accolta questa notizia, tanto sono stanchi della vita da confinati.

Liberi

Alla fine della guerra gli Alleati si rendono conto del grave errore commesso considerando i Montessori come potenziali spie. A mo' di riparazione propongono a Maria di parlare del suo lavoro

30 C. Trudeau, *Montessori's years in India*, cit., p. 29.

alla radio governativa, i cui programmi sono trasmessi nel mondo intero. Se Mario si mostra subito entusiasta di questa opportunità, Maria invece non vuole che il suo lavoro serva da propaganda a chicchessia. Ci pensa e rifiuta: «Pensa a tutti i bambini che in questo momento stanno morendo a causa delle bombe degli aerei degli Alleati, in Italia, Olanda dove sono i nostri bambini, e anche in Germania. Che cosa penserà la gente quando sentirà la mia voce parlare dei bambini per conto degli Alleati?».[31]

I Montessori approfittano della libertà ritrovata per organizzare altri corsi. Vanno a Pilani, nello stato del Rajasthan, dove fondano una Casa dei Bambini e una scuola elementare. Maria desidera visitare «la terra di Simbad il marinaio», una storia che aveva molto apprezzato da piccola. Con l'aiuto di Lena, si organizza un viaggio a Ceylon. Ancora una volta i bambini hanno le stesse reazioni al contatto con la natura e con il materiale elaborato a Kodaikanal. A Colombo il governo organizza un corso dedicato più specificamente ai bambini da 0 a 3 anni. Maria vi rievoca le sue intuizioni, come l'allattamento a richiesta o l'importanza del contatto fra il corpo del neonato e della madre già a partire dalla nascita. Presenta anche la sua visione delle cure da dare ai neonati biasimando «le mani senz'anima degli adulti» che li manipolano senza tenerezza. Dal Kashmir Maria scrive la sua prima lettera di donna libera alla sua amica Maraini: «Noi siamo liberi dal 12 dicembre passato, perciò abbiamo potuto viaggiare, e adesso siamo in Kashmir! Tra le montagne dell'Himalaya».[32]

Si organizza per la prima volta una conferenza che riunisce tutte le scuole Montessori d'India. Si tratta dell'ultima tappa dei Montessori in India prima del loro rischioso viaggio di ritorno in Europa:

---

31 P. Giovetti, *Maria Montessori. Una biografia*, cit., p. 114.

32 Lettera a Maria Maraini da Srinagar, 20 luglio 1945, citata in G. Alatri, *Il volo tra le genti...*, cit., p. 44.

«Tre giorni rimasi in un hotel a Karachi, aspettando posti liberi da Batavia... Tre giorni di seguito venne la notizia: Tutto completo. L'aeroplano era di trenta posti occupati da noi e dai "rifugiati" dei campi di concentrazione giapponesi. Io quasi quasi a Roma nemmeno scendevo per la colazione perché ero stanca e debole: e poi coi vestiti sgualciti dal viaggio. Non mi sarebbe piaciuto che venisse gente estranea a conoscermi proprio in quel momento».[33]

Il 30 luglio 1946 Maria arriva finalmente ad Amsterdam: «Io ero seduta sopra un pezzo di legno, perché l'aerodromo bellissimo che conoscevo così bene era stato bombardato e distrutto e c'erano solo capanne provvisorie. Così sono arrivata in Europa, dopo sette anni di asilo asiatico».[34]

Un anno in Europa e un secondo soggiorno in India

Dopo aver dedicato del tempo alla sua famiglia in Olanda, Maria ricomincia presto a viaggiare per l'Europa. Nel luglio del 1947 Mario sposa in seconde nozze Ada Pierson, che si era occupata delle sue figlie durante la guerra. Ada ha ben compreso la forte personalità della suocera ed è riuscita ad aprirsi un varco nel rapporto quasi simbiotico fra suo marito e la madre. Ada è una delle poche persone che osano fare osservazione a Maria. Sa quale comportamento adottare in modo che sua suocera non si risenta, come ci rivela questo aneddoto. Un giorno Ada dice a Maria: «No, non può mettersi questo cappello!», un commento che resta impresso nel ricordo di tanti.

L'Università di Berlino Est offre a Maria una cattedra «per insegnare ai giovani a vivere in libertà», ma lei rifiuta questo invito poiché il richiamo proveniente dall'India è più forte. Malgrado il ritorno dei Montessori in Europa, la richiesta di corsi in India non

---

33 Lettera a Maria Maraini da Amsterdam, 6 agosto 1946, citata ivi, pp. 45-46.

34 *Ibid.*

accenna a diminuire, come Maria scrive a Maria Maraini: «Da tutte le parti chiedono corsi d'istruzione in India; ma io sono stanca. Ho buona testa ma cattive gambe».[35]

Nell'agosto del 1947, due anni dopo questa lettera e malgrado la fatica accumulata durante i tanti viaggi in Europa, Maria riparte col figlio per l'India per un secondo soggiorno. Ha settantasette anni. È previsto che la seconda moglie di Mario e la nipote più piccola li raggiungano nell'ottobre del 1947. Il viaggio è lungo e faticoso, ma grazie al suo entusiasmo e al suo ottimismo per Maria tutto è un pretesto per una scoperta, come testimonia il racconto del lungo peregrinare:

«Sono arrivata, sai, qui in India! Non solo viva ma in migliori condizioni di quando ero a Roma. Cammino molto meglio!!! E pure sono andata su e giù, tra la terra e i trasporti acquatici, e da questo all'immenso idroplano aspettante al largo. E ciò non una volta, ma molte volte in quattro giorni. In Inghilterra facendo da Londra un viaggio di quasi cinque ore in autobus per arrivare al porto di imbarco; e poi in Sicilia, in Egitto, in Arabia, in Mesopotamia, su e giù, portata nelle sedie, a mano, come un gran fagotto. E pure, cara, eccomi qui! In pieno clima tropicale tra i fiori di loto e le palme».[36]

La natura lussureggiante e l'entusiasmo diffuso per il suo metodo non impediscono tuttavia che talvolta Maria sia vinta dalla nostalgia e dallo scoraggiamento, come scrive alla sua amica: «L'India è così lontana, talmente differente e sfortunata. Per quale ragione mi ritrovo qui? Perché la ruota del destino ha deciso così?»

In effetti il periodo instabile, con episodi di violenza, che attraversa l'India non favorisce i progetti di Maria. Uno degli obiettivi principali di questo secondo viaggio è creare una Montessori Uni-

35 Lettera a Maria Maraini, 31 dicembre 1946, citata in G. Alatri, *Il mondo al femminile di Maria Montessori,* cit., p. 243.

36 Lettera a Maria Maraini, 7 novembre 1947, ivi, p. 248.

versity, ma il sogno non si realizza a causa della spartizione del paese. Tuttavia, nel 1948 si organizzano corsi ad Adyar, Ahmedabad, Bombay e Pune, così come in Pakistan e a Colombo. Le lezioni di questi corsi sono raccolte nel libro *What you should know about your child*. I Montessori si recano in seguito a Gwalior per visitare una scuola modello che accoglie bambini fino ai dodici anni. In giugno Maria ripete l'esperienza proficua di Barcellona, registrando dodici conferenze per la radio All India presso la stazione radiofonica di Madras, che trasmette in tutto il paese.

Il governo indiano fa anche appello a Maria Montessori per trovare risposte alla sfida rappresentata dall'analfabetismo degli adulti. Lei abbozza una riflessione ispirandosi a principi simili a quelli che hanno decretato il successo di San Lorenzo, evocandola nel capitolo *L'analfabetismo mondiale* dall'opera *La formazione dell'uomo*.

In questo secondo soggiorno i Montessori sono raggiunti da Albert Joosten,[37] con cui hanno lavorato a Laren, e che adesso viaggia con loro e prende parte alle formazioni. Prima di rientrare in Europa nell'agosto del 1949, Maria gli chiede di rimanere in India per svolgere la funzione di suo rappresentante personale, e lui accetta. In seguito Joosten organizza alcuni corsi itineranti, si impegna per far produrre del materiale in India e crea anche la rivista «Around the Child».

Una vita con gli indiani

Durante i loro soggiorni i Montessori vivono esclusivamente tra gli indiani. Maria, sempre attenta alla sua immagine, descrive con molto piacere i dettagli dei suoi abiti indiani all'amica Maraini:

---

37 Nato nel 1914, Albert Max Joosten era figlio di Rosy Joosten, una delle prime montessoriane olandesi. Per diversi anni questa donna aveva trascorso l'estate con suo figlio dai Montessori per tenersi informata delle novità. Appare perciò molto naturale che suo figlio si sia consacrato alla diffusione del metodo Montessori in Olanda e in seguito in India, dove si spense nel 1980.

«Oggi, in un garden party, Mario era vestito da indiano. Io ho ben dimenticato i miei vestiti neri! Vesto di bianco dove è caldo, e di tutti i possibili colori dove il clima non è troppo tropicale. Sarei buffa davvero se venissi così in Europa! Da anni e anni non ho né cappelli né guanti. Vado sempre in capelli, coi miei capelli bianchi, come le nostre donne del popolo. Ho vestiti verdi, rossi, gialli, rosa, a disegni e a fiori, veli e sciarpe, sandali e scarpini con la punta rialzata. Ti interessano queste notizie?».[38]

La loro immersione nella società indiana non si limita tuttavia all'abbigliamento. Sono in contatto con famiglie di ogni condizione e religione: buddiste, cristiane, indù, musulmane, zoroastriane. Figli di bramini, di maragià, di grandi industriali o di umili pescatori, di famiglie intoccabili, per lei tutti sono innanzitutto bambini.

È evidente che Maria si trova nel suo elemento in India. Apprezza in modo particolare la grande spiritualità degli indiani:

«Popoli che parlano lingue derivanti dal sanscrito; che hanno costumi diversi dai nostri in modo inconcepibile e che tuttavia non sono affatto selvaggi, al contrario hanno una forma mentale e spirituale pura, non guasta da politica, non eccitata da lotte e armamenti.[39] Con un sentimento, con emozioni primitive: aperte a capire il Bambino e la filosofia umana che ne deriva».[40]

Gli indiani ricambiano la sua benevolenza. La considerano quasi come una profetessa. Alcuni indù e teosofi la vedono addirittura come la reincarnazione di un maestro religioso. Mario racconta:

«Ovunque eravamo trattati con il rispetto e la generosa ospitalità accordati ai guru. Lei era considerata una Maestra ispirata da Dio, venuta a rivelare le potenzialità mentali e spirituali dell'infan-

38 Lettera a Maria Maraini, 31 dicembre 1945, citata in G. Alatri, *Il mondo al femminile di Maria Montessori*, cit., p. 244.

39 Il commento è sorprendente sapendo che la storia indiana non è stata davvero pacifica. Maria tuttavia parla degli indiani da cui è circondata.

40 Lettera a Maria Maraini da Adyar, 2 febbraio 1940, citata in G. Alatri, *Un lungo peregrinare*, in *Il volo tra le genti di Maria Montessori oltre ogni confine*, cit., p. 43.

zia e a mostrare attraverso di esse il modo di salvare l'umanità – e io il suo devoto apostolo. Ovunque andassimo, la dottoressa Montessori era considerata una benedizione che entrava nella casa».[41]

Alcuni anni più tardi confesserà di aver percepito il lato positivo di questo soggiorno prolungato, situazione che inizialmente li aveva fatti soffrire, vedendo il risultato del loro intenso lavoro: «Il destino ha condotto la dottoressa Montessori in India e Dio l'ha trattenuta qui. [...] è come se la Provvidenza divina avesse voluto limitare la nostra libertà per permetterci di concentrarci completamente sull'opera missionaria della dottoressa Montessori. Era il suo destino condurre tutto a buon fine».[42]

Maria è attesa con impazienza in Europa per trasmettere il risultato del loro lavoro. I suoi ultimi anni saranno «ben densi».[43]

---

41 P. Giovetti, *Maria Montessori. Una biografia,* cit., p. 110.

42 Citato in P. Giovetti, *L'esilio spirituale e mistico in India,* in *Il volo tra le genti di Maria Montessori oltre ogni confine,* cit., pp. 182-184.

43 D. Kahn, *The Kodaikanal Experience: Chapter II. Kahn-Montessori Interview,* «The NAMTA Journal», vol. 38, 1, 2013, p. 95.

11

GLI ULTIMI ANNI IN EUROPA

Quando Mario Montessori evocava l'appassionante vita della madre, non nascondeva le difficoltà che aveva dovuto superare.

«Non è stata una cosa facile essere la missionaria del bambino, perché lei vedeva che il bambino non esisteva in se stesso; era solo per i genitori, esisteva solo per la famiglia, le apparteneva e non aveva un'esistenza in se stesso. Lei, invece, vedeva questo bambino che le aveva rivelato certe verità; fin da allora vedeva in lui il cittadino del mondo, e seguendolo è stata portata dalle circostanze a diventare veramente una missionaria, a dover partire dal suo paese, e poi da altri paesi che confondevano il bambino con la politica, il bambino con la religione, con gli idealismi, ecc.».[1]

Maria è stata una nomade, combattente per la causa del bambino e della pace, fino alla fine dei suoi giorni. Metteva le questioni sociali davanti alle sue difficoltà personali e alle sue condizioni di salute.

Nell'agosto del 1946, a un mese dal suo rientro in Europa, è vinta dalla nostalgia del suo paese. E tuttavia cosciente che non è scontato poterci vivere di nuovo, come testimoniano queste poche parole indirizzate a Maria Maraini: «Sarebbe bello [...] se veramente ci sarà una possibilità per me di ritornare in Italia».[2] C'è un barlume di

1 M. M. Montessori, *Un incognito ritorno*, in *Introduzione a Mario M. Montessori*, a cura di A. Scocchera, cit., p. 181.

2 Lettera a Maria Maraini, 18 agosto 1946, citata in G. Alatri, *Il mondo al femminile di Maria Montessori*, cit., p. 246.

speranza quando un gruppo di deputati italiani propone di assegnarle una pensione mensile in modo che possa vivere di nuovo degnamente in patria, ma con suo grande rammarico il progetto non va in porto. Maria si stabilisce in Olanda presso la famiglia della moglie di Mario. Trascorre qualche soggiorno in Italia, ma prima di fare ritorno in patria si reca a Londra per il XXVIII Corso internazionale Montessori. Questa formazione è importante perché si tratta del primo incontro organizzato dopo la guerra e soprattutto perché i Montessori hanno l'occasione di comunicare il risultato delle loro riflessioni indiane.[3] Margaret Homfray e Phoebe Child, due ex studentesse di Maria, si sono occupate dell'organizzazione del corso con l'aiuto di Giuliana Sorge.

Solo quando rimette piede sul suolo europeo Maria Montessori prende piena coscienza delle enormi sofferenze delle popolazioni del vecchio continente. Al suo arrivo a Londra, nell'agosto del 1946, Maria vuole fare prima di tutto un giro nel centro della città per rendersi conto della portata delle distruzioni. Ne approfitta per chiedere notizie di questo e di quello perché, come dicevano le sue studentesse, «amava i pettegolezzi».[4] Il gruppetto si ferma a lungo davanti alla cattedrale di Saint Paul, circondata da montagne di calcinacci. Quando finalmente arriva al suo alloggio, lo sguardo di Maria si posa subito sul servizio da tè scompagnato che le due ragazze erano riuscite a mettere insieme a fatica. Rivolta a Margaret, assesta un colpo con tono perentorio: «Margherita, la tua argenteria ha bisogno di essere lucidata».[5] E ancor prima di disfare le valigie Maria indossa un grembiule, prende degli stracci e si mette a lustrare ogni singolo pezzo del servizio. In seguito le capiterà spesso di preparare la cena per le sue collaboratrici, facendo

3 Le conferenze di Maria Montessori sono raccolte nel libro *L'enfant est l'avenir de l'homme. La formation de Londres*, 1946, pubblicato nel 2017 dalle edizioni Desclée de Brouwer.

4 Citato in R. Kramer, *Maria Montessori. A Biography*, cit., p. 349.

5 *Ibid.*

miracoli con i mezzi allora a disposizione. Le condizioni non sono facili e contrastano con lo stile di vita cui era abituata in India.

«Non è difficile tanto arrivare a Londra, come rimanerci. [...] La moglie del governatore di Madras, che vidi là vivere con onori regali, tappeti rossi quando scendeva nel giardino tra due fila di servi in livrea, si è dovuta mettere a cucinare con le sue mani a Londra! Dirai: come ci sto io dei mesi qui?... Ti dirà Giuliana le mie spiacevoli condizioni! Fu trovata questa casa di tre piani per quattro mesi, per un collegio e non per privati: e devo vivere qui con sei o sette persone. E se volessi rimanere una settimana di più dopo il corso non potrei, tutti devono andar via e portare via i mobili messi qui dalle ragazze che vivono con me. Povera Giuliana fu ben sacrificata: ma era ben felice lo stesso. In Amsterdam, poi, fu impossibile nessun accomodamento simile: unica cosa era "comperare una casa", ciò che fece per me il signor Pierson. Beato chi ha un'abitazione nel suo proprio paese!»[6]

In Italia

Una delle priorità di Maria è rilanciare il movimento Montessori proprio lì dove tutto era cominciato e dove tuttavia resta ben poco delle sue prime esperienze. Finalmente, il 1° maggio 1947, dopo tredici anni di assenza, Maria torna in Italia. Invitata ufficialmente dal governo, viene accolta all'aeroporto di Roma da due personalità che avrebbero svolto un ruolo essenziale nella ricostruzione del movimento Montessori, Madre Tincani e la deputata Maria Jervolino. Madre Tincani è una filosofa che aveva molto apprezzato il metodo Montessori durante i suoi studi. Dopo aver fondato un ordine religioso,[7] ha aperto scuole in India. Mentre

6 Lettera a Maria Maraini, 18 agosto 1946, citata in G. Alatri, *Il mondo al femminile di Maria Montessori,* cit., pp. 245-246.

7 Fonda i Missionari della Scuola e dell'Università LUMSA a Roma che propone una formazione al metodo Montessori.

soggiornavano là, Maria e Mario avevano incontrato religiose di questo ordine, venute per il loro corso. Quanto a Maria Jervolino, è una delle donne elette all'Assemblea Costituente che, dal 1946 al 1948, lavora alla stesura della Costituzione della Repubblica Italiana. Il ministro della Pubblica Istruzione Gonella l'ha incaricata di ricostituire l'Opera Nazionale Montessori a livello nazionale. L'obiettivo ufficiale di questo primo soggiorno di Maria nella sua terra natia, che dura due mesi, è quello di ricostituirvi l'Opera Nazionale Montessori e le scuole che ne portano il nome.

Il 3 maggio Maria è ricevuta in forma solenne in Parlamento. Il 20 maggio papa Pio XII le accorda un'udienza privata, grazie all'interessamento di Madre Tincani. Poi, dal 21 al 27 maggio, su invito del ministro Gonella, tiene tre conferenze all'Università di Roma: la prima è «L'educazione per un mondo nuovo»[8] e quelle successive sono dedicate ai «Quattro piani dell'educazione».[9]

Tra un evento ufficiale e l'altro, Maria approfitta per ritrovare i suoi numerosi amici. Ci tiene anche a visitare la «sua» città. Mario ha in prestito un'auto e i due partono, soli, poiché Maria ci tiene a rivedere i luoghi della sua nascita in incognito. Una volta giunti a Chiaravalle, nei pressi di Ancona, dopo aver contemplato in silenzio i paesaggi, Maria dice a Mario: «Adesso sono contenta, adesso anche se muoio ho rivisto il mio paese!»[10]

Maria può così ritornare in numerosi luoghi con i quali intrattiene «dei rapporti particolari», come Bologna, dove va spesso a trovare i cugini e le Serve di Maria. Proprio lì aveva iniziato le sue conferenze sulla «donna nuova», quasi mezzo secolo prima. Dopo la sua

---

8 È anche il titolo del libro che riprende delle conferenze tenute a Kodaikanal. È dapprima pubblicato in inglese in India. Desclée de Brouwer ne pubblica la traduzione in francese nel 2010.

9 Se attualmente si parla comunemente dei quattro piani di sviluppo, questa conferenza fu giustamente intitolata: «I quattro piani dell'educazione».

10 M. M. Montessori, *Un incognito ritorno*, in A. Scocchera, *Introduzione a Mario M. Montessori*, cit., p. 182.

conferenza all'Università confida ai giornalisti che è molto toccata dal «clima di rispettosa ammirazione e di entusiasmo fervente che la consolano e le danno la certezza di non aver seminato invano».[11]

Perugia è tra le mete più frequenti. Uno degli amici di Maria, il conte Sforza, rettore della prestigiosa Università per Stranieri, le ha proposto di tenere un ciclo di conferenze che avrebbero potuto prendere la forma di un corso propriamente detto. Questa istituzione sottolinea la dimensione internazionale della visione montessoriana. Fra il 10 e il 14 giugno 1947, Maria tiene tre conferenze su «La formazione dell'uomo». I suoi interventi riscuotono grande successo, e ciò spinge a mettersi al lavoro le numerose personalità desiderose di fondare un centro di studi sul metodo Montessori. L'istituto, voluto da Maria, avrebbe finalmente visto la luce, anche se non a Roma, come lei si era inizialmente augurata. Mentre in Italia ci si dà da fare per ridare nuovo slancio al movimento Montessori e Maria Antonietta Paolini organizza il Congresso internazionale Montessori del 1949, Maria e Mario ripartono per l'India per il loro secondo soggiorno.

Il congresso di Sanremo

L'Italia occupa sempre un posto speciale nel cuore di Maria, anche quando è lontana. Così, quando ricorda in una lettera il congresso di Sanremo, sottolinea la sua volontà di sostenere il movimento nel suo paese:

«L'Italia! Aiutare l'Italia con tutte le forze. La mia opera non l'ho fatta io – a dare il seme di questa pianta furono i "bambini" di San Lorenzo quarant'anni fa. Bambini romani! Io li seguo – come si seguirebbe più che una visione incancellabile e perpetua – come una trasformazione del mio cuore. Io ho consacrato a loro la mia

11 *Maria Montessori illustra le basi del suo metodo pedagogico*, «Giornale dell'Emilia», citato in P. Trabalzini, *Maria Montessori da Sanremo a Perugia*, «Vita dell'Infanzia», LXVIII, 5/6-7/8, maggio-giugno-luglio-agosto 2019, p. 71.

vita di lavoro infaticabile. Sono andata a traverso il mondo come un pellegrino, un missionario che parlasse al vento. [...] Ancora consolidare: mettere le radici in Italia».[12]

Rientrata dall'India, Maria si reca a Sanremo per l'VIII Congresso internazionale che si tiene dal 22 al 29 agosto 1949. La ricostruzione postbellica ha generato grande effervescenza in numerosi paesi, tuttavia Maria è preoccupata: le minacce di guerra non sono completamente scomparse e le condizioni politiche, economiche e sociali sono molto fragili dappertutto. I lunghi soggiorni in Oriente l'hanno trasformata: considera ormai la società umana al di là delle nazioni, delle frontiere e di ogni elemento che la possa dividere, come le lingue e le religioni. Evoca questo tema con maggiori dettagli nella sua opera *Educare il potenziale umano*. Più che mai, Maria è convinta che si debba tendere verso l'ideale universale della liberazione dell'umanità, iniziando con l'attribuire uno spazio centrale allo studio scientifico del bambino. Il titolo scelto per il congresso, «La formazione dell'uomo nella ricostruzione mondiale», rinvia all'importanza cruciale che Maria attribuisce all'educazione, e ciò a partire dalla prima infanzia. Così scrive a Luigia Tincani:

«Ritengo che tutti quelli che possono farlo debbano dare del loro meglio per frenare l'onda di materialismo che sta minacciando il mondo. Lo scopo del Congresso è di cercare di attirare l'attenzione sulla personalità umana che, secondo me, è molto più importante di qualunque trattato tra nazioni».[13]

Il congresso riflette anche lo stato d'animo di Maria che vuole permettere ai partecipanti di «ritrovare nuove forze». «Avida di ricerca», Maria «tutto vede in funzione del costruire ancora».[14]

---

12 Lettera a Madre Tincani da Kodaikanal, 7 agosto 1948, citata in M. Montessori, *Il metodo del bambino e la formazione dell'uomo*, cit., p. 274.

13 Lettera a Madre Tincani da Adyar, 29 luglio 1949, *Una lettera da Madras*, «Vita dell'Infanzia», IL, 1, gennaio 2000, p. 11.

14 Citato in P. Trabalzini, *Maria Montessori da Sanremo a Perugia*, «Vita dell'Infanzia», cit., p. 68.

Data l'età, avrebbe potuto sentirsi soddisfatta del suo percorso o volgersi verso il passato e compatirsi per gli ostacoli che aveva dovuto superare. Tuttavia, a quasi ottant'anni, Maria è proiettata verso il futuro, e trae la sua forza e il suo entusiasmo dall'osservazione dell'infanzia: «Benché da più di quaranta anni io mi dedicai a questo lavoro, l'infanzia mi appare ancora come una sorgente inesauribile di rivelazioni e, lasciatemelo dire, di speranze».[15]

Sfrutta la sua esperienza per invitare i partecipanti a non scoraggiarsi di fronte alle difficoltà di ogni tipo che avrebbero dovuto affrontare le scuole Montessori:

«Vi assicuro che se non avessi avuto la certezza che l'uomo può essere migliorato, non avrei avuto la forza di lottare per cinquanta anni, più volte ricominciando l'opera che da altri mi era stata distrutta. Non avrei la forza, alla mia età, di continuare a girare per il mondo, predicando questa verità».[16]

Il congresso di Sanremo è il primo grande incontro dei montessoriani del dopoguerra. Vi si sono dati appuntamento più di cinquecento partecipanti, provenienti da venti paesi, e sono rappresentati tutti i continenti. Gli indiani e i cingalesi sono particolarmente numerosi. Undici paesi hanno inviato una delegazione ufficiale,[17] così come l'Unesco, rappresentata da settanta delegati.

Nella villa Ormond è stata allestita una classe Montessori. Vi lavorano venticinque bambini con il materiale arricchito dalle novità elaborate in India. Una grande esposizione traccia l'evoluzione del movimento Montessori nel mondo. In totale sono previste ventotto conferenze.

---

15 *Messaggio al Congresso*, citato in M. Montessori, *Il metodo del bambino e la formazione dell'uomo*, cit., p. 129.

16 M. Montessori, *La capacità creatrice della prima infanzia*, ivi, p. 136.

17 Si tratta di Austria, Cile, Grecia, Guatemala, Sri Lanka, India, Messico, Iran, Messico, Panama, Svezia e Città del Vaticano. Maria Montessori ha inviato una lettera a Léon Blum, il 28 agosto 1948, per invitarlo personalmente al congresso, chiedendo al governo francese di inviare una delegazione ufficiale, ma senza risultato.

Maria Montessori, «contornata dall'affetto delle sue allieve e dalla stima delle autorità»,[18] è vestita di nero. Sembra «esile, adorna di qualche vezzo, come una doppia collana di perle e una grande spilla indiana che raffigura due leoni rampanti e un cobra attorcigliato. Ha un sorriso lento un poco velato [...]. Gli occhi sono vivissimi, la voce fresca e scandisce un poco. Si può notare una generica intonazione straniera, retaggio di molto peregrinare».[19]

Le quattro conferenze presentano una sintesi del suo pensiero, arricchito delle conoscenze acquisite in India. Il parallelo che stabilisce tra la storia di una pastorella indiana che a forza di annaffiare la sua pianta preferita la fa morire e la parabola evangelica dei talenti[20] è solo un esempio dei risultati dell'incontro fra Occidente e Oriente. Nella conferenza intitolata «La capacità creatrice della prima infanzia», Maria deplora che «l'educazione comune non ha mai considerato il mistero delle potenzialità latenti nel bambino, in ciascun bambino». Poi invita i partecipanti a non «stancarsi di rilevare che la personalità del bambino [...] è veramente grande. Il bambino crea l'uomo. Dal niente crea l'uomo». Incoraggia poi i suoi uditori a divenire dei coltivatori «delle potenzialità esistenti nel bambino».[21]

Il secondo intervento di Maria verte su «La solidarietà umana nel tempo e nello spazio», evocando il ruolo dell'adulto che agisce spesso contro natura. Insiste anche sull'importanza di iniziare i bambini al sentimento di gratitudine «facendoli riflettere sul valore sociale del lavoro, sulla bellezza del lavoro compiuto per gli altri, alfine che lo sforzo comune arricchisca la vita di tutti». In India, Maria aveva proposto agli insegnanti di collegare l'apprendimento

---

18 P. Trabalzini, *Maria Montessori da Sanremo a Perugia*, cit., p. 79.

19 *Ibid.*

20 In questa parabola un padrone ricompensa i lavoratori meritori e punisce quello che non ha fatto fruttare quanto gli era stato affidato per timore di deluderlo.

21 M. Montessori, *La capacità creatrice della prima infanzia* in M. Montessori, *Il metodo del bambino e la formazione dell'uomo*, cit., pp. 135-137.

della geografia, della storia e delle scienze alla storia delle singole scoperte e, in particolare, alla vita degli uomini che vi avevano contribuito. I bambini avevano manifestato un rinnovato interesse per tali discipline: «specialmente si interessavano delle difficoltà che essi avevano dovuto sormontare, dai pregiudizi che avevano dovuto combattere, degli stenti che avevano dovuto soffrire, per arrivare a conquistare i segreti del mondo sconosciuto e delle arcane forze della natura».[22]

È un modo per sensibilizzare i bambini alla solidarietà spirituale fra gli uomini.

Nella terza conferenza Maria presenta la sua visione della psicologia infantile alla luce delle scoperte scientifiche, invitando gli adulti a considerare il bambino con uno sguardo nuovo.

«Si è sempre detto che è l'umanità che deve aiutare il bambino. Ma noi pensiamo, invece, che l'umanità debba ricorrere al bambino per farsi aiutare da lui [...]. Il bambino non è debole e povero: il bambino è il padre dell'umanità e della civilizzazione, è il nostro maestro.»

Maria conclude invitando gli educatori a seguire il bambino:

«Non mi stancherò mai di ripetere questa grande verità, e di esortare tutti coloro che hanno cura del bambino a non chiuderlo in una prigione, per la falsa idea che sia necessario proteggerlo perché è piccolo e debole, soffocando, così, in lui, ogni energia vitale».[23]

In occasione della quarta conferenza, «L'unità del mondo attraverso il bambino», Maria esprime il suo stupore per il successo del congresso. Trova che gli interventi siano di un livello superiore alla media ed è in particolar modo toccata dal sentimento tangibile di comunione tra i partecipanti. Alcuni attribuiscono questo successo alla presenza di Maria, ma lei non è d'accordo: «Permettetemi di dirvi che non credo a questa vostra cortese affermazione. No, c'è stato qualche cosa di più grande della mia presenza a creare questa intima solidarietà».

22 M. Montessori, *La solidarietà umana nel tempo e nello spazio*, ivi, pp. 142 e 146.

23 M. Montessori, *La mente del bambino. Mente assorbente*, ivi, pp. 150 e 156.

Maria aggiunge di essere stata testimone del fatto che l'unità regna spesso quando si parla del bambino. Durante i suoi corsi in India aveva visto «formarsi dei legami di amicizia e cadere le barriere sociali. Gli uomini dimenticavano l'odio potente della casta e le profonde differenze religiose». Afferma anche che «il bambino è una forza spirituale universale [...] è la via per raggiungere l'unità fra gli uomini, nel mondo».[24]

Oltre alle conferenze, nel programma del congresso figurano anche numerose testimonianze. Lena Wikramaratne, responsabile della scuola Montessori dello Sri Lanka, spiega fino a che punto le numerose scuole Montessori del suo paese rappresentino una nuova speranza di pace:

«Nelle nostre scuole Montessori si educa la nuova generazione, per la quale non esistono le barriere di razza, lingua o religione. Abbiamo fanciulli singalesi, tamil, inglesi, indiani e del Pakistan appartenenti a differenti religioni che lavorano insieme in completa armonia pronti ad aiutarsi scambievolmente».[25]

Dopo il congresso Maria si riposa presso i suoi amici, il conte e la contessa Agliardi, nelle vicinanze di Bergamo. È nel loro giardino che il fotografo Da Re esegue il ritratto che servirà più tardi da modello per rappresentare Maria sulla banconota da mille lire[26] e sui francobolli.

L'estate successiva Maria è a Perugia. Il Centro internazionale di Studi pedagogici è pronto. Il 20 luglio 1950 si inaugura il primo Corso internazionale per i maestri dei bambini dai tre ai sei anni, gestito dal centro, con novanta studenti. Sebbene Maria non vi faccia che qualche apparizione per le sue conferenze, avendo passato il testimone a Mario per il resto dell'insegnamento, stupisce

---

24 M. Montessori, *L'unità del mondo attraverso il bambino*, ivi, pp. 161-166.

25 Citato in A. Scocchera, *Maria Montessori, quasi un ritratto inedito*, cit., p. 158.

26 Dal 1990 al 1998 venne emessa in Italia la banconota da mille lire con il ritratto di Maria Montessori. Prima della sua erano state rappresentate le effigi di Giuseppe Verdi e di Marco Polo. Sul retro erano raffigurati due bambini occupati a studiare.

tutti per la sua energia: «L'attività del Corso procede in modo soddisfacente e l'animato progettare della Dottoressa ringiovanisce tutti».[27]

Maria Antonietta Paolini, responsabile del centro, allestisce una classe Montessori nella scuola Santa Croce, situata nelle vicinanze. Nella Sala rosa della scuola è allestita una galleria per facilitare l'osservazione degli studenti. Ben presto quello che non era che un esperimento pilota su una classe di materna si trasforma in una scuola che va dalla materna alle elementari, completamente dedicata al metodo Montessori e rinomata in tutta la regione. Il giorno in cui compie ottant'anni, il 30 agosto 1950, Maria riceve la cittadinanza onoraria della città di Perugia con una cerimonia solenne.

Da aprile a giugno del 1951 si organizza un corso nazionale anche a Roma. L'iniziativa riscuote un grande successo. Ironia della sorte, il corso si tiene in parte nella famosa sala Borromini, proprio lì dove quindici anni prima Maria era stata interrotta dai giovani fascisti. Dal 15 al 19 maggio Maria effettua ancora un viaggio a Londra per il IX Congresso internazionale Montessori intitolato «L'educazione come aiuto allo sviluppo naturale della psiche dalla nascita all'università».[28]

Maria ritorna a Perugia nell'estate del 1951 per un ciclo di conferenze al Centro studi. In seguito trascorre qualche giorno a Cortina d'Ampezzo, con diverse signore indiane. Il maître d'hôtel resta talmente segnato dall'immagine di Maria Montessori con le sue allieve da riportarlo nelle sue memorie: «Adoperava delle figure geometriche diversamente colorate, cui associava precisi significati»[29]. Maria si reca poi a Innsbruck, dove tiene uno dei suoi ultimi cicli

---

27 Citato in G. Honegger Fresco, *Radici nel futuro. La vita di Adele Costa Gnocchi*, cit., p. 70.

28 Dopo Helsinki nel 1925, Helsingør nel 1929, Nizza nel 1932, Amsterdam nel 1933, Roma nel 1934, Oxford nel 1936, Copenaghen nel 1937, Edimburgo nel 1938 e Sanremo nel 1949. Un congresso postumo è organizzato in Francia nel 1953.

29 Si tratta del maître d'hôtel dell'Hôtel des Alpes, citato in G. Honegger Fresco, *Maria Montessori, una storia attuale*, cit., p. 162.

di conferenze e festeggia il suo ottantunesimo compleanno.

Il riconoscimento

I partecipanti al congresso di Sanremo hanno votato all'unanimità una mozione in cui esprimono il loro auspicio che il premio Nobel sia attribuito a Maria Montessori, riconoscendo «il suo apostolato educativo» al servizio instancabile della «scienza della pace».[30] Il comitato promotore della candidatura di Maria al premio Nobel è patrocinato da Maria Jervolino, deputata e presidente dell'Opera Nazionale Montessori, dal ministro degli Affari Esteri Carlo Sforza, grande ammiratore del metodo Montessori, e dall'ambasciatore italiano a Londra, Tommaso Gallarati Scotti. Università, associazioni e gruppi religiosi del mondo intero sostengono l'iniziativa, e anche numerose personalità del calibro di Jawaharlal Nehru, Primo ministro indiano, o il governatore del Pakistan. Gli abitanti di via Solari 26 «e quelli che furono bambini nel 1908» nella prima scuola della Società Umanitaria, appoggiano caldamente questa candidatura. Nella loro lettera di sostegno si legge:

«Noi qui, in Via Solari n. 26, abbiamo ancora presente l'attività operosa dei bambini di quarant'anni fa. Siamo noi quei bambini. I nostri genitori venivano a vederci lavorare in una cooperazione libera, attività priva di ogni violenza, anche della violenza calma, autoritaria di chi colpisce chetamente col castigo, o esalta meno chetamente col premio. Noi non siamo oratori, né filosofi, siamo gente che ha cuore. E il mondo è pieno di gente come noi. [...] L'Opera Montessori noi la sentiamo, oggi, come quaranta anni fa, l'opera che educa le generazioni novelle a vivere una forma superiore di vita sociale, ad avere in cuore le attività gloriose e pure della pace».[31]

Per rafforzare la sua candidatura, nel 1949 è pubblicata un'ope-

---

30 Citato in P. Trabalzini, *Maria Montessori da Sanremo a Perugia*, cit., p. 72.

31 Ivi, pp. 66-67.

ra che raccoglie le grandi conferenze sulla pace di Maria, dal titolo *Educazione e pace*.

La presidente dell'Opera Nazionale Montessori, Maria Jervolino, aveva accennato a Maria di questa candidatura in occasione di un soggiorno nei Paesi Bassi. Affermò che aveva preferito non dilungarsi su questo tema «non per falsa modestia, perché se v'è una persona conscia del suo valore è Maria Montessori: ma perché questa donna sente di dover compiere la sua missione al di là dei riconoscimenti ufficiali».[32]

Maria spera, soprattutto con questo premio, che la questione sociale dell'infanzia finisca sotto la luce dei riflettori nel mondo intero, come scrive all'amica Giuliana Sorge:

«Un premio Nobel indicherebbe un riconoscimento che la pace non si può ottenere meglio che attraverso l'educazione scientifica del bambino – attraverso lo sforzo di proteggere la natura creatrice dell'uomo e di aiutare la espansione dei suoi poteri. [...] L'idea non è facile a comunicare: cioè che è necessario avviare l'umanità considerando l'uomo fin dalla nascita. Ma un premio Nobel darebbe un'enorme spinta a questa comprensione. [...] Sarebbe un riconoscimento del bambino – questo sarebbe – non il riconoscimento dei meriti di una persona. Ma il risveglio verso un *fatto* universale di orientamento verso la pace».[33]

Nel giugno del 1949 i potenziali «concorrenti» al premio Nobel sono di tutto rispetto: la Croce Rossa Internazionale e la Fondazione Bernadotte. Tuttavia, la stampa italiana sostiene la candidatura di Maria: «Nessuno ignora le benemerenze di queste due istituzioni. Ciò non significa, però, che esse abbiano dato un contributo alla causa della pace: anzi, ambedue presuppongono l'esistenza della guerra. [...] La Montessori è in altra condizione; la

32 Ivi, p. 67.
33 Citato in G. Honegger Fresco, *Maria Montessori, una storia attuale*, cit., pp. 198-199.

Montessori "crea" la pace».[34]

Quell'anno il premio verrà assegnato a John B. Orr, specialista dell'alimentazione umana e animale, primo direttore della FAO[35] e presidente dell'Unione mondiale delle organizzazioni pacifiste. Nel 1950 il premio è assegnato a Ralph Bunche, sociologo americano ed esperto di questioni africane, che ha operato come mediatore fra israeliani e palestinesi nel 1948. E nel 1951 è Léon Jouhaux, responsabile del sindacato francese CGT e della Federazione sindacale mondiale, a ricevere il prestigioso premio. A differenza di Maria Montessori, tutti e tre hanno ricoperto un ruolo politico o umanitario nei paesi coinvolti nella Seconda guerra mondiale.

Nel dicembre del 1949 Maria è per quattro giorni a Parigi. Il 6 dicembre, in occasione di una cerimonia organizzata nell'ufficio delle relazioni culturali del Ministero degli Affari Esteri, riceve dalle mani del rettore della Sorbona la Legion d'onore per il suo contributo al rinnovamento dell'educazione. In quest'occasione la casa editrice Desclée de Brouwer, che pubblica i suoi libri in Francia, dà un ricevimento in suo onore.

Il 7 dicembre è l'Unesco a organizzare un pranzo in suo onore. Il direttore generale Jaime Torres Bodet saluta in lei «la più pacifica dei rivoluzionari» e conclude così la sua allocuzione:

«La nostra riconoscenza, signora, e la nostra ammirazione, vanno anche a colei che ha saputo regalare un'attenzione così vigile ai problemi della pace. Lei ha ricordato a tutti che sarebbe vano accordare tante attenzioni al bambino se non si preparasse in lui un cittadino responsabile e sufficientemente forte per far fronte alle responsabilità del nostro tempo. Le Sue preoccupazioni a questo riguardo sono le nostre: il nostro compito è quello di aiutare gli educatori di tutte le nazioni a formare questi futuri cittadini del

---

34 V. Gorresio, «Corriere della Sera», giugno 1949, citato in C. Grazzini, *Un'occasione perduta*, «Il Quaderno Montessori», XIX, n. 74, estate 2002, p. 62.

35 Si tratta dell'Agenzia delle Nazioni Unite per l'alimentazione e per l'agricoltura.

mondo, senza i quali i nostri progetti resterebbero sterili. L'Unesco si onora, signora, di beneficiare della Sua collaborazione».[36]

Maria d'altronde rappresentava l'Italia presso il Comitato di direzione dell'Istituto di pedagogia dell'Unesco. Nel giugno del 1950 partecipa, come membro della delegazione italiana, alla V sessione internazionale dell'Unesco a Firenze. Nella magnifica cornice del giardino di Boboli, alla sua allocuzione «Il cittadino dimenticato» segue una *standing ovation*. Le parole di quel giorno sono ancora di stretta attualità:

«Non solamente i bambini, ma tutti i giovani sono pieni di energia e di risorse delle quali finora non ci siamo sufficientemente preoccupati. Il problema che noi ci siamo impegnati a risolvere era come insegnare, come trasmettere le nostre conoscenze alla gioventù. Noi non abbiamo mai pensato che da parte nostra avremmo potuto trovare una rivelazione nei giovani: quella delle risorse nascoste della natura umana. È necessario essere attenti a questa rivelazione che la giovinezza ci presenta nei suoi atti e nella sua vita».[37]

Il 18 settembre 1950, la regina Giuliana dei Paesi Bassi la nomina ufficiale dell'ordine di Orange-Nassau. L'Università di Amsterdam le conferisce la laurea *honoris causa* in lettere e filosofia.[38] In questa occasione Maria presenta la sua visione cosmica dell'educazione, cioè la convinzione che si debbano educare i bambini a contemplare e cercare di comprendere l'universo, nella consapevolezza che ciascuno ha un ruolo da svolgere e che tutto è interdipendente.

Nello stesso anno è pubblicata la quinta edizione italiana della sua prima opera. Il nuovo titolo, *La scoperta del bambino*, è rivelatore dei numerosi cambiamenti che vi ha apportato. Tutti i riferimenti

---

36 *Maria Montessori à l'Unesco*, «Le Courier de l'Unesco», 1° gennaio 1950, vol. 2, n. 12, p. 4.

37 M. Jervolino, *Maria Montessori viva e operante*, in *Maria Montessori, oggi (1870-1970)*, a cura di M. Pignatari, Firenze, Giunti, 1979, pp. 38-39.

38 Maria era già dottore *honoris causa* in numerose università.

alla pedagogia scientifica sono stati soppressi per mettere invece l'accento sugli elementi che confermano la potenza delle rivelazioni della scuola di San Lorenzo a Roma, dimostrando che si sono realizzate nel mondo intero.

Una certa perplessità...

Malgrado i prestigiosi riconoscimenti, Maria è tormentata dai dubbi. Si lamenta di essere trattata «come un elefante da circo».[39] È applaudita, si riconoscono il suo coraggio e il suo dinamismo, ma avverte il rischio che ci si fermi alla superficie delle sue riflessioni. È felice di aver portato alla luce del sole le potenzialità nascoste della psiche del bambino: «Ogni giorno nel fare lezione accendevo questo lumicino, ma la gente non lo capiva, come credo che non lo capisca nemmeno oggi».[40]

Mario racconta che durante le conferenze dei suoi ultimi anni Maria ripeteva spesso un gesto forte. Si alzava e puntava il dito verso il cielo, in silenzio. Dopo una pausa, diceva: «Per molti anni ho mostrato il bambino, ma non avete guardato che la punta del mio dito».[41]

È per questa ragione che non perde occasione per insistere sui principi che devono essere alla base dell'educazione, come avviene in occasione della cerimonia organizzata in memoria della sua cara amica Maria Maraini, deceduta il 1° dicembre 1950. Maria Maraini è stata fra le fondatrici di una scuola di infermiere a Roma all'inizio del secolo e Maria approfitta di questa allocuzione per stabilire un parallelo interessante fra la medicina e l'educazione.

«Alla medicina si aprirà un grande avvenire se si penserà a curare lo spirito dell'ammalato oltre che il suo corpo. Questo può essere di grande aiuto alla scienza medica, perché è una cura im-

---

39 M. Jr. Montessori, *Maria Montessori, mia nonna*, cit., p. 56.

40 M. Montessori, *Il metodo del bambino e la formazione dell'uomo*, cit., p. 25.

41 S. C. Raines, *Who are we in the Lives of Children?*, «Young Children», March 1984, n. 3, p. 12.

perfetta quella che si rivolge al corpo senza curare lo spirito. È così anche per l'educazione del bambino. La maestra non può solo insegnare: essa deve saper vedere dentro l'anima dei bambini affidati alle sue cure; essa deve formare la personalità non solo attraverso gli insegnamenti, ma parlando alla loro anima, al loro spirito, alla loro intelligenza, con comprensione, umiltà e rispetto. Questa comprensione non può venire che da uno spirito eletto, raffinato, che sappia approfondire i problemi dell'umanità.»[42]

Nel dopoguerra la pace e la libertà sono temi di attualità. Maria ne ha una visione particolare, che spesso deve spiegare in risposta ai numerosi critici. La vera libertà è la libertà interiore, che non può essere data, ma ben costruita e ciò dalla più tenera età. Commentando una dichiarazione sulla libertà, pubblicata a New York nel dicembre del 1951, Maria scrive: «Finché l'educazione continuerà a seguire le linee di una sottomissione forzata, le condizioni attuali si perpetueranno e l'umanità continuerà ad essere costituita di molta gente che parla di libertà, ma assai poco di uomini liberi».[43]

Un'altra prova del fatto che ha parlato con schiettezza fino alla fine.

… e coraggio malgrado tutto

La vita nei Paesi Bassi tuttavia non è facile. In seguito a un'operazione all'occhio cui si sottopone nell'autunno del 1950, Maria si fa prendere dalla malinconia. È stanca. Le manca l'Italia, in particolar modo il suo clima, come scrive all'amica Giuliana.

«Cara Giuliana, dovendo esercitarmi a scrivere e non potendo scrivere libri, che abbia almeno il conforto di rivolgermi a un cuore amico, quasi illudendomi di parlare con qualcuno. Rimango qui inerte nel mio studio, mentre non c'è il sole nostro, ma sempre buio e pioggia. La mia compagnia è una radio che mi hanno regalato a

42 Citato in A. Matellicani, *La "Sapienza" di Maria Montessori*, cit., p. 67.

43 Citato in G. Honegger Fresco, *Maria Montessori, una storia attuale*, cit., p. 202.

Natale e che tengo sul tavolino. Non so ancora trovare una piena rassegnazione al fatale sbaglio commesso. Compro occhiali su occhiali, ma il fatto è questo: che posso usare un solo occhio, mentre l'altro disturba tanto che bisogna abolirlo. Non c'è rimedio [...]

Quell'uomo celebre perché non me l'ha detto? [Perché] non mi ha avvertito che sarei rimasta praticamente come prima, che si trattava di un'operazione grave che nessuno oggi fa più [...]

Io avrei avuto ancora tempo per scrivere, per finire l'opera mia. Non c'è dubbio che il mio cervello, già esaurito per una fatica mentale e fisica, fu colpito in un modo che non posso più pensare e lavorare come prima. Provai acutamente il desiderio a riposarmi in qualche luogo allegro, col clima nostro, con qualche compagnia affettuosa e lì riprendere energia.

Ma questa solitudine in una stanza da cui vedo altre case di faccia, dove le persone cui sono abituata non ci sono più... Mi è sembrato di essere abbandonata dal mondo, di sopportare una condanna, un castigo!

[...] La posta del mattino è l'aspettativa e la speranza, attesa come l'attende il soldato in trincea. Adesso ho dall'Italia l'abbonamento a qualche giornale che mi divaga un poco. Il prossimo passato in Italia mi dà un'acuta nostalgia. Aspettando con tranquilla rassegnazione mi esercito intanto a scrivere e poterlo fare ora così bene, come faccio con te, mi apre un po' il cuore alla speranza. Andrà sempre meglio, sì, lo credo. [...] Mille saluti affettuosi.»[44]

Eppure nell'intimità familiare Maria conserva il suo temperamento forte. La nipote Renilde racconta che, qualche settimana prima di morire, Maria è molto nervosa a causa di una conferenza che deve tenere in inglese all'università. Non lo dice apertamente, ma si lamenta della sua età (ottantuno anni) e della lingua in cui si sarebbe dovuta esprimere. Maria ha imparato l'inglese in India, ma

---

44 *Lettera a Giuliana Sorge*, «Il Quaderno Montessori», XIII, 92, inverno 2006/2007, pp. 11-16.

non ne ha padronanza e non ama parlarlo. «Mentre l'aiutavo a vestirsi, cercava un borsellino nero che sembrava essersi perduto. Le suggerii di cercarlo nel cassetto in cui stava di solito, ma lei mi disse che aveva già controllato e lì non c'era. Più tardi lo trovai, invece, proprio in quel cassetto. Quando tornò dalla conferenza, glielo mostrai e lei mi chiese dove lo avessi trovato. "Nel cassetto in cui sta sempre" le risposi. "Ma io ti avevo detto che non era lì e tu hai osato guardarci?" Mia nonna era fatta così: impossibile contraddirla.»[45]

Nella primavera del 1952 Mario e Ada portano Maria nella loro casa di campagna, non lontano dal mare. Il pomeriggio girano in auto per ammirare la fioritura dei tulipani. Maria ama molto i fiori. In questa stagione «l'Olanda sembrava coperta da un tappeto di seta. Ogni pomeriggio noi ci fermavamo per le strade per comprare dai bambini mazzi di tulipani e ghirlande con le quali arricchivamo di festoni la macchina, procedendo così ornati nella nostra via verso casa».[46]

Nella sua camera, al primo piano, passa ore a meditare, ammirando il mare spesso agitato. Un'amica italiana è venuta a farle compagnia. Maria le confida la speranza di «potermene andare senza dover dire addio a nessuno, silenziosamente e oscuramente».[47] Si augura anche di essere sepolta nel luogo in cui sarebbe morta. Ha preparato un'iscrizione da apporre sulla tomba della famiglia Montessori nel cimitero del Verano:

«Maria Montessori [...] Illustre scienziata e pedagogista che dedicò tutta la sua vita al rinnovamento ed al progresso spirituale dell'umanità attraverso il bambino. Riposa nel cimitero cattolico di

45 Citato in D. Novara, *Educatori senza frontiere: un'intervista a Renilde Montessori*, in *Montessori: perché no?*, a cura di G. Honegger Fresco, cit., pp. 253.

46 *Un figlio ricorda*, in A. Scocchera (a cura di), *Introduzione a Mario M. Montessori*, cit., p. 160.

47 Citato in G. Honegger Fresco, *Maria Montessori, una storia attuale*, cit., p. 162. Queste parole sono trascritte dal figlio Mario il giorno dopo la sua morte.

Noordwijk (Olanda), lontana dalla sua terra che aveva così profondamente amata, lontana dai suoi cari sepolti. Così ella volle a testimonianza dell'universalità della sua opera che la rese cittadina del mondo!».[48]

Maria ha redatto il testamento. Per la prima volta riconosce ufficialmente Mario come suo figlio, al quale «appartengono di diritto non solo i beni materiali di ogni genere, ma gli appartengono di diritto tutti i frutti che possono essere collegati con le mie opere intellettuali e sociali, perché furono fatte per ispirazione di lui – o con la sua collaborazione affettiva e costante – da quando egli fu in grado di agire nel mondo: avendo consacrato totalmente la sua vita in aiuto mio e delle mie opere. Per cui egli ne è l'erede unico, e l'unico depositario competente.» E conclude augurandosi che «gli amici e quelli che lavorano del mio lavoro possano sentire il loro debito verso mio figlio!».[49]

Il 6 maggio 1952 Maria chiede che le portino la prima colazione in camera perché sono arrivati degli amici olandesi per lavorare con Ada. Maria non li conosce e non vuole disturbarli. Mentre le tiene compagnia, Mario le racconta il suo incontro, il giorno precedente, con la delegazione del Ghana, venuta in Olanda alla ricerca di finanziamenti per ricostruire i porti del paese dopo l'Indipendenza. Saputo del lavoro che Maria e Mario hanno realizzato in India, i membri della delegazione hanno proposto loro di andare in Ghana, un paese che ha molto bisogno di ripensare il suo sistema scolastico. Maria risponde: «Certamente, se ci sono dei bambini che hanno bisogno di aiuto questi sono proprio quelli dei paesi africani. Non ci siamo mai stati, ma ti ricordi le fotografie che le Suore bianche della Nigeria ci hanno mandate? Ti ricordi la bambinetta, con il viso circondato dalle lisce ciocche dei suoi capelli, occupata a costruire la torre rosa? Certamente dobbiamo an-

48 R. Foschi, *Maria Montessori*, cit., p. 80.

49 Citato in P. Giovetti, *Maria Montessori. Una biografia*, cit., p. 134.

darci. Dobbiamo, tu ed io, organizzare un corso come quelli che abbiamo tenuto in India e dobbiamo prepararci gli assistenti sul posto.» Mario obietta: «Come sopporteresti il caldo?». Maria si arrabbia: «Allora tu non vuoi che io vada! Sai, un giorno me ne andrò in un posto dove non mi potrai seguire!». Mario protesta: «Tu non andrai mai dove io non ti possa seguire.» In questo istante Maria muore, con un atlante aperto sulle ginocchia alla pagina dell'Africa.[50]

Maria Montessori riposa nel piccolo cimitero di Noordwijk, vicino al mare del Nord.

Sulla tomba si può leggere questa epigrafe:

«Io prego i cari bambini, che possono tutto, di unirsi a me per la costruzione della pace negli uomini e nel mondo».[51]

---

50 *Un figlio ricorda*, in A. Scocchera (a cura di), *Introduzione a Mario M. Montessori*, cit., p. 162.

51 Questa frase venne formulata dalle nipoti raccogliendo le idee espresse da Maria Montessori. G. Honegger Fresco, *Maria Montessori, una storia attuale,* cit., p. 166, nota 23.

12

CONCLUSIONE: UN'EREDITÀ RIVOLUZIONARIA

La pace prima di tutto

Nell'immaginario collettivo rivoluzione e violenza vanno spesso di pari passo. Nell'eredità di Maria Montessori invece succede esattamente il contrario: Maria propone infatti una rivoluzione non violenta dell'educazione. Ci invita a posare uno sguardo nuovo sul bambino, considerandolo non come un essere da istruire, ma come una persona capace di autoeducarsi, a condizione che sia ben seguito. Maria era convinta che la vera pace – che è molto di più dell'assenza di guerra – non può germogliare se non si educano i bambini nella pace e per la pace, poiché i bambini le offrono un humus tra i più fertili. Privi di odio, di razzismo o di nazionalismo alla nascita, sono pacifisti fintantoché li si preserva. Maria pensava che i bambini fossero dotati di qualità alle quali gli adulti possono ispirarsi per crescere in saggezza.

Più che un metodo pedagogico, Maria Montessori ci ha lasciato una filosofia di vita. Una visione che considera ogni bambino come una speranza di progresso per la società, a condizione che si lasci sbocciare «il bambino nuovo», o «normalizzato», vale a dire un bambino che cresce sano, senza «devianza», perché lo si è meno intralciato nel suo cammino. Affinché i suoi «difetti dell'infanzia»[1] spa-

1 Le espressioni «il bambino nuovo», «il bambino normalizzato», «devianza», «difetti dell'infanzia» erano utilizzate in modo ricorrente da Maria Montessori. Le si ritrovano in particolare in *Il segreto dell'infanzia*, cit.

riscano spontaneamente e le sue qualità si dispieghino, così come la sua vocazione, l'adulto dovrebbe considerarlo e rispettarlo profondamente, senza stigmatizzare i suoi tentennamenti e i suoi piccoli difetti. Maria si preoccupava molto di più per quelle che chiamava «le deviazioni», che si manifestano, secondo lei, quando i bambini hanno una carenza o viene loro impedito di scegliere la propria attività e realizzare i propri progetti. Pensava che l'accumulo di frustrazioni mal vissute spingesse i bambini a rinchiudersi nella menzogna, nella paura, nella golosità, nell'agitazione, nell'opposizione permanente o nella tendenza a voler possedere tutto. Per Maria la concentrazione, generata da un lavoro che interessa perché scelto, è il miglior rimedio a questi mali. Quando un bambino si comporta male, la soluzione è raddoppiare l'attenzione e proporgli più occasioni di concentrarsi, anziché sanzionarlo, perché così si rischia di ottenere l'effetto contrario e di alimentare le frustrazioni e le cattive tendenze.

Maria era convinta che ogni persona avesse una missione più grande di sé e che bisognasse lasciare ogni bambino «divenire quello che è»,[2] vale a dire conoscersi, accettarsi, progredire e assumere la propria personalità, anziché addossarsi un ruolo assegnato dai genitori e dalla società.

Maria denunciava il fatto che la società ricalca il modello degli adulti, che ormai hanno perduto la loro innocenza e la prodigiosa capacità dei bambini di riconciliarsi e trovare buone soluzioni, quando gli adulti non intervengono. È quello che Maria osservava e ammirava in tutte le Case dei Bambini.

«Il bambino [è] il "padre dell'uomo". L'uomo viene, in effetti, dal bambino; e, solo, il bambino può condurre a termine questo lungo lavoro. Il dramma più segreto dell'umanità, dalle conse-

2 La formula «Diventa quello che sei quando l'avrai imparato», del poeta Pindaro (V secolo a.C.), è stata in parte ripresa da Epicuro e in seguito da Socrate, con «Conosci te stesso». Sant'Agostino l'ha ripresa con un'ispirazione cristiana. Questa frase esprime il desiderio di Maria che ogni bambino abbia la sua personalità e che trovi ciò per cui è fatto. Anche Nietzsche ha utilizzato questa espressione, ma con un senso diverso.

guenze tragiche, risiede in questa ristrettezza che considera il bambino solamente come il figlio dell'uomo, e modellato su di lui. Ogni errore commesso sul bambino non è semplicemente pregiudizievole per lui stesso, ma ha le sue lontane ripercussioni sulla società e sul progresso della civiltà.»[3]

Affinché le tensioni non si trasmettano di generazione in generazione, Maria esortava a mettere fine al circolo vizioso del conflitto generazionale, a suo avviso la principale fonte di violenza e causa di guerre. La dominazione dell'adulto allorché decide tutto per il bambino, lo controlla, lo dirige, lo punisce e lo ricompensa, è una forma di oppressione che a lungo termine si rivela catastrofica. Questi stessi bambini, una volta adulti, invertono i ruoli prendendosi, anche inconsciamente, la loro rivincita su quelli della generazione successiva, il che è ancora più nefasto poiché è in nome dell'amore che gli adulti intralciano i bambini, «per il loro bene». In questo clima di dominazione accettato da tutti, i bambini amano «i loro oppressori». Tutto ciò genera il succedersi di relazioni malsane che Maria denunciava come una tragedia. Ma quest'ultima non era, secondo lei, ineluttabile. Proprio questa fu la battaglia di tutta la sua vita: permettere agli adulti di prendere coscienza di questo male e spingerli a sradicarlo. Invitava perciò gli adulti a smettere di sentirsi superiori e a considerare il bambino come una persona a pieno titolo. Maria deplorava che il bambino fosse il «cittadino dimenticato» di una società che lo sottovaluta.

«Il bambino è il costruttore dell'uomo e non esiste un uomo che non sia stato formato dal bambino che è stato».[4]

I diritti del bambino, «padre dell'uomo», sono stati la punta di diamante della battaglia di Maria per la pace.

---

3 M. Montessori, «Il bambino padre dell'uomo», conferenza del 27 novembre 1936, a Parigi, Université des Annales, «Journal de l'Université des Annales», 31ème année, n. 11, 1er Janvier, 1937, p. 78. Maria Montessori si è ispirata alla celebre poesia di William Wordsworth.

4 M. Montessori, *La mente del bambino. Mente assorbente*, cit.

Maria ci ha lasciato la convinzione che l'educazione alla pace sia altrettanto importante, se non di più, dell'istruzione accademica, perché questa è facile quando il bambino si evolve serenamente in una comunità della quale si sente parte. È per questo che la scuola montessoriana forma una comunità multi-età nella quale i bambini si esercitano a vivere insieme, imparano a fare compromessi, attendono il loro turno, negoziano, condividono e vengono a patti in maniera armoniosa, consapevoli che è quello di cui hanno bisogno. Non subiscono la disciplina come una forza imposta dall'esterno e a cui si sottomettono per timore; costruiscono un'autodisciplina perché la avvertono come giusta e necessaria. Grazie alla commistione delle età, i bambini si trasmettono la disciplina fra loro. Non è il giogo del più forte (l'adulto) sul più debole (il bambino) che fa regnare l'ordine, ma la legge dell'amore.

Maria ci ha lasciato anche delle certezze: i bambini amano la calma, l'ordine. Desiderano concentrarsi e sono capaci di farlo più di quanto noi di solito crediamo. Maria presentava la concentrazione come un tesoro, prova del fatto che l'energia fisica e l'energia mentale si coniugano a vantaggio dello sviluppo. Quando si smette di interrompere continuamente i bambini e di teleguidarli, essi danno prova di una notevole capacità di attenzione. I bambini amano imparare e lavorare. Per loro il lavoro è sinonimo di divertimento, lo fanno con piacere e lavorano per costruire loro stessi, contrariamente agli adulti che lavorano il più delle volte per realizzare un obiettivo esterno. Il lavoro mentale non logora, nutre. Una volta sbocciato, il bambino conserverà per tutta la vita il piacere del lavoro e la tendenza a migliorarsi e a progredire, per se stesso e per gli altri.

Le fasi dello sviluppo

Maria Montessori ci ha anche consegnato una riflessione importante sulle fasi dello sviluppo del bambino, ripresa dai pedagogisti e dagli psicologi che le sono succeduti. Secondo lei, a partire dal neonato, servono ventiquattro anni per autocostruirsi e diventare adulti.

Il bambino segue per questo quattro fasi di sviluppo, da zero a sei anni, da sei a dodici anni, da dodici a diciotto anni, poi da diciotto a ventiquattro anni.

Nei primi sei anni di vita il bambino vede manifestarsi e svilupparsi le sue capacità, come la volontà, il movimento, il pensiero, la memoria... È così che l'individuo si costruisce progressivamente. Il periodo da zero a sei anni, primo progetto di sviluppo, si caratterizza per «la mente assorbente», che è inconscia da zero a tre anni, poi sempre più conscia fra i tre e i sei anni. «La mente assorbente», espressione tipicamente montessoriana, descrive il modo in cui il bambino assorbe e si costruisce grazie alle esperienze che vive. Mentre l'adulto apprende al prezzo di numerosi sforzi intenzionali, il bambino apprende spontaneamente. Per convincersene basta pensare al modo in cui un bambino impara la lingua materna, mentre l'adulto che apprende una lingua straniera non la padroneggia mai come un parlante madrelingua.

Durante la seconda fase dello sviluppo, dai sei ai dodici anni, il bambino vive un periodo di crescita abbastanza sereno. Più calmo, dispiega le sue capacità di lavoro, di riflessione, di astrazione e di esplorazione di un universo sempre più ampio. La sua mente assorbente diviene una mente che ragiona e comprende, che si interroga su tutto. Il bambino di quest'età cerca sempre più di lavorare con i suoi coetanei.

Nella terza fase dello sviluppo, dai dodici ai diciotto anni, il giovane, con la pubertà e l'adolescenza, vive un'intensa e rapida trasformazione sul piano fisico e psicologico, trasformazione che lo rende fragile, attivandone tutte le energie. Ciò può comportare dubbi, emozioni molto forti e cambiamenti dell'umore, perfino un calo delle sue capacità intellettuali. Il giovane diviene più introverso, salvo che con un piccolo gruppo scelto che gli permette di identificarsi e di staccarsi progressivamente dal modello familiare, in ogni caso di rimetterlo in questione. Sensibile, addirittura suscettibile, il giovane di quest'età ha un bisogno imperioso di sentirsi rispettato e responsabilizzato.

Durante l'ultima fase dello sviluppo, dai diciotto ai ventiquattro anni, il giovane si adatta alla vita sociale e cresce impegnandosi nella difesa di grandi ideali. Si costruisce per la sua comunità e cerca di trovarvi la sua missione.

All'inizio di ciascuna di queste fasi, Maria considerava il bambino come una persona nuova con nuovi bisogni, come un bruco trasformato in farfalla. Il bambino attraversa «periodi sensibili» nei quali è particolarmente attratto da certi elementi del suo ambiente, necessari al suo sviluppo. Maria prendeva in prestito l'espressione «periodo sensibile» dalla biologia, secondo i termini dell'olandese Hugo de Vries. Lo scienziato descriveva le fasi della vita dei bruchi, che attraversano periodi di crescita con istinti che si susseguono, transizioni improvvise e metamorfosi. Allo stesso modo il bambino, secondo Maria, vive una successione di trasformazioni fisiche, mentali, sociali e psicologiche, come se sperimentasse una nascita dopo l'altra. Guidato da un impulso, si volge verso ciò di cui ha bisogno, se non gli viene impedito. I periodi sensibili sono transitori e se tali capacità non sono acquisite prima che si esauriscano, l'apprendimento può diventare laborioso per il bambino, poiché si attenua l'attrazione per quello di cui ha bisogno. Maria era convinta che l'adulto avesse la missione di offrire al bambino una pedagogia adeguata ai bisogni fondamentali dell'uomo in costruzione, bisogni che variano in ogni fase dello sviluppo.

Una pedagogia basata su tre pilastri

La proposta pedagogica Montessori poggia su tre pilastri: la posizione dell'educatore, l'ambiente preparato e il materiale a disposizione dei bambini.

Maria riteneva che per educare i bambini fosse prima di tutto necessario rieducare gli adulti. Preconizzava di mettersi al servizio dei bambini per preservare la loro capacità di costruire se stessi. Raccomandava di intervenire solo quando era davvero necessario, di essere al contempo molto disponibili e molto discreti in modo che la presenza dell'adulto fosse avvertita dal bambino che aveva bisogno di sentirsi sostenuto, ma che fosse impercettibile mentre stava canalizzando la sua attenzione in maniera costruttiva. Maria esortava l'adulto a incoraggiare il bambino con entusiasmo, stimolandolo, senza forzature, a complimentarsi in modo misurato e a suggerire miglioramenti con delicatezza. Tutto ciò esige uno sforzo da parte dell'educatore che lavora su se stesso, smorzando il proprio orgoglio e la propria rabbia, praticando l'umiltà e la pazienza... È cosciente che non è lui a forgiare il bambino. Cerca di accompagnarlo senza essere orgoglioso dei risultati, né ansioso per le difficoltà. Sostiene con benevolenza e ha fiducia nel bambino.

L'educatore Montessori offre al bambino un ambiente adatto ai suoi bisogni e un'atmosfera propizia alla concentrazione. Strutturato, ordinato e ben tenuto, l'ambiente è una cornice che favorisce il senso di sicurezza e l'autonomia del bambino. Questo ambiente materiale e psichico favorisce la fiducia in se stessi.

L'educatore Montessori deve anche presentare del materiale e delle attività al bambino, in modo tale da offrirgli occasioni per sviluppare quello che Maria chiamava il «movimento intelligente», che ha uno scopo, perché il bambino apprende manipolando. Il materiale Montessori è sensoriale, poiché sono la percezione dei sensi e il loro perfezionamento, nonché il riconoscimento e la classificazione delle percezioni, a consentire la costruzione interiore. Il materiale sensoriale, grazie a combinazioni e gradazioni, aiuta il bambino ad avvalersi di immagini mentali ed esperienze vissute. Maria parlava del materiale in termini di «astrazioni materializzate», che presentano i concetti sotto forma concreta e isolata, in modo tale che i bambini li apprendano il più facilmente possibile. Sottolineiamo che questo materiale è presentato al bambino durante le lezioni singole o in un piccolo gruppo nel quadro di una relazione di qualità, in modo preciso e applicato. In seguito il bambino pratica le attività in modo autonomo, tutte le volte e per tutto il tempo che desidera. L'educatore osserva la manipolazione del bambino senza cercare di controllarla, poiché non si presume che quest'ultimo possa riprodurre un esercizio in maniera perfetta. Il bambino esplora il mondo, motivato da questo materiale concepito come un «aiuto allo sviluppo», il cui obiettivo non è quello di insegnare ma di spingere ad acquisire conoscenze. Con l'aiuto del materiale il bambino formula delle ipotesi, le verifica, osserva, sviluppa il suo ragionamento, le sue capacità logiche e di astrazione. Detto altrimenti, è un materiale che favorisce lo sviluppo delle funzioni esecutive,[5] vale a dire tanto l'iniziativa e la pianificazione di azioni quanto la loro organizzazione, la flessibilità mentale che consente di adattarsi, la memoria di lavoro e la capacità di controllare riflessi, voglie, percezioni, distrazioni. Sebbene all'epoca di Maria non si parlasse in questi termini, lei aveva anticipato tali concetti. Nell'ambiente Montessori il bambino impara anche e soprattutto a contatto con i suoi pari. E anche questa capacità che i bambini possiedono di imparare fra loro è stata confermata dalle ricerche.[6]

Un'educazione alla libertà

Maria aveva osservato che i bambini amano concentrarsi e che ciò sviluppa la loro capacità di obbedire, cioè di sottomettere la loro volontà a quella di un altro, perché ne sono padroni, consapevoli di avere una volontà propria e perché hanno fiducia nella persona cui sottomettono la loro volontà.

Il suo approccio educativo considera la libertà un obiettivo e un mezzo. In un ambiente dedicato, i bambini possono scegliere liberamente la loro attività. La libertà e la disciplina non possono,

---

5 Le funzioni esecutive formano «l'insieme dei processi che permettono a un individuo di regolare in maniera intenzionale il suo pensiero e le sue azioni al fine di raggiungere degli scopi», A. Miyake et al., *The Unity and Diversity of Executive Functions and Their Contributions to Complex "Frontal Lobe": A latent Variable Analysis*, «Cognitive Psychology», 41, Issue 1, August 2000, pp. 49-100.

6 Per la questione della ricerca su Montessori, si veda il libro di A. S. Lillard, *Montessori, une révolution pédagogique soutenue par la science,* Paris, Desclée de Brouwer, 2018.

secondo Maria, esistere l'una senza l'altra. Maria deplorava molto il fatto che gli educatori interpretassero impropriamente la sua idea della libertà e lasciassero fare ai bambini tutto quello che volevano. Preconizzava, certo, la libera scelta dell'attività, che è però una scelta guidata, grazie alla selezione di quello che è messo a loro disposizione, in un luogo attrezzato, e non una libertà totale senza organizzazione, sinonimo di abbandono. Secondo Maria, il bambino ha bisogno di essere contenuto in un progetto, un ambiente e una cornice che gli permettano di concentrarsi e di costruirsi seguendo i propri slanci «per mezzo di una energia interiore irreprimibile, che gli dà il potere prodigioso di trasformarsi».[7]

L'educazione progressiva alla libertà e all'autodisciplina favorisce lo sviluppo di personalità positive. Rispettare gli individui affinché siano in grado di sviluppare un pensiero critico, una volontà propria e una capacità di riflessione: sono questi gli obiettivi dell'approccio montessoriano. Ciò è possibile poiché i bambini delle scuole Montessori si abituano a scegliere e a portare a buon fine dei progetti, organizzando la loro attività, coordinando gesti e movimenti con precisione, eseguendo azioni semplici per realizzare attività complesse, con logica, sentendosi rispettati e rispettando il lavoro degli altri.

Maria riponeva fiducia nella capacità del bambino di educare se stesso poiché era convinta che ogni uomo obbedisce a «tendenze umane», cioè a comportamenti universali, a caratteristiche comuni a tutti gli esseri umani, quale che sia la loro civiltà o il loro tempo. Maria e il figlio Mario hanno tentato di individuare queste tendenze: la vita sociale, l'esplorazione e l'orientamento, lo spirito matematico, l'osservazione, l'astrazione, il desiderio di lavorare,[8]

7 M. Montessori, conferenza «Il bambino padre dell'uomo», cit.

8 «Il bambino ci ha dimostrato degli istinti, dei quali non conoscevamo l'esistenza. Egli ci ha rivelato un istinto fondamentale sorprendente: il lavoro. [...] Il lavoro è l'istinto fondamentale dell'uomo"», M. Montessori, *Educazione e pace*, cit., p. 132.

l'autoperfezionamento e l'immaginazione... Seguendo queste tendenze, se l'adulto non lo impedisce, il bambino impara perché la sua sete di apprendere non è mai sazia. È quindi nella gioia e nel piacere che impara e cerca sempre di progredire.

L'obiettivo dell'approccio Montessori è che questa tensione duri tutta la vita, al servizio del progresso dell'umanità.

«Allorché comprenderemo tutto quello che il bambino acquisisce da solo, sapremo meglio quello che può divenire l'uomo.»

Maria mise la sua vita al servizio del bambino perché credeva in lui e nell'uomo.

La sua eredità è un invito a proseguire su questo cammino.

Charlotte Poussin
Istanbul, 11 maggio 2020

CRONOLOGIA DELLA VITA DI MARIA MONTESSORI

1870

31 agosto: Maria Tecla Artemisia nasce a Chiaravalle (Ancona) da Alessandro Montessori e Renilde Stoppani.

1875

La famiglia Montessori si trasferisce a Roma.

1883-1890

Maria frequenta la Regia scuola tecnica Michelangelo Buonarroti e l'Istituto tecnico Leonardo da Vinci.

1890

Settembre: Maria si iscrive alla Facoltà di Scienze matematiche, fisiche e naturali dell'Università di Roma.

1893

12 febbraio: è accolta la sua iscrizione al terzo anno della Facoltà di Medicina.

1896

10 luglio: Maria si laurea in Medicina.
20-26 settembre: Maria rappresenta l'Italia al Congresso internazionale delle Donne a Berlino.

1897-1900

Maria è assistente di Neuropatologia presso la clinica psichiatrica di Roma. Si reca a Parigi e a Londra per un soggiorno di studi.

1898
31 marzo: nasce il figlio Mario Montesano Montessori.
8-15 settembre: Maria partecipa al primo Congresso nazionale di Pedagogia a Torino.

1899
Gennaio: viene fondata la Lega nazionale per la protezione dei fanciulli deficienti. Maria tiene numerose conferenze in Italia per promuovere il lavoro della nuova istituzione e raccogliere fondi. Insegna anche la pedagogia speciale nelle scuole di formazione dei maestri a Roma.
26 giugno-4 luglio: Maria rappresenta il governo italiano al Congresso internazionale delle Donne a Londra.

1900
7 aprile: inaugurazione della Scuola Magistrale di Ortofrenia in cui Maria insegna psicologia, fisiologia e igiene.

1901
Estate: rottura con Giuseppe Montesano. Maria lascia la clinica psichiatrica e la Scuola di Ortofrenia.
Continua l'insegnamento di igiene e antropologia negli istituti magistrali.

1903
Luglio: si iscrive al terzo anno di Filosofia e approfondisce lo studio dell'antropologia.

1904
29 dicembre: Maria ottiene l'abilitazione per insegnare antropologia all'Università di Roma.

Gennaio 1906-novembre 1910
Maria insegna antropologia pedagogica alla Facoltà di Scienze fisiche, matematiche e naturali dell'Università di Roma.

1907
6 gennaio: inaugurazione della prima Casa dei Bambini nel quartiere di San Lorenzo, a Roma. La seconda è aperta nell'aprile dello stesso anno.

1908
23-29 aprile: Maria partecipa al primo Congresso nazionale delle Donne italiane a Roma con una conferenza intitolata «La morale sessuale nell'educazione».
18 ottobre: inaugurazione della prima Casa dei Bambini della Società Umanitaria a Milano, seguita da una seconda il 21 novembre 1909.

1909
All'inizio dell'anno si apre una Casa dei Bambini presso le francescane Missionarie di Maria (in via Giusti a Roma) per ospitare i bambini orfani dopo il terremoto di Messina.
Rottura con Talamo dell'IRBS.
Pubblicazione del suo primo libro, *Il Metodo della Pedagogia Scientifica applicato all'educazione infantile nelle Case dei Bambini.*
1° agosto-15 settembre: primo corso di formazione per le maestre organizzato presso Alice Hallgarten Franchetti e il marito, il barone Leopoldo Franchetti, a Città di Castello.

1910
Luglio-agosto: secondo corso di formazione per le maestre organizzato presso le francescane Missionarie di Maria.
Estate: le prime tre collaboratrici di Maria – Elisabetta Ballerini, Anna Maria Maccheroni e Anna Fedeli – vanno a vivere presso la sua abitazione.
10 novembre: Maria rinuncia all'esercizio della medicina per dedicarsi appieno alla sua opera.
Pubblicazione del volume *Antropologia pedagogica.*

1912
10 dicembre: morte della madre Renilde.

1913
Gennaio-maggio: primo Corso internazionale Montessori (Roma).
1° febbraio: Mario va a vivere con la madre a Roma.
Dicembre: primo viaggio negli Stati Uniti (East Coast).

1914
Febbraio-giugno: secondo Corso internazionale Montessori (Roma).
Pubblicazione in inglese di *Dr. Montessori's Own Handbook.*

1915
Aprile-novembre: secondo viaggio negli Stati Uniti (California).
25 novembre: morte di Alessandro Montessori.
Dicembre: Maria si trasferisce a Barcellona. Anna Maria Maccheroni vi ha aperto una scuola modello Montessori dove hanno luogo le prime esperienze di educazione religiosa.
L'anno seguente viene organizzato un Corso internazionale.

1916
Da ottobre fino alla primavera del 1917, Maria tiene un corso a San Diego e lancia il suo appello a favore della Società della Croce Bianca. Pubblica *L'autoeducazione nelle scuole elementari*, continuazione del volume *Il Metodo della Pedagogia Scientifica applicato all'educazione infantile nelle Case dei Bambini.*

1917
5 dicembre: Mario Montessori sposa Helen Christy. Qualche mese dopo la coppia raggiunge Maria a Barcellona.

1919
Viene organizzato il primo Corso internazionale a Londra dove ogni anno, fino al 1929, si terrà un corso di formazione. Nasce Marilena.

1921
Maria partecipa al primo Congresso della LIEN a Calais.
Nasce Mario Jr.

1922
Pubblicazione de *I bambini viventi nella Chiesa*.

1924
8 agosto: Mussolini fonda l'Opera Nazionale Montessori.

1925
Ritorno in Italia, a Napoli e poi a Roma.
Nasce Rolando.

1926
Trasferimento a Milano.
21 febbraio: si inaugura a Milano il Corso nazionale Montessori organizzato dal regime fascista.

1928
5 febbraio: inaugurazione a Roma della Regia Scuola di Metodo Montessori.

1929
I Montessori si trasferiscono a Barcellona.
Nasce Renilde.
Agosto: fondazione dell'AMI in occasione del Congresso internazionale Montessori di Helsingør (Danimarca).

1930
30 gennaio: è inaugurato a Roma il XV Corso internazionale.

1931
Gennaio-giugno: si tiene a Roma il XVI Corso internazionale.
Aprile: Maria è a Parigi per il decennale dell'associazione La Nouvelle Éducation.
Settembre-dicembre: si tiene a Londra il XVII Corso internazionale.
Maria incontra per la prima volta Gandhi.
Pubblicazione de *La vita in Cristo*.

1932
Primavera: Maria tiene la sua prima conferenza sulla pace al Bureau International d'Éducation a Ginevra.
Luglio: i Montessori e le loro collaboratrici sono spiati dall'OVRA.
Agosto: Maria partecipa al Congresso della LIEN a Nizza.
Pubblicazione in Inghilterra de *La Santa Messa spiegata ai bambini.*

1933
Gennaio: Maria e Mario si dimettono dall'Opera Nazionale Montessori.
Marzo: a Barcellona è organizzata una «Settimana Montessori». Maria tiene alcune conferenze alla radio.

1934
3-10 aprile: si svolge a Roma il IV Congresso internazionale Montessori. I fascisti interrompono la conferenza di Maria. È l'ultimo soggiorno dei Montessori in Italia, dove faranno ritorno soltanto nel 1947.
Luglio-settembre: è organizzato per la prima volta in Francia, a Nizza, un Corso internazionale.
Pubblicazione di *Psicoaritmetica* e *Psicogeometria.* Stesura di *Psicogrammatica* (uscito soltanto in Italia nel 2016).

1936
Il regime fascista chiude tutte le scuole Montessori. La Germania lo ha già fatto nel 1934 e l'Austria lo farà nel 1938.
17 luglio: scoppia la guerra civile spagnola. Maria lascia Barcellona a bordo di una nave militare inglese.
Autunno: i Montessori arrivano in Olanda, ospitati dalla famiglia Pierson. Mario e Helen si separano. Maria fonda la M. Montessori School a Laren.

Settembre: Maria partecipa al raduno per la pace a Bruxelles.
Pubblicazione di *Étapes de l'éducation* (Desclée de Brouwer), *Il bambino in famiglia* esce in Svizzera e *Il segreto dell'infanzia* in Spagna.

1937
1-10 agosto: VI Congresso internazionale Montessori in Danimarca. Maria fonda il Partito sociale del bambino.
Dicembre: Maria tiene tre conferenze sulla scienza della pace alla Scuola internazionale di filosofia di Amersfoort (Olanda).

1938
26-30 luglio: VII Congresso internazionale Montessori a Edimburgo.

1939
Luglio: Maria interviene al World Fellowship of Faiths a Londra.

1939-1946
Arrivo a ottobre in India: è il primo soggiorno di Maria e Mario in questo paese.
All'entrata in guerra dell'Italia, il 10 giugno 1940, i Montessori sono considerati nemici. Mario sarà liberato dal campo di prigionia il 30 agosto.
Dal 1942 fino a marzo del 1944 i Montessori sono agli arresti domiciliari a Kodaikanal. Vengono in seguito organizzati alcuni corsi a Colombo e nel Rajasthan.

1946
30 luglio: Maria e Mario rientrano in Olanda.
Agosto-dicembre: XXVIII Corso internazionale Montessori a Londra.
Pubblicazione in India di *Educazione per un mondo nuovo* (I edizione inglese *Education for a New World*, 1947).

1947
Maggio-giugno: i Montessori tornano in Italia, da cui mancavano dal 1934.
Maria tiene alcune conferenze presso le Università di Roma e di Perugia.
Luglio: Mario sposa Ada Pierson.

Agosto 1947-luglio 1949
Secondo soggiorno in India, corsi ad Adyar, Ahmedabad, Bombay e Pune nel 1948, oltre che a Colombo e in Pakistan.
Nel 1948, *Come educare il potenziale umano* è pubblicato in India (I edizione inglese con il titolo *To educate the human potential*, 1947), *What you should know about your child* a Colombo e *De l'enfant à l'adolescence* in Francia presso Desclée de Brouwer (I edizione francese di *Dall'infanzia all'adolescenza*, pubblicato in Italia nel 1949).

1949
22-29 agosto: VIII Congresso internazionale di Sanremo.
È pubblicato in India *The Absorbent Mind* (I edizione originale inglese di *La mente del bambino. Mente assorbente,* pubblicato in Italia nel 1952).
6 dicembre: Maria riceve la Légion d'honneur a Parigi.

1949-1951
Maria è per tre volte candidata al premio Nobel per la pace.
Le sue conferenze sulla scienza della pace sono pubblicate nel volume *Educazione e pace* (1949).

1950
Giugno: Maria partecipa alla V sessione internazionale dell'Unesco a Firenze come membro della delegazione italiana.
20 luglio: inaugurazione del XXIX Corso internazionale presso il Centro internazionale di studi pedagogici di Perugia.
18 settembre: la regina Giuliana d'Olanda nomina Maria ufficiale dell'Ordine di Orange-Nassau.
Pubblicazione de *La formazione dell'uomo.*

1951
Aprile-giugno: Corso nazionale Montessori a Roma.
15-19 maggio: Maria è a Londra per il IX Congresso internazionale Montessori.

Luglio-agosto: a Perugia è organizzato un ciclo di conferenze.
31 agosto: Maria festeggia il suo compleanno a Innsbruck, dove tiene varie conferenze.

1952
6 maggio: Maria muore. Viene sepolta a Noordwijk, in Olanda.

BIBLIOGRAFIA

Alatri, G., *Il mondo al femminile di Maria Montessori. Regine, dame e altre donne*, Roma, Fefè Editore, 2015.

Alatri, G., *Le donne, l'infanzia*, «Vita dell'Infanzia», LXIV, 11/12, novembre-dicembre 2015, pp. 30-36.

Alatri, G., *Maria Montessori e Alessandro Marcucci. Il corso per maestre del 1926 a Milano*, «Vita dell'Infanzia», LXVIII, 11/12, novembre-dicembre 2019, pp. 38-49.

Babini, V.P., Lama, L., *Una «donna nuova». Il femminismo scientifico di Maria Montessori*, Milano, Franco Angeli, 2003.

Borghi, B.Q., *Montessori dalla A alla Z. Lessico della pedagogia di Maria Montessori*, Trento, Erickson, 2019.

Buseghin, M.L., *Alice Hallgarten Franchetti. Un modello di donna e di imprenditrice nell'Italia tra '800 e '900*, Perugia, Editrice Pliniana, 2013.

Cacciotti, I. (2014), *Il rapporto Montessori-Mussolini tra pubblico e privato*, www.cartedifamiglia.it/didattica.

Cives, G., *Maria Montessori, pedagogista complessa*, Pisa, Edizioni ETS, 2004.

Cives, G., Trabalzini, P., *Maria Montessori tra scienza, spiritualità e azione sociale*, Roma, Anicia, 2017.

Colombo, C.A., Beretta Dragoni, M. (a cura di), *Maria Montessori e il sodalizio con l'Umanitaria. Dalla Casa dei Bambini di Via Solari ai corsi per insegnanti*, Milano, Raccolto edizioni, 2008.

Cromwell, M., *Il metodo Montessori in Francia durante la guerra*, «La Coltura popolare», IX, 1, gennaio 1919, pp. 50-53.

De Mattei, R., *Trilogia Romana*, Chieti, Solfanelli, 2018.

De Giorgi, F. (a cura di), *Maria Montessori e le sue reti di relazioni*,

«Annali di storia dell'educazione e delle istituzioni scolastiche», n. 25, 2018.

De Sanctis, L. (a cura di), *Il volo tra le genti di Maria Montessori oltre ogni confine*, Roma, Fefè Editore, 2016.

De Sanctis, L. (a cura di), *La cura dell'anima in Maria Montessori. L'educazione morale, spirituale e religiosa dell'infanzia*, Roma, Fefè Editore, 2011.

De Sanctis, L. (a cura di), *Le ricette di Maria Montessori cent'anni dopo. Alimentazione infantile a casa e a scuola*, Roma, Fefè Editore, 2012.

De Sanctis, L. (a cura di), *L'infanzia svantaggiata e Maria Montessori. Esperienze psicopedagogiche, educative e sociali dal '900 ad oggi*, Roma, Fefè Editore, 2013.

Feez, S. (a cura di), *The 1913 Rome Lectures. First international Training Course*, Amsterdam, Montessori-Pierson Publishing Company, 2013.

Fondo Montessori, Archivio generale delle francescane Missionarie di Maria, Roma.

Foschi, R., *Maria Montessori*, Roma, Ediesse, 2012.

Foschi, R., Moretti, E., Trabalzini, P. (a cura di), *Il destino di Maria Montessori. Promozioni, rielaborazioni, censure, opposizioni al Metodo*, Roma, Fefè Editore, 2019.

Galeazzi, G., *Educazione e Pace di Maria Montessori e la pedagogia della pace nel '900*, Torino, Paravia, 1992.

Giovetti, P., *Maria Montessori. Una biografia*, Roma, Edizioni Mediterranee, 2009.

Grazzini, C., *Un'occasione perduta. Note in margine alla candidatura di Maria Montessori al Nobel per la Pace*, «Il Quaderno Montessori», XIX, 74, estate 2002, pp. 59-64.

Grifò, M., *Un'identità incompiuta: Maria Montessori nel carteggio di Mère Marie de la Rédemption*, «Orientamenti pedagogici», 2017/3, vol. 64, pp. 475-498.

Guéritte, T.J., *Notes de vacances*, «La Nouvelle Éducation», 1932/11, 109, pp. 166-169.

Gutek, G.L., Gutek, P.A., *Bringing Montessori to America. S.S. Mc Clure, Maria Montessori, and the Campaign to Publicize Montessori Education*, Tuscaloosa, The University of Alabama Press, 2016.

Honegger Fresco, G. (a cura di), *Le Case dei Bambini dell'Umanitaria a Milano (1908-9)*, «Il Quaderno Montessori», XXIV, 94, estate 2007, pp. 49-64.

Honegger Fresco, G. (a cura di), *Montessori: perché no? Una pedagogia per la crescita*, Milano, Franco Angeli, 2000.

Honegger Fresco, G. (a cura di), *Roma: il corso del 1910 e la Casa dei Bambini presso il Convento delle Suore Francescane di Via Giusti 12*, «Il Quaderno Montessori», XIII, 51, autunno 1996, pp. 109-136.

Honegger Fresco, G., *Maria Montessori, una storia attuale*, Napoli, L'Ancora del Mediterraneo, 2008.

Honegger Fresco, G., *Radici nel futuro. La vita di Adele Costa Gnocchi (1883-1967)*, Molfetta, Edizioni La Meridiana, 2001.

Isabel Eugénie, Standing, E.M., *La Pédagogie religieuse de Maria Montessori. Conférences de Londres 1946*, Paris, Artège, 2019.

Joosten, A. M., *Mahatma Gandhi and Maria Montessori*, «Around the Child», 1969/3, pp. 29-31.

Kahn, D., *The Kodaikanal Experience: Chapter I. Kahn-Wikra- maratne Interview*, «The NAMTA Journal», vol. 38, 1, 2013, pp. 83-91.

Kahn, D., *The Kodaikanal Experience: Chapter II. Kahn-Montessori Interview*, «The NAMTA Journal», vol. 38, 1, 2013, pp. 93-96.

Kramer, R., *Maria Montessori. A Biography*, Chicago, Da Capo Press, 1976.

Leenders, H., *Der Fall Montessori. Die Geschichte einer reformpädagogischen Erziehungskonzeption im italienischen Faschismus*, Bad Heilbrunn, Julius Klinkhardt, 2001.

Lillard, A.S., *Montessori, une révolution pédagogique soutenue par la science*, Paris, Desclée de Brouwer, 2018.

Lillard, P.P., *Pourquoi Montessori aujourd' hui?*, Paris, Desclée de Brouwer, 1984.

Lucchini, E., *I segreti di Maria Montessori*, Lanciano, Carabba Editore, 2008.

Maccheroni, A.M., *Come conobbi Maria Montessori*, Roma, Edizioni «Vita dell'Infanzia», 1956.

Marazzi, G., *Montessori e Mussolini: la collaborazione e la rottura*, «Dimensioni e problemi della ricerca storica», 2000/1, pp. 177-195.

Matellicani, A., *La «Sapienza» di Maria Montessori. Dagli studi universitari alla docenza 1890-1919*, Roma, Aracne, 2007.

Meirieu, Ph., *Una scuola per l'emancipazione*, Roma, Armando Editore, 2019.

Montessori, C. (a cura di), *Maria Montessori Writes to Her Father. Letters from California, 1915*, Amsterdam, Montessori-Pierson Publishing Company, 2015.

Montessori, M., *Antropologia pedagogica*, Milano, Vallardi, 1910.

Montessori, M., *Dio e il bambino e altri scritti inediti*, a cura di F. De Giorgi, Milano, Editrice La Scuola, 2013.

Montessori, M., *Educazione e pace* (1949), Milano, Garzanti, 1996.

Montessori, M., *Il Metodo della Pedagogia Scientifica applicato all'educazione infantile nelle Case dei Bambini* (1909), Edizione critica a cura dell'Istituto di ricerca e formazione dell'Opera Nazionale Montessori, Roma, Edizioni Opera Nazionale Montessori, 2000.

Montessori, M., *Il peccato originale*, a cura di F. De Giorgi, Brescia, Scholé, 2019.

Montessori, M., *Il segreto dell'infanzia* (1938), Milano, Garzanti, 2017.

Montessori, M., *In viaggio verso l'America. 1913, diario privato a bordo del Cincinnati*, Roma, Fefè Editore, 2014.

Montessori, M., *L'autoeducazione nelle scuole elementari*, continuazione del volume *Il Metodo della Pedagogia Scientifica applicato all'educazione infantile nelle Case dei Bambini* (1916), Milano, Garzanti, 1992.

Montessori, M., *L'esattezza base dell'educazione*, «Il Quaderno Montessori», XXIII, 92, inverno 2006/2007, pp. 11-16.

Montessori, M., *La scoperta del bambino* (1950), Milano, Garzanti, 1999.

Montessori, M., *La vita in Cristo* (1931), Milano, Garzanti, 1970.

Montessori, M., *Le manuel pratique de la méthode Montessori*, Paris, Desclée de Brouwer, 2016.

Montessori, M., *Per la causa delle donne*, Milano, Garzanti, 2019.

Montessori, M., *Una lettera da Madras*, «Vita dell'Infanzia», IL, 1, gennaio 2000, pp. 11-12.

Montessori, M. Jr., *L'educazione come aiuto alla vita: comprendere Maria Montessori*, Torino, Il leone verde, 2018.

Montessori, M. Jr., *Maria Montessori, mia nonna*, «Il Quaderno Montessori», V, 19, autunno 1988, pp. 52-62.

Montessori M., M., *Associazione Renilde Montessori*, «L'idea Montessori», 11, 1929, pp. 1-2.

Moretti, E. (2013), *Teaching Peace in a Time of War. Maria Montessori's 1917 Lectures*, «AMI Journal», 2013/1-2, pp. 17-36.

Osimo, A., *La scuola e la guerra. La Croce Bianca*, «La Coltura popolare», VII, 9, settembre 1917, pp. 661-663.

Pesci, F., *Antropologia e pedagogia a Roma da Giuseppe Sergi a Maria Montessori*, Roma, Aracne, 2002.

Pignatari, M., *1870/1970. Maria Montessori, oggi*, Firenze, Giunti, 1970.

Pignatari, M., *Maria Montessori cittadina del mondo*, Roma, Comitato italiano dell'OMEP, 1967.

Poussin, C., *La pédagogie Montessori*, Paris, PUF, «Que sais-je?», 2017.

Pozzi, I., *La Società Umanitaria e la diffusione del Metodo Montessori (1908-1923)*, «Ricerche di Pedagogia e Didattica – Journal of Theories and Research in Education», vol. 10, 2015, pp. 103-114.

Radice, S., *The new Children. Talks with Dr. Maria Montessori*, New York, Frederik A. Stokes Company, 1920.

Ramani, U., *Montessori in India: The Movement and the People*, Éducateurs sans Frontières Assembly, 2016.

Rotten, E., Montessori, M., *Résolutions présentées par Mmes Montessori et Rotten*, «Pour l'Ère nouvelle», 1938/1, 154, pp. 28-29.

Schwegman, M., *Maria Montessori*, Bologna, Il Mulino, 1999.

Scocchera, A. (a cura di), *Introduzione a Mario M. Montessori*, Milano, Corriere della Sera, 2018.

Scocchera, A. (a cura di), *Maria Montessori. Il metodo del bambino e la formazione dell'uomo. Scritti e documenti inediti e rari*, Roma, Edizioni Opera Nazionale Montessori, 2002.

Scocchera, A. (a cura di), *Maria Montessori. Lezioni di metodo, Milano, 1926*, «Vita dell'Infanzia», LXIV, 5-6/7-8, 2016, pp. 4-81.

Scocchera, A., *Maria Montessori. Quasi un ritratto inedito*, Firenze, La Nuova Italia, 1990.

Scocchera, A., *Maria Montessori. Una storia per il nostro tempo*, Roma, Edizioni Opera Nazionale Montessori, 2005.

Scocchera, A., *Renilde Montessori. Una tradizione e un impegno*, «Vita dell'Infanzia», XLIV, 3, marzo 1995, pp. 8-11.

Scocchera, R., *Maria Montessori: nutrire il futuro*, «Vita dell'Infanzia», LXIV, 11-12, novembre-dicembre 2015, pp. 23-28.

Standing, E.M., *Maria Montessori. Sa vie, son œuvre*, Paris, Desclée de Brouwer, 1995.

Tornar, C., *Maria Montessori durante il fascismo*, «CADMO», n. 2, 2005, pp. 7-22.

Trabalzini, P., *La Croce Bianca di Maria Montessori. In difesa dei bambini vittime della guerra*, «Vita dell'Infanzia», LXVI, 5-6/7-8, maggio-giugno-luglio-agosto 2017, pp. 51-54.

Trabalzini, P., *Maria Montessori da "Il Metodo" a "La scoperta del bambino"*, Roma, Aracne, 2003.

Trabalzini, P., *Maria Montessori da Sanremo a Perugia*, «Vita dell'Infanzia», LXVIII, 5-6/7-8, maggio-giugno-luglio-agosto 2019, pp. 65-78.

TRABALZINI, P., *Montessori e Gandhi in immagini e parole*, «Vita dell'Infanzia», LIII, 10, dicembre 2004, pp. 4-6.

TRUDEAU, C., *Montessori's years in India*, Archives générales des Sœurs N.-D. de Namur, 2003.

VOLPONE, A., DESTRO-BISOL, G. (a cura di), *Se vi sono donne di genio. Appunti di viaggio nell'antropologia dall'Unità d'Italia a oggi*, Roma, Casa Editrice Università La Sapienza, 2011.

YAGLIS, D., *Maria Montessori*, Toulouse, Privat, 1984.

RINGRAZIAMENTI DI MARTINE GILSOUL

Questo volume non avrebbe potuto vedere la luce senza il contributo di numerose persone. Un ringraziamento particolare va a Sophie Chérer e a Charlotte Poussin. Sophie è stata la prima a incoraggiarmi a scrivere questa biografia durante le nostre passeggiate nel quartiere di San Lorenzo. Charlotte Poussin mi ha dato l'opportunità di cogliere la sfida: a lei i miei più vivi ringraziamenti per il sostegno entusiasta, l'attenta lettura, i tanti saggi consigli e il contributo per migliorare il mio testo nonché per la stesura della conclusione.

Ringrazio Celma Pinho Perry, che considero l'educatrice Montessori modello, «aperta alle rivelazioni sorprendenti dell'osservazione, consapevole dell'apporto della ricerca scientifica, e sempre pronta a mettersi in discussione».[1] I suoi ricordi e la sua vicinanza a Hélène Lubienska de Lenval e a Mario M. Montessori mi hanno permesso di conoscere due persone geniali.

Uno speciale ringraziamento va ai bambini del Nido Panisperna, per tutto quello che ho imparato guardandoli crescere, e ringrazio anche i genitori e soprattutto gli educatori. La loro gioiosa professionalità è stata per me fonte di arricchimento e di ispirazione. Grazie anche a Yasser, che è cresciuto molto da quando ero maestra di prima elementare; il suo percorso di vita è, per me, uno dei miracoli dell'educazione.

Ringrazio suor Nawal, dell'Archivio generale delle francescane Missionarie di Maria, e la signora Felten dell'Archivio delle Suore di Notre-Dame de Namur, per la loro disponibilità.

Un grazie a Bérengère Kolly e ad Alexandre Mourot, per le tante informazioni che hanno condiviso con me. Ringrazio anche i ri-

1 C. Perry, *A Montessori Life. Living, Creating, Sharing*, Parent Child Press, 2016, p. 35.

cercatori, il cui lavoro meticoloso negli archivi ha consentito la pubblicazione della corrispondenza personale e di molti scritti inediti di Maria Montessori, che mi hanno aiutato nelle mie ricerche. Uno speciale ringraziamento a Giovanna Alatri, Fulvio De Giorgi, Grazia Honegger Fresco e Paola Trabalzini per i loro studi rigorosi.

Ringrazio Furio Pesci, Battista Quinto Borghi, Andrea Lupi e Rossella Trombacco, Maria Antonietta D'Alessandro, Marta Gelpi, Maryline Kroonen, Elisa Loprete, Manuela Maruca, Iliana Morelli, Cinzia Pavan per tutto ciò che ho imparato durante i nostri scambi sinceri e amichevoli sulla pedagogia Montessori. Grazie anche a tutti gli insegnanti che ho incontrato nei corsi di formazione che ho impartito: le loro domande, così stimolanti, mi sollecitano a studiare sempre di più.

Un ringraziamento speciale a Ana Maria Anastasiades: regalandomi il libro *Montessori, une révolution pédagogique soutenue par la science*, appena uscito negli Stati Uniti, mi ha aperto le porte di un mondo sconosciuto. La sua lunga esperienza al servizio dei bambini in forte disagio e la sua professionalità sono una fonte perenne di ispirazione. Grazie ad Ana Maria e Yorgo per la loro ospitalità sempre calorosa, che mi ha consentito di scrivere il primo capitolo nell'incantevole cornice della campagna cipriota.

Grazie a Stéphanie Kleinen, amica da una vita e mia principale lettrice, i cui consigli sono stati preziosi per migliorare il testo.

Grazie, in particolare, alla mia famiglia per il costante sostegno, nonostante la distanza, e ai miei amici – in particolare Beatrice, Frédérique, Marie-Noël e Pamela – per il loro incoraggiamento.

Infine grazie a Giovanni per il suo amore incondizionato. Guardarlo creare degli origami con i bambini di *Los Alagados* (Salvador de Bahia) è stato come assistere al «mio San Lorenzo». Con la loro concentrazione, i bambini mi hanno messo sulla strada dei lavori di Hélène Lubienska de Lenval che hanno cambiato radicalmente la mia visione dell'educazione e la mia vita.

RINGRAZIAMENTI DI CHARLOTTE POUSSIN

Vorrei ringraziare prima di tutto Maria Montessori per essere una fonte di ispirazione così grande! E, naturalmente, i bambini, per esserlo altrettanto!

Ringrazio infinitamente Martine Gilsoul per aver accettato la sfida con rigore, serietà e interesse comunicativo. La sua ricerca puntuale e approfondita costituisce un lavoro colossale cui aveva già dato inizio prima che le proponessi di scrivere insieme questo volume. Ho molto apprezzato la qualità della nostra collaborazione, sentendo sempre, nel profondo, che ci trovavamo sulla stessa lunghezza d'onda. Sono molto onorata di aver dato il mio contributo a questa biografia, con umiltà, e di aver avuto la fortuna di tradurre alcuni libri di Maria Montessori.

Ringrazio la casa editrice Desclée de Brouwer per la valorizzazione dell'opera di Maria Montessori in francese, Bruno Nougayrède per la sua capacità di ascolto e le sue intuizioni, Joëlle Veron-Durand per l'occhio e la lettura esperti.

Ringrazio l'Association Montessori Internationale (AMI) per l'accoglienza riservata al progetto e il sostegno offerto e, in particolare, Joke Verheul, per la qualità e la cronologia delle fotografie.

Grazie a Stanislas per il sostegno costante, grazie anche ai nostri cinque figli e, soprattutto, cari lettori, un grazie a voi che avete questo libro tra le mani! Possa aiutarci a rimanere in contatto con il bambino che siamo stati! E possa esserci di ispirazione per accompagnare i bambini che ci sono affidati.

SOMMARIO